모빌리티
에서 가치로

이 저서는 2018년 대한민국 교육부와 한국연구재단의 지원을 받아 수행된 연구임 (NRF—2018S1A6A3A03043497)

존재에서 가치로 모빌리티

김태희 전진성 양선진 한길석 한상원 윤태양 임미원 문성훈 최성희

앨피

모빌리티인문학은 기차, 자동차, 비행기, 인터넷, 모바일 기기 등 모빌리티 테크놀로지의 발전에 따른 인간, 사물, 관계의 실재적·가상적 이동을 인간과 테크놀로지의 공-진화co-evolution라는 관점에서 사유하고, 모빌리티가 고도화됨에 따라 발생하는 현재와 미래의 문제들에 대한 해법을 인문학적 관점에서 제안함으로써 생명, 사유, 문화가 생동하는 인문-모빌리티 사회 형성에 기여하는 학문이다.

모빌리티는 기차, 자동차, 비행기, 인터넷, 모바일 기기 같은 모빌리티 테크놀로지에 기초한 사람, 사물, 정보의 이동과 이를 가능하게 하는 테크놀로지를 의미한다. 그리고 이에 수반하는 것으로서 공간(도시) 구성과 인구 배치의 변화, 노동과 자본의 변형, 권력 또는 통치성의 변용 등을 통칭하는 사회적 관계의 이동까지도 포함한다.

오늘날 모빌리티 테크놀로지는 인간, 사물, 관계의 이동에 시간적·공간적 제약을 거의 남겨 두지 않을 정도로 발전해 왔다. 개별 국가와 지역을 연결하는 항공로와 무선 통신망의 구축은 사람, 물류, 데이터의 무제약적 이동 가능성을 증명하는 물질적 지표들이다. 특히 전 세계에 무료 인터넷을 보급하겠다는 구글Google의 프로젝트 룬Project Loon이 현실화되고 우주 유영과 화성 식민지 건설이 본격화될 경우 모빌리티는 지구라는 행성의 경계까지도 초월하게 될 것이다. 이 점에서 오늘날은 모빌리티 테크놀로지가 인간의 삶을 위한 단순한 조건이나 수단이 아닌 인간의 또 다른 본성이 된 시대, 즉 고-모빌리티high-mobilities 시대라고 말할 수 있다. 말하자면, 인간과 테크놀로지의 상호보완적·상호구성적 공-진화가 고도화된 시대인 것이다.

고-모빌리티 시대를 사유하기 위해서는 우선 과거 '영토'와 '정주' 중심 사유의 극복이 필요하다. 지난 시기 글로컬화, 탈중심화, 혼종화, 탈영토화, 액체화에 대한 주장은 글로벌과 로컬, 중심과 주변, 동질성과 이질성, 질서와 혼돈 같은 이분법에 기초한 영토주의 또는 정주주의 패러다임을 극복하려는 중요한 시도였다. 하지만 그 역시 모빌리티 테크놀로지의 의의를 적극적으로 사유하지 못했다는 점에서, 그와 동시에 모빌리티 테크놀로지를 단순한 수단으로 간주했다는 점에서 고-모빌리티 시대를 사유하는 데 한계를 지니고 있었다. 말하자면, 글로컬화, 탈중심화, 혼종화, 탈영토화, 액체화를 추동하는 실재적·물질적 행위자agency로서의 모빌리티 테크놀로지를 인문학적 사유의 대상으로서 충분히 고려하지 못했던 것이다. 게다가 첨단 웨어러블 기기에 의한 인간의 능력 향상과 인간과 기계의 경계 소멸을 추구하는 포스트-휴먼 프로젝트, 또한 사물 인터넷과 사이버 물리 시스템 같은 첨단 모빌리티 테크놀로지에 기초한 스마트 도시 건설은 오늘날 모빌리티 테크놀로지를 인간과 사회, 심지어는 자연의 본질적 요소로 만들고 있다. 이를 사유하기 위해서는 인문학 패러다임의 근본적 전환이 필요하다.

이에 건국대학교 모빌리티인문학 연구원은 '모빌리티' 개념으로 '영토'와 '정주'를 대체하는 동시에 인간과 모빌리티 테크놀로지의 공-진화라는 관점에서 미래세계를 설계하기 위한 사유 패러다임을 정립하려고 한다.

2부 모빌리티의 윤리

새로운 도전 앞의 모빌리티, 존재론과 가치론

김태희

마술사가 텅 빈 실크햇에서 하얀 새를 꺼내면, 어른들은 짐짓 박수를 치고 아이들은 눈이 휘둥그레진다. 없는 것을 있게 하는 것이 마술이다. 그러나 곰곰 생각해 보면, 애초에 더 마술 같은 일은 있는 것을 있게 하는 바로 그것이 아닐까? 우리는 애석하게도 없어진 후에야 그걸 알게 된다.

많은 것이 없어졌다. 오래 있었고 늘 있을 줄 알았던 것들이 문득 사라졌다. 늘 보던 거리는 낯설고 사람들은 걸음을 재촉한다. 도시가, 국가가 통째로 봉쇄되었다는 소문이 흉흉하다.

멀리 근대가 움트던 시대부터, 늦어도 철도가 등장한 19세기 초부터, 우리는 올림픽마냥 더 빨리, 더 자주, 더 멀리 이동해 왔고 앞으로도 그럴 것이라 믿어 왔다. 이 "거대한 가속the Great Acceleration"[1]의

---

[1] Will Steffen, Broadgate, Wendy, Deutsch, Lisa, Gaffney, Owen, Ludwig, Cornelia, "The trajectory of the Anthropocene: The Great Acceleration," *The Anthropocene Review* 2(1), 2015, pp. 81-98. 이 개념은 "1950년 이후 지구 체계Earth System의 사회경제적 영역들과 생물물리학적 영역들을 동시에 가로지르는 변화들"을 의미한다.(Steffen et. al., 2015, p. 81)

결과는 무엇인가? 냉전 종식 이후 신자유주의의 지배와 노동시장의 세계화로 인한 초국적 모빌리티 급증으로 어떤 결과가 나타났는가? 팬데믹 위험이 높아졌고 이주노동자와 이민자, 그리고 빈곤이나 박해에서 탈출하는 난민이 늘고 그에 대한 혐오도 늘었다. 그럼에도 모빌리티는, 특히 사업과 여흥을 위한 이른바 "엘리트 모빌리티elite mobility"는 끊임없이 미화되고 찬미되어 왔다.[2]

모빌리티는 끝없이 가속되고 확대되어 왔다. 세계화의 물적 토대 중 하나인 항공 모빌리티를 예로 들어 보자. 2019년 매 순간 전 세계 하늘에는 1만여 대의 비행기가 날고 약 127만 명이 탑승하고 있었다. 그러나 한순간에 모든 것이 바뀌었다. 2020년 미국의 비행기 탑승객 수는 하루 10만 명 이하로 전년 대비 96퍼센트 감소했다. 이는 66년 전인 1954년 수준이다. 누구나 언제든 어느 곳이나 이동할 수 있(을 것 같)던 저 좋았던 시절은 영영 지나가 버린 것일까? 아니면 이 가위눌리는 듯 비현실적인 상황이 (그럴 수 있다면) 언젠가 지나간 뒤, 우리의 모빌리티는 회복될까?

21세기 벽두 "모빌리티로의 전환mobilities turn"을 내세우며 사회과학과 인문학의 지형을 바꾸어 온 "새로운 모빌리티 패러다임new mobilities paradigm"[3]은 이러한 중대한 물음에 직면해 있다. 사람, 사물, 정보, 이미지 등 모빌리티의 다양한 유형, 속도, 특질 등을 탐구하는 학제적 연구 프로그램으로서 이 패러다임은 기존 연구들을 지각 및 사유의 새로운 틀 아래 재-배치하고 재-정의하였다. 이를 통해 현대

---

2 S. A. Cohen, S. Gössling, "A Darker Side of Hypermobility," *Environment and Planning A* 47, 2015, pp. 1661-1679, p. 1661.

3 Mimi Sheller, John Urry, "The New Mobilities Paradigm," *Environment and Planning A* 38.2, 2006, pp. 207-226.

사회의 모빌리티가 우리의 존재 양식을 본질적으로 규정하고 있음을 설득력 있게 보여 주었던 것이다.

이 패러다임은 특히 사상사의 다양한 논의를 이론적 자원으로 동원해 왔다. 가령 이 패러다임의 주창자라 할 수 있는 존 어리John Urry는 짐멜Georg Simmel, 복잡성 이론, 유동성과 유목주의의 다양한 이론 등을 철학적 토대로서 참조한다.[4] 이러한 논의는 무엇보다도 이른바 "정주주의 형이상학sedentarist metaphysics"[5]에 반대하고 "유목적 형이상학nomadic metaphysics"[6]을 지지한다. 대지에 뿌리내린 경건한 농경민족[7]에게는 뿌리뽑힘uprootedness이 가장 두려운 액운이자 처벌이었지만, 유목주의는 이러한 정주주의와 "단일한 국가기구의 이름으로 쓰인 역사"에 반대하는 것이다.[8]

그러나 새로운 모빌리티 패러다임은 정주주의에 억압되어 온 유목주의의 잠재력에 주목하면서도, 단순히 정주주의의 위계적 이분

---

4 다음을 참조하라. John Urry, *Mobilities: New Perspectives on Transport and Society*, Routledge, 2016, pp. 17.《모빌리티》, 강현수, 이희상 옮김, 아카넷, 2014) 또한 (Adey, Bissell, Cresswell, Dewsbury, Merriman, Pearce, Sheller, Stewart 등) 상당수의 모빌리티 연구자들이 이러한 존재론적 입장을 연구에 반영하고 있다.(Paul W. Hanson, "Automobility and Site Ontological Analysis," *Mobilities* 13.5, 2018, pp. 647–661, p. 649)

5 Liisa H. Malkki, "National Geographic: the Rooting of Peoples and the Territorialization of National Identity among Scholars and Refugees," *Cultural Anthropology* 7(1), 1992, pp. 24–44.

6 Tim Cresswell, *On the Move: Mobility in the Modern Western World*, London: Routledge, 2006.

7 Yi-Fu Tuan, *Space and Place: The Perspective of Experience*, Minneapolis: University of Minnesota Press, 1977, p. 156. (《공간과 장소》, 윤영호·김미선 옮김, 사이, 2020)

8 Gilles Deleuze, Felix Guattari, *A Thousand Plateaus: Capitalism and Schizophrenia*. Minneapolis: University of Minnesota Press, 1987, p. 23. (《천 개의 고원》, 김재인 옮김, 새물결, 2001)

법을 뒤집어 새로운 이분법을 제시하는 것이어서는 안 된다. 정지와 운동, 불변과 변화, 정주와 유목, 거주와 유랑 등을 대립시킨 후 앞선 것들을 탄핵하고 뒤의 것들을 숭상하는 '모빌리티 숭배'에 빠져서는 안 된다는 것이다. 그리고 이러한 성찰적이고 비판적인 사유는 작금의 '모빌리티의 위기'에 직면하여 더욱 시급하다. 《모빌리티, 존재에서 가치로》는 바로 이러한 문제들과 관련하여 모빌리티의 존재론mobility ontology과 가치론mobility axiology을 토론의 장에 올리고자 한다.

이 책의 1부 '모빌리티의 존재'는 모빌리티 인문학의 토대로서 모빌리티 존재론의 문제, 그리고 모빌리티 연구의 주요 개념인 공간과 시간에 대한 이론적 탐색을 담고 있다.[9] "형이상학의 분과"로서 존재론은 "'본질적인 그러함'의 구조, 혹은 존재자의 정의 자체에 함의된 것의 구조"[10]를 다룬다. 다시 말해, 존재론은 존재자의 '본질'에 대한 탐구이다. 이러한 의미에서 운동이 공간과 시간의 벡터임을 감안하면 모빌리티 존재론은 공간성과 시간성, 그리고 이들의 관계에 대한 연구를 기초로 한다. 특히 "모빌리티로의 전환"이 "공간으로의 전환"의 심화라는 점에서 모빌리티 연구는 공간성의 연구를 철저히 수행해야 한다.[11]

---

9 이러한 "모빌리티 존재론"은 가령 모빌리티 관련 개념들 및 그들 간의 상관 관계를 다루는 온톨로지라는 의미에서 논의되고 있다. 이러한 용법에서 "도시 모빌리티 온톨로지urban mobility ontology"를 다루는 다음 연구를 참조하라. Chantal Berdier, "An Ontology for Urban Mobility," *Ontologies in Urban Development Projects*. Springer: London, 2011, pp. 189-196.

10 Rosi Braidotti, *Nomadic Subjects: Embodiment and Sexual Difference in Contemporary Feminist Theory*, New York, NY: Columbia University Press, 1994, pp. 177. 〔《유목적 주체》, 박미선 옮김, 여성문화이론연구소, 2004〕

11 Mimi Sheller, "From Spatial Turn to Mobilities Turn," *Current Sociology* 65(4), 2017, pp. 623-639.

한편 2부 '모빌리티의 윤리'와 3부 '모빌리티의 정의'는 가치론의 차원에서 다루어진다. 물론 모빌리티 존재론과 모빌리티 가치론의 관계 문제는 매우 복잡한 토론을 요한다. 영국 철학자 데이비드 흄 David Hume에서 기원하여 윤리학자 조지 무어George Moore가 명료하게 제기한 '자연주의 오류naturalistic fallacy' 비판의 요점은 사실(~이다is) 로부터 규범 혹은 당위(~이어야 한다ought)를 곧바로 도출할 수 없다 는 것이다. 이러한 비판에 따르면 존재로부터 가치로의 이월은 불가 능하거나 기껏해야 자의적이고 우연적이다. 그러나 이러한 비판 자 체가 (적어도 그 소박한 형태에서는) 사실-가치 이분법이라는 협소한 관념에 토대를 두는 것이다. 가령 또 다른 윤리학자 버나드 윌리엄 스Bernard Williams에 따르면 (겁쟁이, 거짓말, 야만성, 감사 등와 같은) 이 른바 "두꺼운 윤리적 개념thick ethical concept"에서는 기술記述과 규범이 서로 긴밀하게 얽혀 있어 분리할 수 없다.[12] 모빌리티 연구의 맥락에 서 보면, 가령 '빠르다'나 '이동적이다'와 같은 개념은 이런 의미에서 두꺼운 윤리적 개념처럼 보인다. 이는 단순한 기술이면서 동시에 이 미 어떠한 (긍정적인) 규범적 평가를 담고 있기 때문이다. 따라서 사 실-가치 이분법에 대한 철학사의 토론을 상론할 수는 없지만, 우리 는 모빌리티 존재론과 모빌리티 가치론이 모종의 방식으로 긴밀한 관계를 맺고 있으며, 특히 모빌리티 가치론의 전개를 위해 근본적인 차원에서 모빌리티 존재론을 탐구할 필요가 있다고 생각한다.

---

[12] Bernard Williams, *Ethics and the Limits of Philosophy*, London and New York; Routledge. 2011, pp. 155.

◆ ◆ ◆

1부 '모빌리티의 존재'에는 이러한 맥락에서 모빌리티 존재론의 토대를 모색하는 통찰을 담고 있는 세 편의 글이 실려 있다.

김태희의 〈모빌리티 존재론-인식론-가치론을 꿰는 실, 키네스테시스〉는 키네스테시스Kinästhese의 현상학적 개념이 모빌리티 연구와 어떠한 관련을 맺을 수 있는지 탐색하고 있다. 특히 모빌리티 존재론은 모빌리티 유관 개념들 및 이들 간의 상관관계에 대한 체계적 기술이다. 이 중 모빌리티 형식존재론이 모든 유형의 모빌리티에 있어 핵심적인 개념들과 그들 간의 상관관계를 다룬다면,[13] 모빌리티 영역존재론(들)은 물질 · 생명 · 마음 · 사회 등의 각 존재 영역에서 모빌리티와 관련한 근본 개념들, 가령 운동 · 정지 · 변화 · 공간 · 장소 · 시간 · 사물 · 의식 · 지각 · 기억 · 인지 · 구조 · 체계 등의 개념들 및 이들 간의 상관관계를 다룬다.[14]

이 글은 이러한 모빌리티 존재론을 확립하기 위한 토대적 탐구로서 현상학의 키네스테시스 개념이 어떠한 역할을 할 수 있는지 탐색한다. 현상학에서 키네스테시스는 단지 주체가 자기 몸의 움직임,

---

13 가령 Thomas Nail, *Being and Motion*, New York: Oxford University Press, 2019(《존재와 운동》, 최일만 옮김, 앨피, 2021))은 이러한 모빌리티 형식존재론의 탐구이다. 운동을 운동하지 않는 것들(공간, 시간, 영원, 힘 등)로부터 파생하는 것으로 보는 서양철학사의 주류 전통과 달리, 이 저서는 운동을 철학의 핵심으로 삼으며 모빌리티 존재론의 근본 개념들을 질, 양, 관계, 양상 등으로 확립한다.

14 가령 '사회'라는 존재 영역 중에서 '정치'라는 하위 영역에 있어서 모빌리티 영역존재론은 로지 브라이도티Rosi Braidotti가 주창하는 "유목적 정치 존재론normadic political ontology"으로 나타날 수 있을 것이다. 브라이도티는 이를 통해 "주체에 대한 포스트휴머니즘적 관점의 유동적movable 토대들"을 건립하고자 한다. Braidotti, *Nomadic Subjects*, p. 23.

자세 등을 감각하는 '운동감각' 혹은 '고유수용감각'일 뿐 아니라, 주체가 대상을 지각하는 데 있어서 결정적 역할을 하고 있다. 이 글은 현상학자 에드문트 후설Edmund Husserl의 이러한 분석을 세 가지 방향에서 확장할 것을 제안한다.

첫째, 후설의 키네스테시스 개념이 주체의 '능동적' 운동에 초점을 맞추고 있는 데 비해, 주체의 '수동적' 운동도 포괄할 수 있도록 확장되어야 함을 주장한다. 둘째, 키네스테시스 개념을 '주체'의 운동뿐 아니라 '대상'의 운동에 대한 감각으로까지 확장하여 동적 '모빌리티 인식론'으로 나아갈 것을 제안한다. 셋째, 이 분석을 '지각적' 키네스테시스로부터 '실천적' 키네스테시스까지 확장하여, 모빌리티 자본 mobility capital이나 모빌리티 역능motility 같은 사회 영역의 문제를 다루는 '모빌리티 가치론'의 토대를 확립할 것을 제안한다. 이 글은 이러한 시론적 탐색을 통해 향후 모빌리티 인문학이 충분히 확장된 키네스테시스 개념을 활용하여 모빌리티 존재론, 모빌리티 인식론, 모빌리티 가치론으로 이어지는 이론을 정립할 수 있다고 주장한다.[15]

전진성의 〈역사학적 범주로서의 공간: 역사성과 공간성의 관계에 대한 이론적 탐구〉는 공간 범주에 초점을 맞추는 모빌리티 존재론을 전개한다. 이 글은 우선 근대 서구 문명을 '공간의 시간화'로 비판

---

[15] 운동역능motility의 맥락에서 "운동장애인의 모빌리티 존재론"을 다루는 연구는 다음을 참조하라. A. Gharebaghi, Mostafavi, M. A., Edwards, G., Fougeyrollas, P., Gamache, S., & Grenier, Y., "Integration of the Social Environment in a Mobility Ontology for People with Motor Disabilities," *Disability and Rehabilitation: Assistive Technology* 13.6, 2018, pp. 540-551. 여기에서는 이러한 온톨로지를 구성하는 네 가지 주요 요소들로서 사회적·물리적 환경 요인, 인간 요인, 모빌리티 관련 생활습관, 모빌리티 목표를 확립하고, 이들 간의 상관 관계를 다루고 있다.

적으로 정의한다.[16] 객관주의 형이상학에 근거를 둔 이러한 전통은 선형적 시간성에 "인간을 존재론적으로 포박"한다.

이러한 현상에 직면하여 이 글은 뜻밖에도 공간을 '역사학적' 범주로 선언한다. 인문학과 사회과학 전반에 걸친 이른바 '공간으로의 전환'은 "공간의 존재 양상보다는 공간 생산의 방식을 규명하는 데 주력"한다. 그런데 공간은 특히 사회적 기억에 의해 구성되지만, 공간은 자체의 관성 혹은 물성物性에 의해 이러한 기억을 배반한다.

이 글에서는 독일의 랑에마르크 및 바이마르, 한국의 경복궁 같은 흥미로운 사례를 들면서, 역사학이 "기억의 요구에 종속되지 않는 공간의 독자적 권리"를 포착하여 '공간의 시간화'에 저항하여야 함을 주장한다. 이것은 어떻게 가능한가? 이 글은 여기에서 '공간의 역사성'이라는 개념에 주목한, 일종의 '역사학의 역사'를 전개한다. 역사주의, 아날학파, 독일 사회사 혹은 일상사 연구 등의 역사학 전통을 가로질러 공간성에 대한 인식이 심화되었음을 보여 주는 것이다.

그뿐 아니라, "역사의 잉여 내지는 외부"로 규정되는 공간은 역사학의 전환을 촉진한다. 역사학은 이러한 공간들에 대한 새로운 규정을 발판으로 '공간으로의 전환'을 수행할 이론적 토대를 마련한다.

---

16 이는 '공간으로의 전환'을 주장하는 여러 학자들에 의해 표명된 주장이다. 가령 에 드워드 소자Edward W. Soja의 진단에 따르면, 근대 사회이론을 여전히 지배하는 "본질적으로 역사적인 인식론"은 기본적으로 "사회적 존재와 생성을 시간이라는 해 석 맥락에 놓을 때 일어나는 역동성"에 입각하여 세계를 이해한다. Edward W. Soja, *Postmodern Geographies: The Reassertion of Space in Critical Social Theory*, Verso, 1989, p. 10.〔《공간과 비판사회이론》, 이무영 외 옮김, 시각과언어, 1997〕이에 대한 가장 날 카로운 비판자 중 한 사람은 도린 매시Doreen Massey이다. 그는 공간을 "상호관계 의 산물"이고 "다중성의 존재 가능성을 위한 영역"이며 "언제나 사건 중에 있으며 결코 닫히지 않는 체계"로 상상하기를 제안한다.(Doreen Massey, *For Space*, London: Sage, 2005, pp. 10. 〔《공간을 위하여》, 박경환·이영민·이용균 옮김, 심산, 2016〕)

보다 주목할 점은 공간에 대한 이러한 존재론적 인식의 전환이 정치적 원리의 전환으로 이어진다는 점이다. 특히 "공간적 분업을 토대로 한 불평등한 발전, 이에 따른 자본과 노동의 이동 그리고 국경 분쟁, 이민, 투어리즘 등"은 공간을 "안온한 보금자리나 기억의 장소가 아니라 다층적이고 빈번히 모순되는 사회정치적 과정으로 인식"하도록 촉구한다.

이러한 모빌리티 인식의 한 축인 공간에 대한 새로운 관점은 모빌리티 존재론에도 영향을 미친다. 이제 공간은 이동에 선재하면서 이동의 한 조건인 객관적이고 물리적인 실체로 이해될 수 없다.[17] 새로운 공간 이해에 입각하면 선재하는 공간에서 모빌리티가 일어나는 것이 아니라, 오히려 모빌리티를 통해 공간이 생성되는 것이다. 가령 첨단 통신기술로 인하여 동시적이고 실시간적인 원격 소통을 가능하게 하는 새로운 공간 유형인 '흐름공간space of flows'이 생성되는 것이 하나의 사례일 것이다.[18]

전진성의 글이 '공간의 시간화'에 대한 비판을 수행하면서 '공간으로의 전환'이 지니는 의미에 천착한다면, 양선진의 〈공간적 사고에서 시간적 사고로의 전환: 왕양명과 베르그송의 사상을 중심으로〉는 "공

---

17 데이비드 하비David Harvey가 지적하는 것처럼, "공간과 장소에서의 존재being보다는 시간성, 즉 생성becoming 과정을 강조"하면서 공간을 "죽은 것, 묶인 것, 비변증법적인 것, 비이동적인 것"으로 간주하는 경향은 "어떤 공간 질서가 선재하고 그 안에서 시간적 사건들이 작동한다"고 보거나 "공간적 장벽들을 지나치게 축소시켜, 인간 행위에 있어 공간을 근본적 측면이 아니라 우연적 측면"으로 본다. David Harvey, *The Condition of Postmodernity: An Enquiry into the Origins of Cultural Change*, Oxford: Blackwell, 1989. p. 205.(《포스트모더니티의 조건》, 구동회·박영민 옮김, 한울, 2013)

18 Manuel Castells, "An Introduction to the Information Age", *The Information Society Reader*, Frank Webster et al. (eds.), London and New York: Routledge, 2004, p.146.

간적 사고의 문제점을 지적하고 시간적 사고로 전환"하는 왕양명王陽明과 앙리 베르그송Henri Bergson의 사상을 다룬다는 점에서 흥미로운 대비를 이룬다.

이 글에 따르면 존재론은 "존재의 근거와 이유를 묻"기 위해 "존재자들을 추상화"하며 특히 시간성을 사상捨象하여 존재들을 "추상적이며 가상적 공간 속에 위치"시킨다. 여기에서는 앞선 전진성의 글에서 비판적으로 논평한 '공간의 시간화'와 반대되는 현상, 즉 '시간의 공간화'가 일어나는 것이다. 양선진은 이에 대한 비판적 입장에서 출발하여 "존재의 시간성과 구체성을 지닌 철학"의 방법론으로서 왕양명의 양지良知와 베르그송의 직관intuition을 제시한다.

베르그송의 경우 이 논의는 근대 물리학에 대한 비판에서 시작한다. 근대 물리학은 물질의 이동을 "물질의 질적 특성을 배제하고 양적 차원인 단순한 점의 이동으로 이해"하므로 "운동에서 고려되는 시간 관념 역시 공간화된 시간으로 변질되면서 진정한 시간은 사라진다." 이러한 근대 물리학의 관점을 생성-성장-소멸하는 변화를 겪는 생명에 적용한다면 물론 "지성에 의해서 파악된 추상적이며 사변적인 생명"만 나타난다. 그렇다면 베르그송이 생명 현상을 이해하기 위해 제시하는 방법은 무엇인가? 그것은 시간적 사고인 직관이다. "순수한 이질성을 특징으로" 하는 지속durée으로서의 시간을 지성을 매개로 대상화하지 않고 곧바로 직관하는 방법이야말로 생명의 실재를 파악하는 길이다.

이러한 시간적 사고는 왕양명에게서 어떻게 나타나는가? 한낱 우연인지, 어떤 이론적 필연성 때문인지는 또 다른 논의가 필요하겠지만, 왕양명 역시 생명에 주목한다. 또한 근대 물리학의 관점을 생명 현상에 적용하는 데 대한 베르그송의 비판과 마찬가지로, 왕양명도 주희朱熹 사상이 물질적 자연을 설명하는 리기론을 생명으로서의 인간에 적용한다고 비판한다. 그렇다면 생명을 이해하기 위해 필요한 것은 무엇인가? 주희의 리가 논리적 차원에 머무르고 있다면 왕양명에게 리란 변화 자체이다. 특히 마음에서 일어나는 "윤리적 리"는 양지, 곧 양심이다. 따라서 왕양명은 베르그송과 마찬가지로 생명의 원리에 주목하면서도, 나아가 이 원리를 존재론을 넘어 가치론의 차원으로 확장하는 것으로 보인다.

이처럼 "공간적 사고에서 시간적 사고로의 전환"은 물론 17세기 중국(왕양명)이나 19~20세기 전환기 서구에서 일어났다. 그러나 인문학과 사회과학에서 1970년대 후반 이후 등장하여 세계화를 주로 공간에 입각해 분석하도록 만든 이른바 '공간으로의 전환'에 반응하여 1990년대 초반 이후 일어난 '시간으로의 전환temporal turn'과 비교하는 것은 흥미로울 것이다.[19] 시간성을 새롭게 강조하는 학자들은 이른바 "공간 제국주의spatial imperialism"를 강력하게 비판하면서도, 이를 단순히 "시간 제국주의"로 대체하거나 "시간과 공간을 똑같이 강조"하는 절충주의를 취하기보다는 "공간과 시간이 불가분하게 얽혀 있다"는 점을 강조한다.[20] 물론 이러한 시간과 공간의 불가분한 교착을 그저 선언하는 것과 구체적 분석에서 타당성을 입증하는 것은 다른 문제일 것이다.[21]

---

[19] Robert Hassan, "Globalization and the 'Temporal Turn': Recent Trends and Issues in Time Studies," *Korean Journal of Policy Studies* 25(2), 2010.

[20] J. May, and N. Thrift, "Introduction," *Timespace: Geographies of Temporality*, J. May and N. Thrift (Ed.), London: Routledge, 2001, pp. 1-46, pp. 1. 이러한 논의를 모은 논문집의 제목인 "시공Timespace"은 이를 암시하는 것이다.

[21] 이러한 맥락에서 시간성에 입각하여 근대사회를 구체적이고 비판적으로 분석한 학자로서 하르트무트 로자Hartmut Rosa를 들 수 있다. 그는 근대의 "시간 체제

이런 점에 있어서 전진성의 글과 양선진의 글은 각각 역사학과 철학을 학적 배경으로, 모빌리티 존재론의 핵심 개념인 공간과 시간을 함께 다루면서, 각각 공간적 사고와 시간적 사고를 강조한다는 면에서 흥미롭다. 이러한 두 가지 사상적 흐름을 모빌리티 존재론에서 통합해 내는 것은 하나의 과제로 남는다고 하겠다.[22]

◆ ◆ ◆

2부 '모빌리티의 윤리'를 여는 한길석의 〈떠도는 자들을 위한 장소〉는 모빌리티가 고도화된 현실을 배경으로 윤리적 문제를 제기한다. 이 글의 출발은 "떠도는 자들이 증가하고 있다"는 현실 인식이다. 고도 모빌리티의 특징을 지니는 액체근대liquid modernity에는 많은 사람들이 장소를 잃고 떠돌고 있다. 장소를 잃은 사람은 노동, 작업, 행위를 통해 세계를 창출할 수 없다. 한나 아렌트Hannah Arendt의 통찰과 같이 "세계 속에 어떤 장소, 어떤 안식처를 소유할 때에만" 인간답게 살 수 있으며, 특히 정치적 행위를 통해 사적 세계에서 벗어나 상호

temporal regime"에 주목할 필요성에 대해 "시간 구조가 사회의 미시 차원과 거시 차원을 연결"하며 "바로 시간 규범과 규제, 기한 등에 의해 우리의 행위와 지향이 근대 자본주의사회의 '체계의 명령'에 조율되고 순응한다"라고 주장한다.(Hartmut Rosa, *Alienation and Acceleration: Towards a Critical Theory of Late-modern Temporality*, Aarhus Universitetsforlag, 2010, p. 8 〔《소외와 가속》, 김태희 옮김, 앨피, 2020〕)

22 미미 셸러가 이러한 "오랜 논쟁들을 넘어서서 분과학문의 경계들에 다리 놓기"를 통해 "주체들, 공간들, 의미들의 공동 구성"에 주목하는 "관계적 존재론relational ontology"을 주장하는 것 역시 이러한 맥락에서 이해된다.(Mimi Sheller,"The New Mobilities Paradigm for a Live Sociology," *Current Sociology* 62(6), 2014, pp. 789-811)

주관적인 정치 공간에 들어설 때 인간다운 삶이 가능하다.[23]

그러나 현대사회는 장소의 지속 시간을 짧게 설정하는데, 노동계약에서 특히 두드러진다. 비정규직이 일반적 고용 형태가 된 신자유주의 체제에서 뿌리뽑힘은 편재한다.[24] "자기 인생이라는 사업을 스스로 경영하는 1인 경영가적 주체의 자유"를 얻었지만, 자유는 불안을 수반한다. "상시적 이동과 장소의 부재"로 말미암아 "자기 존재의 지속가능성에 대한 불안감"이 증폭되는 것이다.

나아가 이러한 액체근대의 모빌리티로 말미암아 "무거운 근대에 포함되었던 책임과 의무의 규범적 지평"이 사라지는데, 이는 급진적 개인화뿐 아니라 '비장소'의 증가에 의한 것이기도 하다.[25] 비장소는

---

23 이러한 아렌트의 장소론은 에드워드 랠프와 같은 초창기 인본주의 지리학자들의 장소 개념과 유사하면서도 자신의 고유한 정치 개념과 결부되는 독특성을 지닌다. 다음을 참조하라. 양창아, 〈한나 아렌트의 장소론 : 공적 영역과 평의회 체제에 대한 사유의 재해석〉, 《코기토》 76, 2014, 198~237쪽. 장소의 이러한 정치적 의미에 관해서는, 장소를 반동적으로 정의하는 하비와 장소를 진보적으로 재-정의하는 매시 사이의 논쟁을 주목할 필요가 있다. 다음을 참조할 것. 황진태, 〈장소성을 둘러싼 본질주의와 반본질주의적 이분법을 넘어서기: 하비와 매시의 논쟁을 중심으로〉, 《지리교육논집》 55, 2011, 55~166쪽; 팀 크레스웰, 《장소》, 심승희 옮김, 시그마프레스, 2012, 85~123쪽.

24 아렌트에 따르면 "여러 사람과 같은 곳에 있어도 느낄 수 있는 외로움은 모든 사물과 사람에게서 버려졌다는 경험이며 난민과 현대 대중이 공유하는 생활 양태인 '뿌리뽑힘uprootedness'과 '잉여superfluousness'의 현상과 밀접하게 연관되어 있다. 다른 사람들이 인정하고 보장하는 자리가 이 세상에 없음을 의미하는 '뿌리뽑힘'은 쓸모가 없어 버려질 수 있는 존재로 사람을 대우하는 잉여 현상의 예비 조건이 된다."(한나 아렌트, 《전체주의의 기원 2》, 이진우·박미애 옮김, 한길사, 2006, 277~279쪽)

25 역사성, 관계성, 정체성을 지니는 전형적 장소들과는 달리, '장소 아닌 장소'로서의 비장소는 인간들이 서로 익명적 관계만 맺는 경계적 공간이다.(Marc Augé, Non-Places: An Introduction to Anthropology of Supermodernity, trans. John Howe, London and New York: Verso, 1992, p. 122 〔《비장소》, 이윤영, 이상길 옮김, 아카넷, 2017〕) 오제의 이러한 논의가 "비장소 경험들의 새로움과 차이들을 과장"하고 있다는 피터 메리만의 주장은 논쟁적이다. "동시대 변화들을 해독하기 어렵다는 걱정은 다양한

고속도로, 공항, 쇼핑몰, 지하철, 호텔, 관광지 등의 특정한 장소를 지칭하지만, 그 진정한 함의는 "현대인이 머물고 생활하는 모든 장소가 비장소화되고 있"다는 데 있다.

이처럼 "떠도는 자들"의 확산이 지니는 의의는 바로 "낯설고 주변적인 이들을 혐오하고 적대"하며 "상상의 적을 희생양으로 삼는 탈구dislocation의 정치"이다. "계급구조를 지니지 못해 정상적 사회관계를 결여하고 있는 고립된 개인들"은 원한감정에 사로잡혀 "가공할 만한 부정적 연대"를 형성하는 것이다. 그렇다면 고도 모빌리티 시대의 이러한 암울한 전망을 극복하기 위해 "살 곳을 잃고 방황하는 우리 시대에서 실천할 수 있는 현실적 대안"은 무엇인가? 그것은 "행위의 영역을 새롭게 창조"하는 것이다. 다시 말해, "무연無緣한 개인들이 각자의 이야기를 나누며 사사화된 감각의 무지를 극복"하고 "고통에 대한 공통 감각을 기르는 공적 서사의 장소"를 창조하는 것이다.

한길석 자신이 인정하듯이 이러한 "지극히 규범적이며 전통적인 해법"은 "돌이킬 수 없을 정도로 진행된 극단적 이동성과 개인화의 사실성을 극복하기에 충분한가"라는 의문을 불러일으킨다. 그러나 할 수 있는 일을 하는 가운데 새로운 희망이 싹틀 것임을 믿을 수밖에 없다. 그 외에 어떠한 방법이 있겠는가.

한길석의 글이 액체근대라는 일반적 조건 하에서 모빌리티의 고도화로 인한 장소 상실의 문제에 주목했다면, 한상원의 〈맑스의 국제주의와 환대의 정치-윤리〉는 '타자'와 '환대'라는 키워드에 입각

(새로운) 기술들, 가령 승합마차, 철도, 전신, 전화, 자동차 등 때문에 지난 수백 년 동안 있어 왔던 것이다."(Peter Merriman, "Driving Places: Marc Augé, Non-places, and the Geographies of England's M1 Motorway," *Theory, Culture & Society* 21(4/5), 2004, pp. 145-167, p. 150)

하여 모빌리티의 윤리를 제기한다. 한상원 역시 "타자에 대한 혐오"가 일반화되고 있는 현실을 지적하면서, 이 현실에서 "맑스의 국제주의 이념이 어떤 현재성을 갖고 있는가"를 묻는다.

왜 맑스Karl Marx의 국제주의 이념인가? 이 이념은 단순히 프롤레타리아계급의 국제성을 넘어서는 폭넓은 함의를 지니기 때문이다. 특히 자본의 지배라는 현상, 그리고 이에 대항하여 "국가의 경계를 넘어서는 피억압 대중의 국제적 연대와 환대의 이념"은 여전히 현재성을 지닌다.

자본은 맑스 당대에 이미 세계화하고 있었고 이에 상응하여 프롤레타리아혁명 역시 국제적 의의를 띠게 되었다. 이로써 프롤레타리아계급 역시 지역과 민족의 경계를 넘어 전 세계적 교류 형식을 창출해 낼 수 있게 된 것이다. 이러한 맥락에서 맑스는 중세 코뮌을 연구하면서 이방인에 대한 환대의 자세에서 큰 영감을 받았으며 이를 코뮌주의 사회의 덕목으로 포함시킨 것이다.

여기에서 한상원은 맑스의 환대 개념을 서구 근대 사상사에서 환대 개념의 원천이라고 할 수 있는 칸트Immanuel Kant의 세계시민주의와 대비한다. 칸트의 세계시민법은 "외국인이 누릴 수 있는 권리, 곧 타국에서 태어났다 해서 적대적으로 취급받지 않을 권리", 즉 환대의 법적 권리를 규정한다. 물론 여기에서 유념할 점은 이 권리가 "거주권이 아니라 방문권으로 국한"된다는 점이다.[26] 그러나 칸트의 이러한 제한은 당대의 맥락에서는 제국주의적 식민정책에 대한 제한

---

26 이 글에서는 이 점에 있어 데리다 및 레비나스의 환대 개념과 비교할 필요성을 정당하게 제기한다. 데리다와 레비나스의 "존재론적 환대 개념", 즉 "절대적으로 근원적인, 전-근원적이기까지 한 환대, 다시 말해 윤리의 전-윤리적인 근원"에서의 환대 개념은 칸트와 맑스에게서는 발견되지 않는다.

이라는 진보적 의의를 지닌다.

 그럼에도 불구하고 맑스의 관점에서 칸트의 한계는 분명하다. "부르주아계급이 창출한 지구적 교류 형식"을 착취 수단으로 올바르게 판단하지 못하고 "세계시민주의의 객관적인 토대로 오인"하기 때문이다. 따라서 맑스의 관점에서 "국제주의의 주체는 상인과 자본가계급이 아니라 피억압 민중"이며, 국제주의란 국가들 사이의 관계라는 관점이 아니라 "국제주의적 주체들(그리고 운동들)의 형성"이다.

 그러나 한상원에 따르면, 이러한 맑스의 국제주의 이념도 한계를 지닌다. 무엇보다도 유럽 노동자들의 연대를 중시하는 유럽중심주의는 지금과 같이 "전 지구가 하나의 네트워크 속에 실시간으로 긴밀하게 연결된 세계"에서는 더 이상 옹호될 수 없다. 이러한 고도 모빌리티 시대에는 또다시 "국민국가적 질서의 복권을 주장하는 정치세력이 거대하게 성장"하고 있으며 극우민족주의와 인종주의가 "불안정한 삶으로부터의 고통을 이용해 혐오와 원한감정을 조장하며" 성장하고 있다. 이러한 "외국인 타자에 대한 혐오의 분출"은 비단 산업화된 선진국의 문제가 아니다. 따라서 전 지구적이고 초국적인 모빌리티에 의한 난민과 이주민의 증가는 환대 개념을 근본적으로 다시 정립하고 실천할 것을 요청한다.

 이 글은 특히 난민과 이주민에 대한 환대 문제를 "정치-윤리"의 문제로 정립함으로써 '모빌리티의 윤리'와 '모빌리티의 정의'의 접점을 부각하고 있다. 그렇다면 왜 정치-윤리인가? 난민과 이주민에 대한 인종주의적 반응은 "정치적 진단의 문제"일뿐 아니라 "도덕적 진단의 문제이기도 하"기 때문이다. 따라서 이러한 정치-윤리의 핵심 과제는 "시민다움civilité"을 확대하며 특히 "낯선 이방인을 환대함으

로써 인권과 시민권의 개념을 재정의"하는 것이다.[27]

윤태양의 〈모빌리티 시대, 정동적 변화와 윤리적 존재화: 순자철학을 중심으로〉는 이 책의 2부에서 초점을 맞추는 모빌리티 시대 윤리의 문제를 정동情動·affect과 결부시켜 논의하면서, 그 이론적 자원을 특히 동양적 사상 전통인 순자荀子철학에서 찾고 있다. 이 글은 우선 정동과 모빌리티의 관계를 모색하는 부분에서 '정동'이라는 이 "흥미로우면서 논쟁적인 개념"의 사상사적 맥락을 적시하고자 한다. 정동 연구의 여러 갈래와 그들 사이의 복잡한 논쟁을 간결하게 정리하면서 일차적으로 도달하는 논지는 무엇인가? 그것은 정동을 "만남과 접촉을 통한 신체적·정신적 변화 혹은 그 에너지"로 정의함으로써 '감정'에 앞서는, 보다 원초적이고 역동적인 것으로 규정하는 것이다. 그리고 이를 통해 정情에 대한 순자의 구분으로 이행하고, 이를 실마리로 하여 순자의 정 개념이 어떻게 윤리적 존재의 가능성을 타진하고 있는지 모색한다.

순자는 사단四端(측은惻隱·수오羞惡·사양辭讓·시비是非의 마음)이라는 인간 본성을 사덕四德(인의예지仁義禮智)이라는 윤리적 행위의 근거로 삼는 맹자孟子에 반대한다. 이러한 순자의 논의는 인간 본성이라는 '사실'과 윤리적 행위라는 '규범'을 일단 구별한다는 점에서 앞서 기술한 데이비드 흄의 사실-가치 이분법이나 조지 무어의 자연

---

27 발리바르Étienne Balibar의 '시민다움'은 기본적으로 반反폭력의 정치에 입각한다. "대항폭력도 비폭력도 아닌 제3의 길로서 '반폭력의 정치'를 주장하는 발리바르가 보기에 오늘날 전지구적 규모로 분출되고 있는 극단적 폭력에 대한 가능한 처방이란 국가의 문명화 또는 혁명의 문명화를 통해 정치를 재발명하는 것뿐이다. 발리바르는 이를 시빌리테의 정치라고 명명한다."(김현, 〈폭력에서 시빌리테(civilité)의 정치로-맑스(Karl Marx)와 발리바르(Étienne Balibar)의 '폭력론'을 중심으로〉, 《순천향 인문과학논총》 37(2), 2018, 113~143쪽, p. 114)

주의 오류 비판과 일견 동형적으로 보이나, 어떤 매개를 통해 사실로부터 규범으로, 혹은 존재로부터 가치로 이행할 수 있음을 보여주고 있다는 점에서 차이를 보인다. 바로 "마음의 판단 능력과 후천적 노력을 통해" "윤리적 행위를 수행하고 선한 결과를 도출"할 수 있다는 것이다. 그러나 "이익을 좋아하는 인간의 본성을 거스르면서까지 윤리적 행위를 선택"해야 한다는 것은 아니다. 순자에 따르면 "예를 따르고 분계를 지키는 것이, 개인에게도 국가에도 그렇지 않은 것보다 훨씬 윤택하고 안락한 결과를 보장"하기 때문이다. 이 글에서 적절히 지적하고 있듯이 이러한 순자의 논의는 근대의 공리주의 윤리 이론과의 관계에서 새롭게 재해석할 가능성을 품고 있다.

그러나 이 글에서는 그 다음에 이르러 공리주의와는 다른 방향으로 순자 이론을 해석하는 것으로 보인다. 공리주의에서는 공리에 대한 엄밀한 계산, 혹은 (가장 고전적인 형태로 표현한다면) 최대다수의 최대행복에 대한 엄밀한 계산에 입각하여 행위의 도덕성을 평가해야 한다고 주장한다면, 순자는 이러한 계산이 아니라 정 차원의 변화를 통해 윤리적 존재를 확립할 수 있다고 주장하기 때문이다. 이러한 논의는 특정 정동을 다스리는 것이 (데카르트주의에서처럼) 이성이 아니라 그 정동보다 강한 다른 정동이라는 스피노자의 통찰과 비견될 수 있다. 이 부분이 순자에게서 정안례情安禮, 즉 "예가 요구하는 바를 당연하게 여"기는 것, 혹은 "감정이 예를 편안히 여기는 것"에 대한 논의가 도입되는 지점이다. 그리고 '정동의 변화를 통한 욕망의 계발'이라고 부를 만한 이러한 기획에 있어서 정동은 보다 표면적인 수준과 보다 심층적인 수준으로 구별된다. 전자가 "인지될 수 있는 반응으로 드러나는 정"이라면 후자는 "그 반응의 바탕이 되는 드러나지 않던 정"인 것이다.

순자철학에 입각한 이러한 정동에 대한 논의가 모빌리티가 고도화된 사회의 윤리에 있어 가리키는 방향은 어디일까? 이 글에서는 모빌리티 고도화로 인해 우리가 더 많은 다양성을 접하게 되며 이속에서 타자에 대한 비윤리적 대우와 차별의 문제가 대두되는 현상을 지적한다. 특히 고도 모빌리티 시대에 오히려 감시와 배타성이 증대할 수 있다는 역설적인 현상에 직면하여, "윤리적 행위가 이뤄지기 위해 반드시 필요한 것이 상대에 대한 배타적이지 않은 마음 상태"이며 이것은 정동적 변화에서 나온다고 주장한다.

이 글은 윤리가 결국 타자와 더불어 사는 삶 속에서 어떠한 태도와 행동을 취해야 하는가의 문제라면, 고도 모빌리티 시대라는 새로운 환경에서 심층적 수준의 정동 변화를 통해 다양성의 수용 혹은 타자에 대한 환대가 가능함을 암시하고 있는 것이다. 그렇다면 다시한 번 스피노자의 통찰에 의거하여, 다양성에 대한 불안이나 타자에 대한 공포라는 수동적 정동을 극복하려면 다양성의 향유나 타자와의 조우가 주는 기쁨이라는 능동적 정동을 재발명하는 것이 필요하지 않을까? 정동에 대한 논의가 이를 통해 어떻게 정의의 차원으로 나아갈 수 있는지는, 마찬가지로 정동의 문제를 다루는 최성희의 글을 살펴보면서 다시 언급할 것이다.

◆ ◆ ◆

3부 '모빌리티의 정의'에 실린 세 편의 글은 사회이론의 측면에서 모빌리티 사회의 새로운 정의관을 묻고 있다. 임미원의 〈아렌트의 '권리를 가질 권리' 개념의 기초적 고찰〉은 "권리를 가질 권리right to have rights"가 없는 사람들이 증가하는 모빌리티 시대를 배경으로 한다. 대량의 난민과 망명자들은 어떤 행위의 주체도 될 수 없는 타자로서 무권리의 공간에 갇혀 있다. 한나 아렌트는 바로 이러한 타자들, 즉 어떠한 정치공동체에도 들어가지 못하는 소수민족, 난민, 무국적자들이 "보편적 이념으로 선언되었던 인간의 권리"가 지니는 무력한 모습을 폭로하고 있음을 증언하면서 인권 개념을 '권리를 가질 권리'로 새롭게 정립하고자 한다.

20세기 중반 아렌트가 목격한 이 문제는 21세기 고도 모빌리티 사회에서 더욱 첨예하게 등장하고 있지 않은가? 이 글은 유망한 두 해석을 매개로, 이처럼 현재성을 지니는 이 개념에 접근한다. 그것은 이 개념을 칸트적-규범적 의미로 해석하는 벤하비브Seyla Benhabib와 정치적 의미로 해석하는 발리바르Étienne Balibar이다.

"절차주의 철학자" 벤하비브에 따르면, 이러한 권리는 "모든 구별과 차이에 앞서 인간 자체에 귀속되는 것"이다. 따라서 모든 사람은 세계시민법의 영역에서도 "적대시되거나 배제됨 없이 공동체 안에 머물러 교류할 수 있어야" 한다. 이러한 상태를 뒷받침하는 것이 바로 세계시민들이 지니는 보편적 환대의 권리이다. 인간을 한갓 수단이 아니라 늘 동시에 목적 자체로서 다루어야 한다는 칸트의 정언명령에 의거하면 모든 인간은 바로 인간이기 때문에 "유일하고 시원적인, 자유에 대한 권리"를 지닌다. 그리고 이러한 권리로부터 자유롭게 더불어 살기 위한 조건으로서 "시민사회 내지 법적 결합체의 형성에 대한 보편적 요구가 정당화"된다. 따라서 아렌트의 '권리를 가질 권리' 개념을 칸트에 의거해 재해석한다면, 인간은 어떠한 국가에 소속된 국민이기 때문이 아니라, 바로 인간이기 때문에 "인격체로서 시민사회 또는 법공동체의 공동구성원성을 요구-주장"할 수 있다는 것이다.

이와 달리 발리바르는 아렌트의 '권리를 가질 권리'를 정치에 대한 권리로 해석한다. 그에 따르면 인권으로서의 '권리를 가질 권리'는 시민의 권리를 정당화하는 좀 더 근본적인 권리이다. 그러나 이로부터 어떤 역설이 나타나는데, 그것은 인권이 현실적으로 시민권에 의존하게 되는 것이다. "시민의 권리가 제거되거나 파괴되면 인권 역시 파괴되고 마는" 이러한 이른바 "아렌트의 정리Arendt's theorem"를 극복하는 길은 "정치-제도공동체의 공동 구성 및 참여에 대한 권리(정치에 대한 권리)"로서의 '권리를 가질 권리'를 요구하고 실현하는 것이다. 이러한 아렌트의 '권리를 가질 권리'가 전제하는 제도적 이상이 곧 이소노미아isonomia 혹은 비지배non-archè이다. 이소노미아는 '권리를 가질 권리'가 충족된 상태이지만, 이러한 평등한 자유에는 "늘 우연성, 위험, 비결정성이 동반되고, 불복종과 저항의 가능성까지 포함"된다. 최대의 이소노미아적 공동체로서 인류공동체는 바로 '권리를 가질 권리'의 보장을 통해 인간을 인권과 시민권의 담지자로서 확립한다.

그러나 인간이 이러한 권리를 지닌다는 것 자체는 어떻게 정당화되는가? 아렌트의 인권 구상에 있어서는 무엇보다 이러한 권리의 정당화 문제가 대두된다. 아렌트는 이러한 정당화의 근거로서 "인간의 실존적-경험적 근본조건성", 즉 "인간 누구나 출생한다는 사실(출생성)"을 들고 있다. 나아가 아렌트의 이러한 권리 구상의 실현은 어떻게 보장될 수 있는가? 아렌트에게 이러한 권리를 보장하는 궁극의 심급은 이른바 '정치적 인류공동체'이며, 따라서 이 권리의 보장이 이러한 "최후의 역사 상태를 선취"함으로써 이루어진다는 아포리아가 남게 된다.

이처럼 벤하비브의 '도덕적 해석'과 발리바르의 '정치적 해석'은 고도 모빌리티 시대에 근원적 인권을 재정립하기 위하여 모빌리티의 윤리와 모빌리티의 정의가 만나는 지점, 혹은 한상원의 글에서 언급한 '정치–윤리'의 요청을 다시 상기시킨다.

마찬가지로 모빌리티가 고도화된 세계화 시대의 난민 문제를 겨냥하는 문성훈의 〈벤야민, 지젝, 아감벤의 폭력 개념과 세계화 시대의 인정투쟁〉은 벤야민Walter Benjamin의 폭력 개념을 화두로 삼는다. 이 글은 세계화를 "자본과 상품의 국경 없는 이동"으로 말미암아 국민국가의 경계가 약화되는 새로운 세계질서로 규정하고, 거기 내재하는 어떤 전형적 폭력을 규명하고자 한다. 이 글은 난민의 등장이 바로 세계화 시대의 전형적 폭력을 규정할 수 있는 핵심 열쇠이며, 이를 극복할 수 있는 대안은 '비국적적 거류민'의 지위와 국민국가적 영토의 '비영토적 사용'을 위한 인정투쟁에 있다고 주장한다. 그리고 이러한 주장에 대한 개념적 정당화를 위해 벤야민의 폭력 개념과 이에 대한 지젝Slavoj Žižek과 아감벤Giorgio Agamben의 해석을 제시한다.

우선 이 글은 벤야민의 폭력 개념에서 논의를 시작한다. 세계화는 모빌리티를 균일하게 보장하지 않는다. 자본과 상품은 자유롭게 이동하도록 보장하면서도 인간에 대해서는 오히려 국경을 강화함으로써 국적 중심의 국민국가적 인정질서를 수호하려 들기 때문이다. 그래서 세계화는 새로운 질서를 확립하는 '법 정립적 폭력'을 행사하는 동시에 기존 질서를 유지하는 '법 보존적 폭력'을 행사하는 것이다. 반면 이에 대한 저항운동은 국민국가에 기초한 법과 폭력의 필연적 결합을 해체하고 세계시민적 인정질서를 형성하려는 '신적 폭력'이다.

고도 모빌리티 시대에 세계화 체제의 폭력과 저항운동의 폭력을 심층적으로 이해하려면 지젝과 아감벤의 해석을 살펴볼 필요가 있다. 지젝에 따르면, 전 세계적 자본주의 질서 자체가 법 보존적 폭력이면서 법 정립적 폭력이며, 이러한 폭력의 지표가 바로 난민들이다. 이에 비해 신적 폭력은 "그 어떤 목적도 전제하지 않는 발현적 폭력이자, 법질서 자체를 무화시키는 초법적 폭력"이다. 여기에서 지젝은 인정투쟁 개념을 도입하는데, 신적 폭력은 바로 "사회적으로 인정받지 못한 사람들, 즉 사회로부터 권리와 존엄성을 박탈당한 사람들의 봉기"이기 때문이다. 그러나 지젝은 이러한 신적 폭력에 대하여 어떠한 의미 있는 유토피아 프로젝트도 없으며 "어떠한 고결함도 어떠한 해방의 기운도 존재하지 않는다"는 암울한 입장을 견지한다.

이와 달리 아감벤은 이러한 신적 폭력을 강조할 뿐 아니라 "이를 통해 도래할 새로운 사회에 대한 비전을 제시"한다. 아감벤 특유의 '예외상태' 개념에 입각하여 볼 때, 법을 통한 폭력이 행사되는 예외상태는 오늘날 '상례'가 되고 있다. 이러한 예외상태에서는 국가권력이 인간을 '벌거벗은 생명'으로 취급하지만, 벌거벗은 생명으로서의 호모 사케르는 폭력을 당하는 대상이면서 "바로 이러한 탈脫-법적 지위 때문에 법과 폭력의 결합에서 벗어날 수 있는 가능성"도 가진다. 따라서 아감벤은 난민의 신적 폭력을 통해 새로운 공동체의 도래를 사유하고 있는데, 호모 사케르로서의 난민은 바로 "국가-국민-영토에 기초한 근대 국민국가적 세계질서를 무화시키며 새로운 세계질서를 요구"하는 것이다.

벤야민의 폭력 개념을 경유하여 지젝과 아감벤은 난민을 단지 폭력의 희생자라는 수동적인 지위에 감금하는 것이 아니라 신적 폭력의 주체라는 지위에 올려놓는다. 그러한 폭력이 새로운 질서를 창출할 수 있는가? 그럴 수 있다면, 어떻게 그럴 수 있는가? 이 글은 말미에 칸트의 세계시민 이념을 새로운 질서 창출의 밑그림으로 제시하는데, 이러한 이상의 정당성과 실현 가능성에 대한 논쟁은 아직도 현재진행형이라고 하겠다.

최성희의 〈모빌리티의 정동과 문화의 자리: 떠남과 만남, 그리고 정중동靜中動〉은 2부의 윤태양의 글과 마찬가지로 정동을 키워드로 하여 모빌리티 시대의 가치론에 접근한다. 이 글은 모빌리티 패러다임의 공간적 모빌리티, 기술적 모빌리티, 사회적 모빌리티 등 다양한 접근법들에 이른바 "정동적 모빌리티"를 추가한다. 그 이유는 "모든 모빌리티가 정동과 결부"되기 때문이고 "모든 정동이 그 자체로 모빌리티"이기 때문인데, 전자는 이후 "모빌리티의 정동"으로, 후자는 "정동의 모빌리티"로 개념화된다.

이 글에서도 이른바 사실과 가치의 관계라는 문제에 대한 숙고가 드러난다. 모빌리티라는 말 자체가 "고도의 기술, 자본, 그리고 배제된 타자들 등 매우 그 스펙트럼이 넓"다. 이는 모빌리티에 대한 단순한 기술로부터 이에 대한 (긍정적이거나 부정적인) 가치판단이 쉬이 나타날 수 없기 때문이다. 따라서 이러한 사실과 가치의 간극 사이에 정동을 배치하는 전략은 유망해 보이는데, 정동이라는 개념 자체가, 그리고 정동의 다양한 하위 개념들 자체가 이러한 사실과 가치의 차원을 넘나드는 '두꺼운 개념'으로 보이기 때문이다.

이 글은 "모빌리티와 정동의 결절이 잘 드러나는 작품"인 제임스 조이스James Joyce의 단편 〈작은 구름A Little Cloud〉을 단초로 삼아 "정동의 모빌리티"와 "모빌리티의 정동"을 추적한다. 나아가 이동적 신체가 "움직이면서 느끼고 느끼면서 움직인다"는 마수미Brian Massumi의 표현처럼 모빌리티와 정동의 긴밀한 관계를 논하면서도, "모빌리티가 먼저인가, 정동이 먼저인가?"라는 까다로운 (일종의 방법론적)

질문을 던진다. 가령 "이미 발생한 어떤 감정 또는 정동이 모빌리티를 유발하는 경우"에는 정동의 모빌리티라고 할 수 있다. 반면 "움직임이 있고 정동이 발생하는(또는 변하는) 경우"는 모빌리티의 정동이라고 할 수 있을 것이다.

이러한 설명에 있어 '정동의 모빌리티'에는 두 가지 의미가 중첩하는 것처럼 보인다. 첫째는 방금 기술한 대로 정동이 일으키는 모빌리티이고, 둘째는 정동 자체가 지닌 모빌리티이다. 정동의 모빌리티가 지닌 이 두 번째 의미에서는 "'감정'이라고 부르는 어떤 고정된 심리상태의 운동성, 즉 그 발생과 발달 과정에 주목"해야 한다. 이는 우선 정동을 '힘'으로 파악함을 통해 이루어진다. 이를 통해 정동의 중심은 신체 쪽으로 이동하며 "급기야 몸과 정신의 경계는 흐릿해지게 된다." 정동은 "사회문화적 의미질서를 통해 해석된 느낌"으로서의 감정 이전의 "즉각적인 신체의 느낌"이기 때문이다. 이를 통해 정동에는 바로 모빌리티 개념이 핵심으로 자리잡는다. "정동을 통해 운동성을 강조하는 것은 사회의 고정성에 대한 대항행위의 일환"인 것이다.

다음으로 '모빌리티의 정동'은 "운동은 참으로 정동을 낳으며" "상관적으로, 정동은 움직임을 표현한다"는 진술에 잘 드러난다. 즉 모빌리티는 단순한 물리적 운동이 아니라 이에 대한 주체의 정동, 체험, 지각, 인지 등을 모두 포괄하는 것이다. 이처럼 운동과 정동이 "신체, 테크놀로지, 문화적 실천의 교차를 통해 운동감각적으로 얽혀 있고 함께 생산된다"고 한다면, 이는 운동감각, 즉 키네스테시스 개념을 (앞서 김태희의 글에서 주장하는 세 가지 확장에 덧붙여) 정동으로 확장할 수 있음을 시사하는 듯 하다. 즉, 주체의 운동이 단순히 대상의 지각이나 인지와 얽히는 것이 아니라, 주체의 정동 및 그에 기반한 대상의 정동적 파악과 얽히는 것이다.

앞서 정동과 모빌리티의 선후관계에 대한 질문이 '모빌리티의 정동'과 '정동의 모빌리티'를 식별하기 위한 방법론적 물음이었다면, 구체적으로는 양자는 "그 선후 인과관계를 가릴 수 없을 정도로 불분명"하다. 이를 활용한 권력의 전략이 바로 정동적 사실을 조작함으로써 미래의 권력을 확보하는 "선제권력preemptive power" 또는 "존재권력ontopower"이다. 여기에서 정동적 모빌리티라는 접근법의 유효성이 다시 나타나는데, 이것은 피터 애디Peter Adey의 말처럼 바로 "단순한 모빌리티의 재현에 기입될 수 있는 어떤 인식론적 속임수 또는 습관적 인식을 피해 갈 수 있게 하는 방법론"일 수 있기 때문이다.

이러한 정동적 모빌리티가 정의正義의 문제로 나아가는 데 있어서 이 글은 내지여행endotic travel, 즉 가까운 곳에 머무는 행위의 측면을 부각한다. 이는 고도 모빌리티 시대에 "사회의 급격한 내적 분화"로 인하여 "오늘날 타자적인 것들은 문지방 너머, 거리 너머 혹은 같은 사무실 안에 있"는 현상을 가리킨다.[28] 따라서 "모빌리티로 인해 증가한 '일상적 글로벌리즘banal globalism'"을 통해 코스모폴리탄적 감수성을 갖춘 새로운 인간형을 가리키는 '데니즌denizen'은 "타자에 대해 내지여행적 이해의 태도로 느리게 접근"하면서 "타자들을 쉽게 범주화하여 타자화하지 않고 그들과의 만남 자체에 집중할 수 있는 여유를 갖게 된다." 다시 말해, "정동할 수 있는 능력, 즉 '정동할 수 있음affectability'이 발휘"되는 것이다.

---

28 이는 루스 라이브시Ruth Liversey가 '이전가능한 장소portable place'라는 개념을 통해 추구하는, 반복되는 신체적이고 습관적인 일상의 미시 모빌리티를 통한 새로운 장소감 창출과 관련하여 논의할 수 있다. 루스 라이브시, 〈이전가능한 장소에 대한 글쓰기-조지 엘리엇의 이동적 미들랜즈〉, 《모빌리티와 인문학》, 피터 메리만 · 린 피어스 엮음, 김태희 · 김수철 · 이진형 · 박성수 옮김, 앨피, 2019.

여기에서 이 글이 겨냥하는 정동적 모빌리티가 모빌리티의 정의에서 가지는 의미가 분명해진다. 미미 셸러Mimi Sheller가 주장하는 '이동적 공유재'에 접근하는 데 있어서 바로 정동이 일차적 걸림돌이 되기 때문이다. "다른 가치, 성, 인종 및 종 등과의 만남으로 인한 서걱거림, 그 불편함을 제대로 처리하지 못할 때 그것은 적대로 흐르기 쉽"기 때문이다. 이 글에서 주장하는 이러한 모빌리티와 정동의 관계는 이후 '정치적 정서les affects de la politique'[29]로의 발전을 위한 중요한 토대가 될 것이다.

팬데믹과 같은 재난 상황에서 모빌리티 시스템이 장애를 겪게 되면 모빌리티 자본의 격차가 드러난다. 미미 셸러에 따르면, "모빌리티 윤리motiliby ethics"에 기반한 "재난 이후의 (임)모빌리티에 대한 비판적 분석"을 통해 "단지 모빌리티 권리의 법적 정치를 넘어 실질적 모빌리티 능력을 보장하는 모빌리티 정의를 확보"해야 한다.[30]

그러나 이러한 대위기의 한가운데에서 이 위기가 끝나기를 기다리는 동시에 그 후에 무엇이 올지 두려워하는 우리의 정동에 주목할 필요가 있다. 그람시Antonio Gramsci의 표현처럼 위기는 바로 낡은 것이 죽어 가고 있지만 새로운 것은 태어나지 못하고 있다는 데 있으며, 이러한 궐위interregnum의 시대에는 온갖 병리적 증상이 출몰한다. 따라서 앞서 우리는 이 위기 이후에 우리의 모빌리티가 회복될 것인지를 물었지만, 더 근본적으로는 우리의 모빌리티가 회복되어야 하

---

[29] 프레데리크 로르동,《정치적 정서》, 전경훈 옮김, 꿈꾼문고, 2020.

[30] Mimi Sheller, "The Islanding Effect: Post-disaster Mobility Systems and Humanitarian Logistics in Haiti," Cultural Geographies 20(2), 2013, pp. 185-204, pp. 199.

는지를 물어야 할 것이다. 우리는 팬데믹 이전의 삶을 회복하기 위해 국가권력에 대항해야 하는가(아감벤), 아니면 팬데믹 이후의 삶을 재발명해야 하는가(지젝)?[31] 특히 '삶의 재발명'과 관련하여 포스트코로나 시대의 사회이론이 해명할 문제들에 대한 김홍중의 흥미로운 분석에 유념해야 할 것이다. 그 문제들은 바로 바이러스의 "인간-너머의 행위능력", 사회적 거리두기의 "사회-너머의 사회성", 비말飛沫이 보여 주는 분체dividual로서의 자아의 "개인-너머의 주체성"이다.[32]

포스트코로나 시대 모빌리티 연구는 이러한 '-너머'에 시선을 던지면서, "세계화의 필수조건sine qua non"[33]으로서의 모빌리티를 좀 더 성찰적이고 비판적인 관점에서 바라보아야 할 것이다. 이는 가령 현대를 압도적으로 지배해 온 "과잉 모빌리티hypermobility"[34]와 그에 대응하는 정동인 모빌리티 사랑(유동애tropophilia)'[35]을 성찰적으로 검토하는 일이다. 또한 "누가 이동하고 누가 이동하지 않는가"의 문제를 포함하여 "흐름과 이동에 있어서 권력"의 문제, 즉 "차별화된 모빌리티"[36]의 문제를 제기하는 일이다.

---

31 슬라보이 지제크, 〈아감벤의 말은 넘어야 한다〉, 《한겨레신문》 2020년 12월 20일자, http://www.hani.co.kr/arti/opinion/column/975041.html?_fr=mt5.

32 김홍중, 〈코로나19와 사회이론: 바이러스, 사회적 거리두기, 비말을 중심으로〉, 《한국사회학》 54(3), 2020, 163~187쪽, 165쪽 이하.

33 Mimi Sheller, "The New Mobilities Paradigm for a Live Sociology," p. 794.

34 S. A. Cohen, S. Gössling, "A Darker Side of Hypermobility,"

35 J. Anderson, K. Erskine, "Tropophilia: A Study of People, Place and Lifestyle Travel," Mobilities 9(1), 2014). 이에 대한 비판적 관점은 다음을 참조하라. David Bissell, Gillian Fuller. "The Revenge of the Still," M/C Journal 12.1, 2009. 또한 (초고령 노인 · 자폐증 환자 · 무젤만 · 비혼종 등) 이동 능력이 없는 사람들에 부정적 편견에 대해서는 다음을 참조하라. 하임 하잔, 《혼종성 비판》 이진형 옮김, 앨피, 2020.

36 Doreen Massey, "Power-geometry and a Progressive Sense of Place," Mapping the Futures: Local Cultures, Global Change. J. Bird et al (Ed.), New York: Routledge, 1993, pp. 59-69, p. 61.

김현, 〈폭력에서 시빌리테(civilité)의 정치로-맑스(Karl Marx)와 발리바르 (Étienne Balibar)의 '폭력론'을 중심으로〉, 《순천향 인문과학논총》 37(2), 2018, 113~143쪽.

김홍중, 〈코로나19와 사회이론: 바이러스, 사회적 거리두기, 비말을 중심으로〉, 《한국사회학》 54(3), 2020, 163~187쪽.

루스 라이브시, 〈이전가능한 장소에 대한 글쓰기-조지 엘리엇의 이동적 미들랜즈〉, 《모빌리티와 인문학》, 피터 메리만 · 린 피어스 엮음, 김태희 · 김수철 · 이진형 · 박성수 옮김, 앨피, 2019.

슬라보이 지제크, 〈아감벤의 말은 넘어야 한다〉, 《한겨레신문》 2020년 12월 20일자, http://www.hani.co.kr/arti/opinion/column/975041.html?_fr=mt5.

양창아, 〈한나 아렌트의 장소론 : 공적 영역과 평의회 체제에 대한 사유의 재해석〉, 《코기토》 76, 2014, 198~1237쪽.

팀 크레스웰, 《장소》, 심승희 옮김, 시그마프레스, 2012.

프레데리크 로르동, 《정치적 정서》, 전경훈 옮김, 꿈꾼문고, 2020.

하임 하잔, 《혼종성 비판》, 이진형 옮김, 앨피, 2020.

한나 아렌트, 《전체주의의 기원 2》, 이진우 · 박미애 옮김, 한길사, 2006.

황진태, 〈장소성을 둘러싼 본질주의와 반본질주의적 이분법을 넘어서기: 하비와 매시의 논쟁을 중심으로〉, 《지리교육논집》 55, 2011, 55~166쪽.

Anderson J., K. Erskine, "Tropophilia: A Study of People, Place and Lifestyle Travel," *Mobilities* 9(1), 2014.

Augé, Marc, *Non-Places: An Introduction to Anthropology of Supermodernity*, trans. John Howe, London and New York: Verso, 1992. (《비장소》, 이윤영, 이상길 옮김, 아카넷, 2017)

Berdier, Chantal, "An Ontology for Urban Mobility," *Ontologies in Urban Development Projects*. Springer: London, 2011, pp. 189-196.

Bissell, David, Fuller. Gillian, "The Revenge of the Still," *M/C Journal* 12.1,

2009.

Braidotti, Rosi, *Nomadic Subjects: Embodiment and Sexual Difference in Contemporary Feminist Theory*, New York, NY: Columbia University Press, 1994. (《유목적 주체》, 박미선 옮김, 여성문화이론연구소, 2004)

Castells, Manuel, "An Introduction to the Information Age", *The Information Society Reader*, Frank Webster et al. (eds.), London and New York: Routledge, 2004,

Cohen, S. A., Gössling, S., "A Darker Side of Hypermobility," *Environment and Planning A* 47, 2015, pp. 1661-1679

Cresswell, Tim, *On the Move: Mobility in the Modern Western World*, London: Routledge, 2006.

Deleuze, Gilles, Guattari, Felix, *A Thousand Plateaus: Capitalism and Schizophrenia*. Minneapolis: University of Minnesota Press, 1987. (《천 개의 고원》, 김재인 옮김, 새물결, 2001)

Gharebaghi, A., Mostafavi, M. A., Edwards, G., Fougeyrollas, P., Gamache, S., & Grenier, Y., "Integration of the Social Environment in a Mobility Ontology for People with Motor Disabilities," *Disability and Rehabilitation: Assistive Technology* 13,6, 2018, pp. 540-551.

Hanson, Paul W., "Automobility and Site Ontological Analysis," *Mobilities* 13,5, 2018, pp. 647-661.

Harvey, David. *The Condition of Postmodernity: An Enquiry into the Origins of Cultural Change*, Oxford: Blackwell, 1989. (《포스트 모더니티의 조건》, 구동회, 박영민 옮김, 한울, 2013)

Hassan, Robert, "Globalization and the 'Temporal Turn': Recent Trends and Issues in Time Studies," *Korean Journal of Policy Studies* 25(2), 2010, pp. 83-102.

Malkki, Liisa H., "National Geographic: the Rooting of Peoples and the Territorialization of National Identity among Scholars and Refugees," *Cultural Anthropology* 7(1), 1992, pp. 24-44.

Massey, Doreen, "Power-geometry and a Progressive Sense of Place," *Mapping the Futures: Local Cultures, Global Change*. J. Bird et al (Ed.), New

York: Routledge, 1993, pp. 59-69.

_____, *For Space*, London: Sage, 2005. (《공간을 위하여》, 박경환, 이영민, 이용균 옮김, 심산, 2016)

May, J., and N. Thrift, "Introduction," *Timespace: Geographies of Temporality*, J. May and N. Thrift (Ed.), London: Routledge, 2001, pp. 1-46.

Merriman, Peter, "Driving Places: Marc Augé, Non-places, and the Geographies of England's M1 Motorway," *Theory, Culture & Society* 21 (4/5), 2004, pp. 145-167.

Nail, Thomas, *Being and Motion*, New York: Oxford University Press, 2019. (《존재와 운동》, 최일만 옮김, 앨피, 2021)

Rosa, Hartmut, *Alienation and Acceleration: Towards a Critical Theory of Late-modern Temporality*, Aarhus Universitetsforlag, 2010. (《소외와 가속》, 김태희 옮김, 앨피, 2020)

Sheller, M., Mimi Sheller, "The Islanding Effect: Post-disaster Mobility Systems and Humanitarian Logistics in Haiti," *Cultural Geographies* 20 (2), 2013, pp. 185-204.

_____, "The New Mobilities Paradigm for a Live Sociology," *Current Sociology* 62 (6), 2014, pp. 789-811

_____, "From Spatial Turn to Mobilities Turn," *Current Sociology* 65 (4), 2017, pp. 623-639.

Sheller, Mimi, Urry, John, "The New Mobilities Paradigm," *Environment and Planning A* 38.2, 2006, pp. 207-226.

Soja, Edward W. *Postmodern Geographies: The Reassertion of Space in Critical Social Theory*, Verso, 1989. (《공간과 비판사회이론》, 이무영 외 옮김, 시각과언어, 1997)

Steffen, Will, Broadgate, Wendy, Deutsch, Lisa, Gaffney, Owen, Ludwig, Cornelia, "The trajectory of the Anthropocene: The Great Acceleration," *The Anthropocene Review* 2 (1), 2015, pp. 81-98.

Tuan, Yi-Fu, *Space and Place: The Perspective of Experience*, Minneapolis: University of Minnesota Press, 1977. (《공간과 장소》, 윤영호, 김미선 옮김, 사이, 2020)

Urry, John, *Mobilities: New Perspectives on Transport and Society*, Routledge, 2016. (《모빌리티》, 강현수, 이희상 옮김, 아카넷, 2014)

Williams, Bernard, *Ethics and the Limits of Philosophy*, London and New York; Routledge, 2011.

1부

모빌리티의 존재

모빌리티 존재론 – 인식론 – 가치론을 꿰는 실, 키네스테시스

김태희

이 글은 *Universitas—Monthly Review of Philosophy and Culture*, Vol. 47, No. 5(2020)에 게재된 원고를 수정 및 보완하여 재수록한 것이다.

"새로운 모빌리티 패러다임"[1]은 현대사회의 다양한 모빌리티를 탐구하는 학제적 연구 프로그램이다. 그러나 회의적 견해가 없는 것은 아니다. 가령 이 패러다임에서 주장하듯 "모든 것이 이동적"이라면 "이 [모빌리티의] 개념은 장점이 거의 없다"[2]는 비판에 따르면, 모빌리티의 보편성이라는 명제는 일견 너무 당연하여 쓸모없다는 것이다. 이러한 문제를 해소하기 위해 일부 모빌리티 연구자들은 더욱 정교한 모빌리티 존재론(들)이 필요하다고 주장한다. "모빌리티의 다양한 유형 특유의 성질들"을 분별함으로써 "모빌리티 이론 내부에서 참된 존재론적 논의를 발전시켜야 한다"[3]는 것이다. 이러한 맥락에서 이 글에서는 현상학적 접근을 도입함으로써 좀 더 섬세한 '모빌리티 존재론'의 토대를 탐색하고자 한다.

그렇다면 현상학적 접근에 있어서 '모빌리티 존재론'이란 무엇을 의미하는가? 모빌리티 연구들 중에서도 특히 모빌리티 인문학은 인간이 모빌리티 및 그것의 의미와 가치를 어떻게 '경험'하는가에 관심을 둔다. 이 '경험'이라는 개념은 경험하는 주체와 경험되는 대상 사이의 어떤 인식론적 관계를 전제로 한다. 따라서 이러한 인식론적

---

1 Mimi Sheller, John Urry, "The new mobilities paradigm," *Environment and Planning A* 38(2), 2006, pp. 207-226.

2 Peter Adey, "If mobility is everything then it is nothing: towards a relational politics of (im)mobilities," *Mobilities* 1(1), 2006, pp. 75-94, p. 76. 이와 관련한 논쟁은 다음을 참조하라. 박성수, 〈장소에 대한 다층적 이해와 관계적 범동주의: 하나의 형식적 이론으로서 범동주의 옹호하기〉, 《로컬리티 인문학》 21, 2019. 이러한 모빌리티 개념의 다층성에 대한 본격적 탐구는 다음을 참조하라. 윤태양, 〈다섯 가지 상호의존적 '모빌리티'에 대한 비판적 검토: 모빌리티 개념의 재개념화를 통하여〉, 《International Journal of Diaspora&Cultural Criticism》 9(2), 2019.

3 Ola Söderström, Crot Laurence, *The mobile constitution of society: rethinking the mobility-society nexus*, Université de Neuchâtel, 2010, p. 12.

관계로서의 모빌리티 경험을 학적으로 주제화하려면, "모빌리티 경험이란 대체 무엇인가"에 대한 논의, 즉 모빌리티 경험의 '본질'에 대한 논의가 선행되어야 한다. "본질에 대한 학문"이 곧 현상학적 의미의 "존재론"[4]임을 고려하면, 이는 곧 '모빌리티 존재론'의 탐구이다.

　나아가 현상학은 이처럼 대상의 모빌리티와 이에 대한 주체의 경험 사이의 인식론적 관계를 탐구함으로써 '모빌리티 인식론'의 현상학적 토대를 구축할 수 있다. 일반적으로 현상학은 주체로부터 독립적인 대상 자체를 방법론적으로 판단 중지하고, 주체가 대상을 '경험'하는 과정, 즉 주체의 의식에 나타나는 '현상'에 초점을 맞추는 현상학적 환원을 실행한다. 이러한 현상학의 이념과 방법론을 모빌리티 인문학에 적용하면서, 이 글에서는 특히 현상학의 키네스테시스 Kinästhese 개념이 모빌리티 연구에 주목할 만한 영향을 미칠 수 있음을 주장한다. 사물의 움직임과 그에 대한 주체의 의식 사이의 인식론적 관계를 가리키는 키네스테시스는 바로 '모빌리티 경험'에 다름 아니기 때문이다.

　이처럼 모빌리티 인문학에서 키네스테시스의 중요성에 주목하는 것은 이 글이 처음이 아니다. 가령 피터 메리만Peter Merriman과 린 피어스Lynne Pierce는 키네스테시스 개념을 "모빌리티에 대한 많은 예술과 인문학 연구를 관통하는 공통의 실"이라고 주장했다. 이들은 키네스테시스를 일단은 생리학 · 심리학 · 인지과학 등에서 사용하는 좁은 의미로 "운동감각, 특히 자발적인 체화된 〔주체의〕 운동에 관여

4　본질학Wesenswissenschaft 혹은 형상학Eidetik으로서의 존재론에 대한 설명과 분류는 다음을 참조하라. Edmund Husserl, *Ideen zu einer reinen Phänomenologie und phänomenologischen Philosophie. Erstes Buch: Allgemeine Einführung in die reine Phänomenologie*, Den Haag: Martinus Nijhoff, 1976, p. 23.

하는 근육의 수고에 대한 감각"으로 규정한다. 그러나 그 다음에는 이처럼 "단지 움직이는 사람의 근육감각에 결부되는 것을 넘어 … 실행되고 감지되고 지각되고 표현되고 측정되고 안무되고 음미되고 욕망되는 운동"이라는 넓은 의미로 확장할 것을 제안한다.[5]

매우 통찰력 있는 제안이다. 하지만 이들은 이 주장의 의미에 대해 상세히 설명하지 않고 이러한 "실"을 더 추적하지도 않는다. 이 글은 이들의 제안을 따르면서 특히 에드문트 후설Edmund Husserl의 현상학적 분석의 맥락에서 이러한 실을 추적해 보고자 한다. 키네스테시스에 대한 후설의 분석에서 이 개념은 일단 행위자가 자기 몸을 수의적으로 움직일 때 느끼는 감각을 뜻한다. 후설은 이러한 키네스테시스가 대상을 온전히 지각하는 데 있어서 결정적임을 정치하게 분석하고 있다. 그러나 이 글은 키네스테시스 개념을 주체뿐 아니라 대상의 모빌리티, 따라서 '모든 종류의 모빌리티'에 대한 감각, 지각, 정동, 인식, 경험들을 가리키도록 확장할 것을 제안한다. 나아가 이러한 '지각적 키네스테시스'를 후설의 후기 분석에서 나타나는 '실천적 키네스테시스'로 확장하면, 모리스 메를로-퐁티Maurice Merleau-Ponty의 "운동역능motricité" 개념을 매개로 하여 모빌리티 존재론 및 모빌리티 인식론뿐 아니라 '모빌리티 가치론'의 확립에 이바지할 수 있음을 주장한다. 이 글은 이를 통해 키네스테시스 개념이, 몇 가지 측면에서의 확장을 전제로 모빌리티 인문학을 꿰는 "실"로 기능할 수 있음을 보여 줄 것이다.

---

5 Peter Merriman, Lynne Pearce, "Mobility and the Humanities," *Mobility and the Humanities*, Peter Merriman, Lynne Pearce (Eds.), Routledge, 2018.(피터 메리만 · 린 피어스, 〈모빌리티와 인문학〉, 《모빌리티와 인문학》, 피터 메리만, 린 피어스 편저, 김태희 · 김수철 · 이진형 · 박성수 옮김, 앨피, 2019, 9~45쪽, 21쪽 이하)

키네스테시스에 대한 현상학적 접근

어원적으로 그리스어 κίνησις(kínēsis, 운동 · 움직임)와 αἴσθησῖς(aísthēsis, 감각 · 지각)를 조합한 개념인 키네스테시스는 일차적으로 운동에 대한 감각을 뜻한다. 1888년 생리학자 바스티안H. C. Bastian이 처음 도입한 이 개념은 생리학 및 심리학에서는 근육감각 및 관절감각을 통해 자기 신체의 위치 및 동작을 감각함을 뜻한다.[6] 흔히 "운동감각"으로 국역되는 이러한 키네스테시스의 작동 덕분에 우리는 눈을 감고도 자기 몸의 위치와 동작을 알 수 있는 것이다. 이 개념은 후설에 의해 철학적으로 수용되면서 의미가 다소 변화한다. 후설은 1907년 강의 《사물과 공간》에서 "키네스테시스 감각"이라는 용어를 처음 사용하면서, 생리학이나 심리학이 아니라 현상학의 맥락에서 연구할 것을 표방한다.[7]

현상학의 맥락에서 키네스테시스를 연구한다는 것은 어떤 의미인가? 이를 해명하기 위해서는 우선 현상학의 일반적 절차에 대한 간략한 설명이 필요하겠다. 첫째, 과학적 전제들을 괄호 안에 집어넣고 생활세계의 일상적 경험으로 돌아오는 절차가 필요하다(생활세계적 환원). 후설은 과학적 세계가 생활세계에 뿌리를 내리고 있음에도 불구하고, 이른바 과학적 태도는 이러한 토대를 망각하고 있다고 판단한다. 이러한 비판적 성찰을 바탕으로 후설은 과학적 태도를 방법론적으로 작동 중지하면서 그 이전의 생활세계 경험들에 초점을

---

6 U. Proske and S. C. Gandevia, "The kinaesthetic senses," *The Journal of physiology* 587(17), 2009, pp. 4139-4146.

7 Edmund Husserl, *Ding und Raum. Vorlesungen 1907*, Den Haag: Martinus Nijhoff, 1973, p. 161.(에드문트 후설, 《사물과 공간》, 김태희 옮김, 아카넷, 2018, 299쪽)

맞출 것을 제안한다. 둘째, 현상학자는 세계로 향하는 자연스러운 관심을 의식과 세계 사이의 지향적 관계로 돌려야 한다(현상학적 환원). 이러한 철학적 태도를 통해 세계의 여러 대상은 의식에 나타나는 '의미' 혹은 '현상'으로 드러난다.[8] 셋째, 현상에 대한 '학문'으로서의 현상학은 단지 개별 경험이나 현상을 기술하는 차원을 넘어서 그 경험이나 현상의 '본질' 혹은 '형상eidos'을 포착해야 한다(형상적 환원). 이러한 환원을 통해서 비로소 생활세계의 다양한 현상들의 본질을 연구하는 엄밀한 '학문'으로서 "생활세계 존재론"[9]이 확립될 수 있다. 이러한 현상학적 방법론을 모빌리티 연구와 결합할 때, 생활세계에서 다양한 모빌리티 경험 및 현상의 각각의 본질에 초점을 맞추고 나아가 이들 간의 연관과 체계를 기술할 수 있다. 따라서 광의의 키네스테시스로 해석되는 모빌리티 경험 및 현상들에 대한 존재론적 탐구는 "모빌리티 이론 내부에서 참된 존재론적 논의"를 전개하는 토대가 될 것이다. 이러한 논의를 좀 더 명료하게 이해하기 위해 후설의 현상학에서 존재론 개념을 살펴보자.

후설에게 있어 존재론은 기본적으로 대상의 본질을 탐구하는 '본질학'을 뜻하며, 형식존재론formale Ontologie과 영역존재론regionale Ontologie으로 대별된다.[10] 대상의 다양한 내용들을 사상寫象하고 그

---

8 그러나 현상학적 환원이 세계의 존재를 부정하거나 세계의 존재를 의식으로 축소하는 환원주의는 아님에 유의해야 한다. 현상학적 환원에 대한 오해에 대해서는 다음을 참조하라. Eugen Fink, "Die phänomenologische Philosophie Edmund Husserls in der gegenwärtigen Kritik," *Kant-Studien* 38(1-2), p. 1933, pp. 319-383.

9 Edmund Husserl, "Die Krisis der europäischen Wissenschaften und die transzendentale Phänomenologie. Eine Einleitung in die phänomenologische Philosophie," *Den Haag: Martinus Nijhoff*, 1976, p. 176.

10 이러한 의미의 존재론은 정보공학의 온톨로지 개념에 상응하는데, 특히 형식존재론은 상위 온톨로지에, 영역존재론들은 하위 온톨로지들에 상응한다. 박승억, 〈스

'대상임'의 '본질'만 탐구하는 형식존재론은 모든 대상이 공통적으로 지니는 형식적 본질을 다룬다. 이와 달리 영역존재론은 각 존재 영역에 고유한 본질들을 탐구한다. 이러한 존재론 논의를 모빌리티 연구에 대입한다면, 모빌리티 연구에서는 다양한 모빌리티 경험 및 현상들이 속하는 다양한 존재 영역에 입각하여 이들의 본질을 탐구해야 한다. 물론 물질, 생명, 마음, 사회 등의 각 영역은 물리학, 생물학, 심리학, 사회학 등 경험적 개별 연구의 주제이기도 하다.[11] 그러나 현상학적인 영역존재론에 있어서는 이러한 경험적 연구들의 토대를 이루는 근본 개념들, 가령 운동, 정지, 변화, 공간, 장소, 시간, 사물, 의식, 지각, 기억, 인지, 구조, 체계 등의 개념들을 앞서 개관한 현상학적 방법론에 입각하여 연구한다. 현상학적 절차인 여러 "환원" 이후에 이루어지는 이러한 "존재현상학Onto-Phänomenologie"은 따라서 "지각되는 것의 실존, 그리고 어떤 현실적 실존 일반"을 연구하는 것이 아니라 "지각의 본질, 판단의 본질, 명증의 본질 등"을 다루는 것이다.[12]

이러한 모빌리티의 영역존재론에 있어서 키네스테시스는 핵심 개념이다. 이 개념은 넓은 의미로 쓰일 때, 다양한 존재 영역에서 대상들의 모빌리티와 이에 대한 주체의 의식, 정동, 지각 등의 다양한 지향적 관계를 의미하기 때문이다.

마트한 기계를 위한 온톨로지: 정보 기술의 관점에서 본 현상학적 존재론〉,《철학과 현상학 연구》74, 33~54쪽, 33쪽.

11 후설의 영역존재론 및 그 확장 필요성에 대해서는 다음을 참조하라. 김태희, 〈모빌리티 인공지능에 대한 존재론적 고찰:《인공지능의 존재론》에 기초하여〉,《과학철학》21(3), 2018, 155~190쪽, 160쪽 이하.

12 에드문트 후설,《사물과 공간》, 267쪽.

지각의 조건으로서의 키네스테시스

위에서 언급한 현상학적 태도 내에서, 그리고 정교한 현상학적 기술과 분석을 통해서, 후설은 시각과 촉각뿐 아니라 키네스테시스 감각이 사물 인식 및 공간 인식에 결정적 역할을 함을 보여 준다. 따라서 키네스테시스 개념은 자기 몸의 위치 및 움직임에 대한 감각만 가리키는 것이 아니다. 이 개념은 주체의 신체적 운동(에 대한 감각)이 대상 지각의 조건임을 가리키는 것이다.

가령 공간의 어떤 물체를 볼 때를 떠올려 보자. 이 물체는 모든 부분을 한꺼번에 내보이지 않는다. 앞면만, 그중에서도 시선이 고정되는 한 부분만 시야의 중심에 들어오는 것이다.

사물지각은 모두 비충전적inadäquat이다. 정지한 사물지각은 그것이 단지 일면적이라는 이유 때문에라도 이미 비충전적이다. 변이하는 사물지각은 (물론 점차적으로나 단계적으로 점점 더 다양하고 더 풍부하게 대상을 내어 주지만) 절대적 소여라는 목표에 결코 이를 수 없기 때문에 비충전적이다.[13]

지각의 본질에 대한 이러한 서술은 일견 진부하다. 그러나 우리 의식이 지니는 진정한 역능은 다른 데 있다. 이처럼 우리가 한순간에 사물의 한 면만 '감각empfinden'하더라도, 어떤 의미에서 이 사물 전체를 '지각wahrnehmen'하고 있는 것이다. 다시 말해 사물의 보이지 않는 면들도 지각 의식의 범위에 들어온다. 가령 어떤 집의 앞면을

---

13 에드문트 후설, 《사물과 공간》, 226쪽.

볼 때 (가령 영화 세트장에서 집의 정면 그림만 세워진 것처럼 예외적인 경우를 제외하고는) 옆면과 뒷면도 있음을 (비록 구체적인 형태와 색깔 등까지 명료하게 의식하지는 않더라도) 주변적으로 의식한다. 이처럼 대상의 가시적 면과 더불어, 비가시적 면들은 일종의 지평 안에서 주어진다. 이처럼 지각은 집의 앞면에 대한 다양한 감각들을 '능가'한다. 의식은 과거의 경험들에 토대를 둔 연상을 통해 가시적인 면과 비가시적인 면을 하나의 통일적 대상으로 종합함을 통해, 가시적인 면을 '초월'하여 대상 전체를 지각할 수 있는 것이다.

의식의 이러한 초월 역능은 하나의 사실로 주어져 있다. 그러나 철학적 탐구에 있어서는 이러한 사실문제quaestio facti 너머, "이러한 역능이 대체 어떻게 가능한가?"라는 권리문제quaestio juris가 대두된다. 이러한 질문은 지각의 '가능성의 조건'에 대한 물음이다. 후설은 어떻게 답변하는가? 그의 답변은 바로 키네스테시스이다.[14] 어떤 사물을 하나의 전체 대상으로 인식할 수 있는 것은, 자발적으로 몸을 움직여 다양한 입지와 관점에서 사물을 볼 수 있는 역능 덕분이다. 좀 더 자세히 서술해 보자.

지금 시야 중심부에 나타난 사물 앞면, 그중에서도 특정 부분으로부터 시선을 거두어 보자. 이제 눈을 돌리거나 고개를 돌리면, 시

---

14 보다 상세히 말하자면, 후설의 현상학에서는 이러한 의식의 초월하는 역능에 대해 각각 키네스테시스, 시간의식, 상호주관성에 입각하는 세 가지 설명이 존재한다. 다음을 참조하라. Dan Zahavi, *Husserl and transcendental intersubjectivity: A response to the linguistic-pragmatic critique*, Ohio University Press, 2001, pp. 39-51. 이 중에서 자하비는 세 번째 설명을 선호하는데, 이에 대한 비판은 다음을 참조하라. Gunnar Declerck, "Absent aspects, possible perceptions and open intersubjectivity: a critical analysis of Dan Zahavi's account of horizontal intentionality," *Journal of the British Society for Phenomenology* 49(4), 2018, pp. 321-341.

야의 주변부에 있던, 혹은 아예 시야 바깥에 있던 앞면의 다른 부분이 시각장의 중심에 진입한다. 또 몸 전체를 움직여 물체 주위를 돌면, 이 3차원 공간 사물의 옆면과 뒷면까지 보인다. 이처럼 "만일" 우리 몸이 움직이면, "그렇다면" 대상의 감각이 변화한다는 "만일-, 그렇다면if-then"의 함수관계를 통해, 신체의 움직임에 따라 사물 지각은 변화한다.

나아가 더욱 중요한 사실은 우리가 이러한 사실을 이미 암묵적으로 알고 있다는 것이다. 바로 이 덕분에 하나의 사물 전체를 지각하는 능력이 가능한 것이다. 공간적 통일체로서 하나의 사물이 지니는 모든 가능한 면들은 우리 신체 움직임들의 체계에 조율되는 질서 정연한 체계를 이룬다. 즉, "눈 운동, 머리 운동, 손 운동",[15] 몸 운동과 같은 개별 키네스테시스 체계들 및 (이러한 개별 키네스테시스 체계들의 조합으로서의) 전체 키네스테시스 체계에 상응하여, 사물의 각 면에 대한 감각들도 하나의 체계를 이루며 의식에 나타난다. 따라서 지각역능은 궁극적으로 몸의 키네스테시스 체계와 대상 감각 체계의 함수관계에 대한 지식과 숙달에 의존하는 것이다.

사물에 대한 "숙련 대처skillful coping"[16]로서의 이러한 지식과 숙달은 명시적으로 의식하지 않는 일종의 암묵지implicit knowledge이자 절차적 지식knowing-how이다. 즉, 대부분의 경우 의식에는 대상만 명시적으로 주어지고 몸은 의식으로부터 뒤로 물러난다. 이러한 몸의 '투명성transparency'은 대상 인식을 위한 조건이기도 하다. 만약 대상

---

15 에드문트 후설, 《사물과 공간》, 299쪽.
16 Hubert L. Dreyfus, *Skillful Coping: Essays on the Phenomenology of Everyday Perception and Action*, Mark Wrathall(ed.), Oxford University Press, 2014.

이 의식에 드러나는 것과 동시에, 그리고 그와 같은 정도로, 명시적이고 주제적으로 키네스테시스도 의식에 나타난다면 어떻게 될까? 키네스테시스 의식이 대상 의식과 경합함에 따라 대상 의식은 방해받고 숙련된 대처는 서툴러질 것이다. 따라서 키네스테시스가 의식에 주제적이고 명시적으로 나타나는 것은 예외적인 두 가지 경우, 즉 감각-운동 협응sensory-motor coordination이 장애를 겪거나 (학문적 이유 등) 어떤 이유에서든 키네스테시스에 자발적으로 반성적 주의를 기울이는 경우뿐이다.

사물을 하나의 공간적 통일체로서 전체적으로 지각하는 의식의 역능이 이러한 암묵적 지식과 숙달에 기초한다면, 자연스럽게 다른 의문이 떠오른다. 대체 우리는 이러한 지식과 숙달을 어떻게 가지게 되었는가? 사실 젖먹이 유아는 이러한 암묵적 지식과 숙달을 (충분히) 지니지 못하고 있다. 유아는 보이지 않는 대상이나 대상의 보이지 않는 면에 대한 의식이 없어서, 가령 숨바꼭질 같은 놀이는 할 수 없다. 숨바꼭질은 어떤 사람이 지금 보이지는 않지만 어디엔가 있다는 "대상 영속성object permanence"[17] 의식을 전제로 하기 때문이다. 후설에 따르면, "어떤 현시하는 사물이 존재한다는 모든 직접적 확실성에 있어 지향적 배경"은 어떤 암묵지, 즉 "키네스테시스 역능 체계"에 토대를 둔 어떤 예상들에 들어맞게 사물의 비가시적 면들이 드러날 것이라는 암묵지이다.[18]

따라서 키네스테시스를 활용하여 사물을 인식하고 숙련 대처하는

---

17 Jean Piaget, *The construction of reality in the child*, New York: Ballantine Books, 1971(1954).

18 Edmund Husserl, *Die Krisis der europäischen Wissenschaften und die transzendentale Phänomenologie*, p. 164.

것은 그 자체로 선험적으로 주어지는 것이 아니라 경험을 통해 지속적으로 발달하는 것이다. 발생적 현상학genetische Phänomenologie은 이러한 키네스테시스의 발생을 설명하고자 한다.[19] 아직 모태에 있는 태아조차도 이미 고유한 키네스테시스가 있고[20] 신생아는 엄마의 가슴을 찾는 "버둥거림의 키네스테시스"가 있다.[21] 이처럼 "키네스테시스적으로 기능하는 신체"는 곧 "특유의 행동과 습관을 지니고 기능하는 자아"[22]이다. 메를로-퐁티에 따르면, 이러한 신체적 습관성은 "신체 활동이 일어날 때만 드러나는 손안의 지식"[23]이다.

따라서 현상학적 개념으로서의 키네스테시스는 단지 "신체 움직임의 지각"만 뜻하는 것이 아니라, 몸의 움직임과 대상 지각의 조율 및 이에 대한 암묵적 지식을 뜻한다. 이러한 키네스테시스가 지각 발달에 미치는 결정적 영향을 이해하는 데 다음의 고전적 실험이 도움이 될 것이다.[24] 회전목마 모양의 바퀴에 묶인 새끼 고양이 A는 자기 발로 움직이면서 '능동적으로actively' 환경을 탐색한다. 반면 같은 바퀴에 묶인 다른 새끼 고양이 P는 고양이 A가 움직여 바퀴가 돌아감에 따라 덩달아 움직여지면서 '수동적으로passively' 환경을 인식하

---

19 Edmund Husserl, *Zur Phänomenologie der Intersubjektivität. Texte aus dem Nachlass. Dritter Teil: 1929-1935*, Den Haag: Martinus Nijhoff, 1973, pp. 604.

20 Edmund Husserl, *Zur Phänomenologie der Intersubjektivität. Texte aus dem Nachlass. Dritter Teil: 1929-1935*, p. 604.

21 Edmund Husserl, *Späte Texte über Zeitkonstitution (1929-1934): Die C-Manuskripte*, Springer, 2006, p. 327.

22 Edmund Husserl, *Die Krisis der europäischen Wissenschaften und die transzendentale Phänomenologie*, p. 109.

23 Maurice Merleau-Ponty, *Phenomenology of perception*, Routledge, 2013, p. 166.

24 R. Held, A. Hein, "Movement-produced stimulation in the development of visually guided behavior," *Journal of Comparative and Physiological Psychology* 56(5), 1963, pp. 872-876.

게 된다. 이때 중요한 점은 A는 능동적으로 움직이고 P는 수동적으로 움직여진다는 차이에도 불구하고, 두 고양이가 수용하는 시각적 자극은 동일하다는 것이다. 그럼에도 불구하고 이러한 능동성과 수동성의 차이는 두 고양이가 인식과 행동 능력을 발달시키는 데 커다란 영향을 미친다. 예를 들어 깊이 지각을 조사하는 시각절벽visual cliff 실험에서 P는 허공으로 발을 내딛는데, 이는 깊이 지각이 발달하지 않은 것으로 해석된다. 또 공이 날아오더라도 눈조차 깜빡이지 않는데, 이는 물체가 점점 크게 보이더라도 이로부터 이 물체가 다가오고 있음을 알지 못하기 때문이다. 따라서 자유로운 움직임을 통한 키네스테시스 감각의 획득은 정상적 깊이 지각 발달의 필요조건이며 나아가 "공간 구성의 필수 부분"[25]이다. 시각적 자극 자체는 신체 움직임에 기반한 깊이 차원이 주어지지 않는 한 2차원 감각에 불과한 것이다.

이러한 체화된 모빌리티embodied mobility로서의 키네스테시스는 모빌리티 인문학에 있어 보다 이동적이고 역동적인 인식론의 토대를 창출할 수 있다. 정지한 주체와 정지한 대상의 인식론적 관계에 초점을 맞추는 종래의 정적 인식론을 대체하는 이러한 새로운 동적 인식론은 정지와 운동의 관계에 대한 사고를 뒤집는다. 다시 말해 정적 인식론이 정지를 일반적 상태로 상정하고 운동을 이로부터의 이탈로 상정한다면, 동적 인식론은 운동을 일반적 상태로 상정하고 정지를 단지 이러한 운동이 결핍된 일시적 상태로 해석한다. 따라서

---

[25] Edmund Husserl, *Ideen zu einer reinen Phänomenologie und phänomenologischen Philosophie. Zweites Buch: Phänomenologische Untersuchungen zur Konstitution*, Den Haag: Martinus Nijhoff, 1991, p. 58.

우리의 인식에 있어서 주체와 대상의 모빌리티가 보편적이며, 정지한 주체와 정지한 대상의 인식론적 관계는 일종의 "이념화하는 허구"이자 "한계 사례"에 불과하다.[26]

키네스테시스 개념의 의미와 확장

키네스테시스가 모빌리티 인문학을 관통하는 "실"일 수 있다는 제안에서 출발한 이제까지의 논의는 키네스테시스의 현상학적 개념을 탐구함으로써, 이 개념이 모빌리티 인문학에 어떠한 잠재적 함의를 지닐 수 있는지 확인했다. 이에 따르면 키네스테시스의 현상학적 개념은 모빌리티 인문학의 토대로서 모빌리티 존재론의 토대가 될 수 있고, 나아가 모빌리티 인식론 확립에 기여할 수 있을 것이다. 존재론적으로 보아, "불변"은 "광의의 변화의 한 양태"로서 "한낱 한계 사례"이다.[27] 앞서 논의한 키네스테시스 개념에 따르면, 지각은 신체 운동을 통해 발생한다. 이러한 불변의 지각은 항구적 운동과 변화의 "한계 사례"에 불과한데, "적어도 〔안구〕 조절에서 움직이는 시선에서의 변화"는 반드시 있으므로 "위치와 자세의 변화들이 없을 수는 없기 때문"이다.[28]

이런 의미에서 키네스테시스는 (주체의 모빌리티에 대한 의식뿐 아

---

26 에드문트 후설, 《사물과 공간》, 182쪽 이하.

27 Edmund Husserl, *Ideen zu einer reinen Phänomenologie und phänomenologischen Philosophie. Zweites Buch*, p. 126.

28 에드문트 후설, 《사물과 공간》, 182쪽 이하. 안구조절accommodation은 망막에 대상의 상이 정확하게 비치도록 하기 위해 대상의 원근에 따라 수정체 두께를 조절하는 작용을 말한다.

니라) '사물의 모빌리티'에 대한 의식에도 필수적이다. 키네스테시스의 이러한 역할은 다음 사례에서 명확히 드러난다. 대상이 정지하고 주체가 운동하는 경우와 주체는 정지하고 대상이 운동하는 경우에, 대상의 "현출(나타남)의 진행은 동일"할 수 있다. 그래서 가령 차창 밖 풍경을 바라보며, 내가 앞으로 나아가는지 풍경이 뒤로 지나가는지 잠시 혼동을 겪는 일이 생기는 것이다. 그러나 차를 타고 가는 우리는 풍경이 아니라 내가 앞으로 나아감을 곧 알게 된다. 즉, "(대상장) 운동이 현출"하는 것이 아니라, "(대상장) 정지가 현출"한다. 이것은 바로 내가 움직인다는 감각, 즉 (탈것으로 이동하는 것까지 포함하는 넓은 의미의) 키네스테시스 감각 덕분이다.[29] 이처럼 사물의 정지/운동은 바로 키네스테시스를 매개로 주어지는 것이다.

이러한 현상학적 키네스테시스 개념은 사물 의식뿐 아니라 신체 의식 및 자아 의식에도 필수적이다. 사물의 모든 경험에서 몸은 '기능하는 신체'로서 대상과 더불어 경험된다.[30] 우리는 사물을 경험할 때 우리 자신의 신체를 "정향의 영점Nullpunkt der Orientierung" 혹은 "절대적 '여기'"의 담지자로서 암묵적으로 경험한다.[31] 이런 의미에서 키

---

29 에드문트 후설, 《사물과 공간》, 322쪽 이하. 한편, 대상과 주체가 정확히 같은 방향과 같은 속도로 함께 운동하는 경우에는, 이러한 운동들에도 불구하고 대상의 "현출 내용이 전혀 변하지 않"을 수도 있다. 에드문트 후설, 《사물과 공간》, 294쪽.

30 몸은 이중의 방식으로, 즉 경험되는 물리적 몸체Körper이자 경험하는 체험적 신체Leib로 경험된다. Edmund Husserl, *Die Krisis der europäischen Wissenschaften und die transzendentale Phänomenologie*, p. 109. 후설의 '몸체'와 '신체'의 구별은 메를로-퐁티의 "객관적 몸corps objectif"과 "현상적 몸corps phénoménal" 구별에 상응한다. Merleau-Ponty, *Phenomenology of Perception*, p. 121.

31 Edmund Husserl, *Ideen zu einer reinen Phänomenologie und phänomenologischen Philosophie. Zweites Buch*, p. 127.

네스테시스 의식은 반드시 신체 의식이자 자기 의식인 것이다.[32] 그래서 키네스테시스 없이 "눈만 있는 주체"가 있다면 자기 몸을 경험할 수 없을 것이다.[33]

이러한 키네테시스의 현상학적 개념이 지닌 함의에도 불구하고, 키네스테시스를 이처럼 주체의 자발적 움직임의 의식으로, 특히 대상 지각과의 관계에서 협소하게 개념화한다면, 키네스테시스의 역할은 크게 제약될 것이다. 따라서 이 글에서는 이러한 방법론적 제약을 제거함을 통해 이 개념을 세 방향으로 확장할 수 있다고 제안한다. 주체의 수동적 운동, 대상의 운동, 실천적 키네스테시스라는 세 방향으로의 확장이다.

첫째, 키네스테시스 개념을 주체의 '수동적 운동'까지 포함하도록 확장할 필요가 있다. 탈것에 앉아 이동하는 신체의 "키네스테시스 정지"[34] 등에 대한 몇 군데의 단편적 서술을 제외하면, 후설의 키네스테시스에 대한 현상학적 기술은 주로 주체의 능동적 운동에 국한되는 경향이 있다. 자동차 모빌리티의 경험을 예로 들어 보자. 숙련된 운전자에게는 능동적인 운동의 감각이 확장되어 자동차가 일종의 '연장된 신체'가 된다. 운전자가 능동적으로 제어하는 차량의 움직임에 상응하여 운전자의 시야에 들어오는 감각도 끊임없이 변화한다. 그러한 경우에는 자동차가 "키네스테시스 감각의 기능을 넘겨

---

32 Ulrich Claesges, *Edmund Husserls Theorie der Raumkonstitution*, Den Haag: Martinus Nijhoff, 1964, pp. 121-123.

33 Edmund Husserl, I*deen zu einer reinen Phänomenologie und phänomenologischen Philosophie. Zweites Buch*, p. 150.

34 에드문트 후설, 《사물과 공간》, 488쪽.

받았다"[35]고 말할 수 있을 것이며, 이 경우 주체의 능동적 운동이라는 개념이 자동차를 운전하는 사례에까지 확장되는 것이다. 그러나 조수석에 앉아 이동할 때에는 이러한 "행위감sense of agency"은 줄어들거나 모두 사라진다. 현대사회의 다양한 모빌리티 상황에서 대중교통을 타고 이동하는 것과 같은 수동적 모빌리티 경험을 해명하기 위해서는 승객의 경험에 초점을 맞춘 현상학적 기술이 필요하다. 이 경우에 새끼 고양이 P처럼 스스로 움직임을 야기한다는 "행위감"은 없으며, 다만 움직이는 몸을 스스로 소유하고 있음을 경험하는 "소유감sense of ownership"만 있다.[36] 그러나 이 경우에도 "움직이는 것으로 이미 내가 경험하는" "어떤 대상과의 하나됨"[37]을 통해 신체는 "신체 아닌 사물들과 통각적으로 동등하게 간주할 수 있다."[38] 향후 자율주행차가 상용화되어 운전자가 사라지면 이러한 승객으로서의 경험이 더욱 보편적이 될 것이다. 따라서 이처럼 확장된 키네스테시스 개념에 의거하여 수동적 모빌리티 경험을 탐구하는 것은 모빌리티 인문학에서 중요한 부분이 될 것이다.

둘째, 모빌리티 인문학은 키네스테시스 개념을 확장하여 주체의 능동적이거나 수동적인 모빌리티뿐 아니라 모든 사물의 모빌리티에 대한 경험을 연구할 수 있다. 세계는 빠르게 움직이고 있으며, 이러한 빠른 움직임은 사물을 인식하는 방식을 바꾸고 있다. 이처럼 사

---

35 에드문트 후설, 《사물과 공간》, 488쪽.
36 행위감과 소유감 구별에 대해서는 다음을 참조하라. Shaun. Gallagher, Dan. Zahavi, *The phenomenological mind*, Routledge, 2013, p. 160.
37 Edmund Husserl, *Zur Phänomenologie der Intersubjektivität. Texte aus dem Nachlass. Dritter Teil: 1929-1935*, p. 248.
38 Edmund Husserl, *Zur Phänomenologie der Intersubjektivität. Texte aus dem Nachlass. Dritter Teil: 1929-1935*, p. 277.

물과 세계의 모빌리티 현상에 대한 연구에도 현상학적 관점이 필요하다. 즉, 이러한 사물과 세계의 운동 및 그 속도를 단지 객관적인 실체의 관점에서 다루기보다 현상학적 환원의 틀 안에서 우리에게 주어지고 체험되는 '현상'으로 다룰 필요가 있다. 모빌리티 인문학은 경험하는 모빌리티 현상과 그 의미에 관심을 기울일 것을 요구한다. 그리고 이를 위해 현상학적 방법론에 의거하여 생활세계에서 경험하는 모빌리티 현상과 경험에 주의를 기울이는 것은 유익하다. 따라서 키네스테시스 개념을 "실행되고 감지되고 지각되고 표현되고 측정되고 안무되고 음미되고 욕망되는 운동"으로 확장하고 이러한 '모빌리티 경험', 즉 광의의 키네스테시스를 연구하기 위해 현상학의 방법론적 원칙을 일관되게 유지하는 것이 유익할 것이다.

셋째, 후설의 후기 연구와 메를로-퐁티의 연구를 바탕으로 키네스테시스 개념을 '실천적 키네스테시스'로까지 확장할 필요가 있다. 후설은 키네스테시스에 대한 후기 연구에서 초기 연구가 초점을 맞춘 "단지 지각적으로만 기능하는 키네스테시스"로부터 "실천적으로 기능하는 키네스테시스"를 구별하게 되었다.[39] 이러한 실천적 키네스테시스는 예컨대 음식을 삼키는 키네스테시스, 아기의 버둥거리는 키네스테시스, 심지어 발성의 키네스테시스까지 포괄한다.[40] 이러한 키네스테시스의 재개념화는 지각장애나 운동장애의 다양한 사례들을 통해 지각과 신체운동의 연관을 분석하는 메를로-퐁티의 운

---

39 Edmund Husserl, *Die Lebenswelt. Auslegungen der vorgegebenen Welt und ihrer Konstitution. Texte aus dem Nachlass (1916-1937)*, Springer, 2008, p. 396.

40 이에 대한 설명은 다음을 참조하라. C. Ferencz-Flatz, "Husserls Begriff der Kinästhese und seine Entwicklung," *Husserl Studies* 30(1), 2014, pp. 21-45, p. 41.

동역능 개념으로 이어질 수 있다.[41] 메를로-퐁티는 후설의 초기 키네스테시스 개념을 넘어서 이 개념을 "신체도식body schema"에 토대를 둔 실천적 능력으로까지 확장한다.[42] 본래 생물학적 개념인 "운동역능motility"[43] 혹은 "잠재적 모빌리티potential mobilities"[44]는 메를로-퐁티의 개념화를 매개로 하여 사회학에 도입된다.[45] 사회학에서는 이를 "사회적이고 지리적인 공간에서 어떤 실체들(가령 재화, 정보, 사람 등)의 이동 능력, 혹은 이러한 실체들이 그 상황들에 의거하여 사회적 모빌리티나 공간적 모빌리티를 위한 능력에 접근하고 전유하는 방식", 즉 모빌리티 자본mobility capital으로 이해한다.[46] 이러한 맥락에서 "운동역능을 불균등하게 분배하는 불평등한 권력관계들"[47]은 새로운 모빌리티 패러다임 초기부터 중요한 문제로 받아들여졌다. 키네스테시스 개념을 이처럼 확장한다면, 키네스테시스는 모빌리티

41 Lewis. Michael, Tanja. Staehler, *Phenomenology: An Introduction*, A&C Black, 2010, p. 168.

42 Merleau-Ponty, *Phenomenology of Perception*, p. 239.

43 생물학에서 이 개념은 "신진대사 에너지를 비용으로 하여 운동을 실행하고 기계적 작업을 수행하는 생명체계의 능력"을 가리킨다. Robert Day Allen, "Motility," *The Journal of cell biology* 91(3), 1981, pp. 148-166, p. 148.

44 '운동역능motility' 개념이 지닌 생물학적 어감을 피하기 위해 '잠재적 모빌리티'라는 용어를 사용하자는 제안에 대해서는 다음을 참조하라. Aharon. Kellerman, "Potential Mobilities," *Mobilities* 7(3), 2012, pp. 171-183, p. 172.

45 운동역능의 생물학적 개념과 사회학적 개념 사이에서 메를로-퐁티의 매개하는 역할에 대해서는 다음을 참조하라. Hege Høyer Leivestad, "Motility," *Keywords of Mobility: Critical Engagements*, Noel B. Salazar, Kiran Jayaram(eds.), Berghahn Books, 2016, p. 134.

46 Vincent Kaufmann, Manfred Max Bergman, Dominique Joye, "Motility: mobility as capital," *International journal of urban and regional research* 28(4), 2004, pp. 745-756, p. 750.

47 Kevin Hannam, Mimi Sheller, John Urry, "Editorial: Mobilities, Immobilities and Moorings," *Mobilities* 1(1), 2006, pp. 1-22, p. 15.

인문학에서 존재론 차원과 인식론 차원뿐 아니라, "불균등한 모빌리티와 모빌리티 권리, 윤리, 정의와 관련된 문제"[48]를 다루는 모빌리티 가치론 차원에서도 매우 중요한 역할을 할 수 있다.

키네스테시스 개념을 "특히 자발적인 체화된 [주체의] 운동에 관여하는 근육의 수고에 대한 감각"이라는 좁은 의미에서, "실행되고 감지되고 지각되고 표현되고 측정되고 안무되고 음미되고 욕망되는 운동"이라는 넓은 의미로 확장하자는 메리만과 피어스의 제안은 이러한 맥락에서 이해될 수 있다. 그렇다면 이제까지의 논의를 기반으로, 현상학적 의미에서 체화된 모빌리티로서의 키네스테시스는 모빌리티 존재론, 그리고 그 너머의 모빌리티 인식론과 모빌리티 가치론을 포함하여 모빌리티 인문학을 꿰는 "실"의 역할을 할 수 있을 것이다.[49]

---

48 Mimi Sheller, *Mobility Justice: The politics of movement in an age of extremes*, Verso Books, 2018, p. 12. (미미 셸러, 《모빌리티 정의》, 최영석 옮김, 앨피, 2019, 57쪽)
49 물론 현상학적 의미에서 이러한 "실Leitfaden"의 정확한 의미와 구체적 방법론에 대해서는 별도의 연구가 필요하다. 이것은 "구성적 현상학 연구에서 가장 중요한 문제 중 하나"이기 때문이다. Eugen Fink, "Vergegenwärtigung und Bild," *Jahrbuch für Philosophie und phänomenologische Forschung XI*, 1930, pp. 239–309, p. 254.

김태희, 〈모빌리티 인공지능에 대한 존재론적 고찰:《인공지능의 존재론》에 기초하여〉,《과학철학》21(3), 2018, 155~190쪽.

박성수, 〈장소에 대한 다층적 이해와 관계적 범동주의: 하나의 형식적 이론으로서 범동 주의 옹호하기〉,《로컬리티 인문학》21, 2019, 7~45쪽.

박승억, 〈스마트한 기계를 위한 온톨로지: 정보 기술의 관점 에서 본 현상학적 존재론〉,《철학과 현상학 연구》74, 2017, 33~54쪽.

윤태양, 〈다섯 가지 상호의존적 '모빌리티'에 대한 비판적 검토: 모빌리티 개념의 재개념화를 통하여〉,《International Journal of Diaspora&Cultural Criticism》9(2), 2019, 257~276쪽.

Adey, Peter, "If mobility is everything then it is nothing: towards a relational politics of (im)mobilities," *Mobilities* 1(1), 2006, pp. 75-94.

Allen, Robert, Day, "Motility," *The Journal of cell biology* 91(3), 1981, pp. 148-166.

Claesges, Ulrich, *Edmund Husserls Theorie der Raumkonstitution*, Den Haag: Martinus Nijhoff, 1964.

Declerck, Gunnar, "Absent aspects, possible perceptions and open intersubjectivity: a critical analysis of Dan Zahavi's account of horizontal intentionality," *Journal of the British Society for Phenomenology* 49(4), 2018, pp. 321-341.

Dreyfus, Hubert, L., *Skillful Coping: Essays on the Phenomenology of Everyday Perception and Action*. Mark Wrathall. ed., Oxford University Press, 2014.

Ferencz-Flatz, Christian, "Husserls Begriff der Kinästhese und seine Entwicklung," *Husserl Studies* 30(1), 2014, pp. 21-45.

Fink, Eugen, "Die phänomenologische Philosophie Edmund Husserls in der gegenwärtigen Kritik," *Kant-Studien* 38(1-2), 1933, pp. 319-383.

_____, "Vergegenwärtigung und Bild," *Jahrbuch für Philosophie und phänomenologische Forschung XI*, 1930, pp. 239-309.

Gallagher, Shaun, Zahavi, Dan, *The phenomenological mind*, Routledge, 2013.

Hannam, Kevin, Sheller, Mimi, Urry, John, "Editorial: Mobilities, Immobilities and Moorings," *Mobilities* 1(1), 2006, pp. 1-22.

Held, Richard, Hein, Alan, "Movement-produced stimulation in the development of visually guided behavior," *Journal of Comparative and Physiological Psychology* 56(5), 1963, pp. 872-876.

Husserl, Edmund, *Die Lebenswelt. Auslegungen der vorgegebenen Welt und ihrer Konstitution*, Texte aus dem Nachlass(1916-1937), Springer, 2008.

_____, *Ding und Raum*, Vorlesungen, 1907, Den Haag: Martinus Nijhoff, 1973. (에드문트 후설, 《사물과 공간》, 김태희 옮김, 아카넷, 2018)

_____, *Ideen zu einer reinen Phänomenologie und phänomenologischen Philosophie. Erstes Buch: Allgemeine Einführung in die reine Phänomenologie*, Den Haag: Martinus Nijhoff, 1976.

_____, *Ideen zu einer reinen Phänomenologie und phänomenologischen Philosophie. Zweites Buch: Phänomenologische Untersuchungen zur Konstitution*, Den Haag: Martinus Nijhoff, 1991.

_____, *Späte Texte über Zeitkonstitution (1929-1934): Die C-Manuskripte*, Springer, 2006.

_____, *Zur Phänomenologie der Intersubjektivität. Texte aus dem Nachlass. Dritter Teil: 1929-1935*, Den Haag: Martinus Nijhoff. 1973.

_____, *Die Krisis der europäischen Wissenschaften und die transzendentale Phänomenologie. Eine Einleitung in die phänomenologische Philosophie*, Den Haag: Martinus Nijhoff, 1976.

Kaufmann, Vincent, Bergman, Max, Manfred, Joye, Dominique, "Motility: mobility as capital," *International journal of urban and regional research* 28(4), 2004, pp. 745-756.

Kellerman, Aharon, "Potential Mobilities," *Mobilities* 7(3), 2012, pp. 171-183.

Leivestad, Hege, Høyer, "Motility," *Keywords of Mobility: Critical Engagements*. Noel, B., Salazar, Jayaram, Kiran(eds.), Berghahn Books, 2016.

Lewis, Michael, Staehler, Tanja, *Phenomenology: An Introduction*, A&C Black, 2010.

Merleau-Ponty, Maurice, *Phenomenology of perception*, Routledge, 2013.

Merriman, Peter, Pearce, Lynne, "Mobility and the Humanities," *Mobility and the Humanities*, Peter Merriman, Lynne Pearce (Eds.), Routledge, 2018. (피터 메리만, 린 피어스, 〈모빌리티와 인문학〉, 《모빌리티와 인문학》, 피터 메리만, 린 피어스 편저, 김태희·김수철·이진형·박성수 옮김, 앨피, 2019, 9~45쪽)

Piaget, Jean, *The construction of reality in the child*, Cook, M.(trans.), New York: Ballantine Books, 1971(1954).

Sheller, Mimi, *Mobility Justice: The politics of movement in an age of extremes*, Verso Books, 2018. (미미 셸러, 《모빌리티 정의》, 최영석 옮김, 앨피, 2019)

Sheller, Mimi, Urry, John, "The new mobilities paradigm," *Environment and Planning A* 38(2), 2006, pp. 207-226.

Söderström, Ola, Söderström, Crot, Laurence, *The mobile constitution of society: rethinking the mobility-society nexus*, Université de Neuchâtel, 2010.

Uwe, Proske, Simon, C., Gandevia, Simon, C., "The kinaesthetic senses," *The Journal of physiology* 587(17), 2009, pp. 4139-4146.

Zahavi, Dan, *Husserl and transcendental intersubjectivity: A response to the linguistic-pragmatic critique*, Ohio University Press, 2001.

역사학적 범주로서의 공간
: 역사성과 공간성의 관계에 대한 이론적 탐구

전진성

이 글은 《학림》 41권(2018.3)에 게재된 원고를 수정 및 보완하여 재수록한 것이다.

역사학의 새로운 출발점

서구에서 경험과학의 한 분야로 2백 여 년 전에 탄생한 역사학은 그 제도적 기반에 있어서나 위상에 있어 굳건해 보인다. 연구자들의 개인적 진로 문제와는 별개로 분과로서의 역사학은 아직도 건재하다. 동구 사회주의권의 몰락을 전후로 '탈역사posthistoire'의 흐름이 거셌지만, 혁명가 체 게바라의 용모를 상업화할 줄 알았던 글로벌 기업처럼 역사학도 역사에 대한 의구심을 역사 담론 활성화의 계기로 역이용했다. 현재 역사학이 직면한 문제는 역사에 대한 의구심이나 무관심 따위가 아니다. 그간 역사학의 존재 근거를 제공했던 정치적 환경, 예컨대 국민국가, 문명 세계, 자유민주주의 체제 등이 급격히 와해되고 있는 실정이다. 사실 이러한 변화의 저변에는 시공간에 대한 변화된 의식이 작용하고 있다. 기존의 선입관에 따르면, 시간이란 늘 미래로 전진하며 의미 있고 변증법적인데 반해, 공간은 정태적이며 물질적이기에 시간이 공간을 지배해야 마땅하다. 이러한 근대 특유의 편견을 토대로 공동의 기억을 지닌 한 민족이 자신의 영토를 수호한다거나 진보적인 서구 문명이 정체된 비서구의 땅을 차지하는 것이 정당해진다. 그런데 이러한 소위 '공간의 시간화'는 어느덧 현실을 더 이상 설명할 수 없는 패러다임이 되었다. 공간과 시간의 위계가 전도되어, 소위 '시간의 공간화'가 일반화되기에 이른 것이다. 역사학은 전혀 새로운 도전에 직면해 있다.

시공간의 새로운 양상이 가장 전형적으로 드러나는 곳은 도시민의 지루하면서도 불안정한 일상이다. 각 개인은 점차 외부의 시간 질서로부터 이탈하여 자신만의 고유한 시간을 영위하게 되는데, 과거의 특정 시점에 대한 우울증적 고착, 향수병, 토속적인 것에 대한 탐닉, 혹은 모든 것을 잊을 수 있는 외딴 장소 등을 찾는다. 이들은 어딘가에 안정된 정박지가 있을 거라고 믿지만 실제로 찾는 곳은 주로 고속도로, 공항, 쇼핑몰, 지하철, 호텔, 관광지처럼 일시적으로 지나치는 장소들이다. 결국 공간에 대한 관심의 증가는 역사적 존재로서의 인간을 더욱 위축시키고 있다.

바로 이러한 상황이야말로 역사학의 새로운 출발점이다. 현대 도시에 만연한 유동성과 동시성, 이질적인 것들의 병존, 혼종성, 게토화 또는 슬럼화와 무단 정주 등이 역사학의 본령인 국민적, 시민적 정체성을 와해시키고 있다. 이는 세계사나 미시사 등으로 역사학의 범위를 조정함으로써 해결될 사안이 아니다. 변경 지대나 이산diaspora의 역사로 주제를 이동하는 것 또한 미봉책에 불과하다. 이제 절실한 것은 역사학이라는 경험과학을 성립시켰던 특수한 시간과 공간의 범주, 즉 역사성과 공간성을 비판적으로 성찰하는 일이다. 이 양대 범주를 새로운 반석 위에 올려놓지 않고는 역사학은 자신의 학문적 본령을 잃어버린 채 호고적인 취미의 영역으로 추락하기 쉽다. 이 양대 범주를 탐구하는 것은 결국 다음과 같은 질문에 대답하기 위함이다. 시간과 공간의 근대적 위계를 경험과학적으로 정당화해 왔던 역사학은 과연 그 위계가 무너진 이후의 대안마저 제시할 역량이 있는가? 혹여 그럼으로써 기성 정치질서와의 오랜 연을 끊고서 전혀 색다른 시공간의 원리에 기초한 대안적 정치를 구상하고 정당화하는 역할을 맡을 수 있을까?

역사성과 공간성의 대립

역사성의 모순구조

중화문명권에서 사용되던 '사史'와는 구별되는 서구적 의미의 '역사History'가 지니는 가장 본질적인 특징은, 시대와 사건의 역동적인 흐름이 인간의 도덕적 결정권을 압도한다는 점이다. 인간이 경험한 모든 것은 처음부터 끝까지 균질적인 시간의 계열 속에 차곡차곡 누적되며 그 의미는 사후에만 분명해진다. 철학자 헤겔G. W. F. Hegel의 잘 알려진 표현에 따르면, 현실적인 것이 곧 이성적인 것이며 미네르바의 부엉이는 황혼이 되어서야 날아오른다. 헤겔식의 역사철학에서 말하는 역사는 그저 병렬된 사실들의 집합이 아니다. 그것은 순간과 연속 속에 하나의 총체로서 존재하며, 사후에나 밝혀질 최종적 의미의 실현을 향해 부단히 전진한다.

이러한 '역사'에서 인간은 주체로서 고양되기는커녕 오히려 객관적 사실로 대상화되며, 그 흐름을 뒤바꿀 여지는 애초부터 인간에게 주어지지 않는다. 인간의 자의에 의해 초래된 모든 우발적인 사건은 우연과 필연의 변증법을 통해 역사의 선형적 궤도 안에 말끔하게 편입된다. 이처럼 인간의 노력이 어차피 이미 정해져 있는 목표점에 이르기 위한 수단에 불과하다면, 인간에게 책임을 묻는 것은 무의미하다. 인간은 혐의가 있지도 결백하지도 않다. 역사 속의 당사자는 자신의 이념적 목표를 하루빨리 실현하려 부심하지만 객관적으로 진행되는 역사의 의미를 결코 헤아릴 수 없다. 역사의 태엽은 자동적으로 풀려 나간다. 이것은 20세기에 전 세계에 걸쳐 좌파 세력이 공통적으로 직면한 딜레마이다. 작가 아서 쾨슬러Arthur Koestler는 스탈린 치하의 정치적 억압을 다룬 소설《한낮의 어둠》에서 작중인물인 비운의 혁명가 루바쇼프의 입을 빌어 역사에 대한 맹신을 다음과 같이 비꼰다.

> 역사는 어떤 양심의 가책이나 망설임도 모른다네. 완만하지만 과오 없이 자기 목표를 향해 흘러갈 뿐이지. 역사는 지나는 고비마다 자신이 가져온 찌꺼기와 익사자의 시체를 남기네. 역사는 자신의 길을 알고 있고 결코 어떤 잘못도 저지르지 않아.[1]

철학자 메를로-퐁티Maurice Merleau-Ponty에 따르면, 이성적 판단 대신에 이와 같은 가히 신학적인 역사관을 정치적 정당성의 유일한 원천으로 자리매김한 것이 바로 스탈린주의였다. 1938년 모스크바 재판에서 스탈린의 정적으로 반역죄를 뒤집어쓴 부하린이 의외로 법정에서 순순히 죄를 자백했던 것은, 자신이 역사를 만든다는 그릇된 확신이 "미래에서 최종 판결의 근거를" 찾아야 하는 역사의 원칙을 저버림으로써 자신의 도덕적 진정성과는 무관하게도 결국 반동 세력을 이롭게 하는 정치적 오류를 빚었음을 인정했기 때문이었다. 부하린은 행위의 의도 때문이 아니라 (예상되는) 결과로 인해 반역자가 되었다.[2]

스탈린주의에서 극대화되었으나, 실은 근대 서구의 역사 개념에 본원적으로 내재된 객관주의적 형이상학은 필연적인 자기모순에 봉착한다. 그것은 전체적으로는 이성적 체계를 갖추고 있지만, 이를 구성하는 개개의 과정은 늘 일시적이고 부조리하다. 그것은 끊임없

---

1 아서 쾨슬러, 《한낮의 어둠》, 문광훈 옮김, 후마니타스, 2012, 67쪽.
2 모리스 메를로-퐁티, 《휴머니즘과 폭력》(1947), 문학과지성사, 2004, 72~73쪽.

이 미래로 질주함으로써 현재는 물론 심지어 미래마저도 최종 도달점에 비추어 이미 과거로 전락시키기에, 결국 충만한 현재를 불가능하게 만든다. 이른바 '역사성Geschichtlichkeit(獨) · historicity(英)'이란 이처럼 불가능한 현재에 놓인 인간 및 그의 창조물의 숙명을 가리키는 존재론적 범주이다. 하늘 아래 어떤 것도 영원할 수 없고 오로지 덧없이 사라져야 하는 숙명만이 영원하다. 결국 역사는 제 자식을 잡아먹고 권세를 유지하는 크로노스의 신화처럼, 부조리함의 차원을 넘어 아예 텅 빈 시간들이 연출해 내는 장대한 드라마이다. 텅 빈 시간들은 아들 제우스가 크로노스(시간!)를 제거하고 진정한 주신主神으로 등극함으로써 비로소 충만해진다.

역사성 속에 존재론적으로 포박되어 있는 인간은 결코 자신의 시대를 넘어설 수 없으며, 유의미한 것이라고는 오로지 민족이나 인류의 역사 전체이다. 오직 역사 전체의 의미를 통해서만 각 시대와 인물들은 공허를 넘어설 수 있다. 만약 개개의 사건들만을 떼어 놓고 본다면, 우리는 사악하거나 어리석은 인간들의 이전투구와 아비규환을, 계몽철학자 볼테르François-Marie Arouet Voltiare의 신랄한 표현을 빌면 "쓰레기더미"만을 발견하게 될 것이다. 과연 그렇다면, 이 추악한 과정에 인간이 성찰적으로 개입할 여지는 없는가? 인간의 역사에서 인간은 그저 도구에 불과한가?

역사이론가 라인하르트 코젤렉Reinhart Koselleck에 따르면, '역사'라는 개념은 "항상 스스로를 뛰어넘는 근대성Modernität"의 전형적 표현이다.[3] 모든 것이 급격한 변화의 물결에 휩쓸리는 미증유의 경험 속

---

3 Reinhart Koselleck, "Wozu noch Historie?," *Vergangen Zukunft: Zur Semantik geschichtlicher Zeiten*, Frankfurt a. M.: Suhrkamp, (1979)1989, p. 22.

에서 서구 문명이 창안해 낸 이념이라는 것이다. 과거, 현재, 미래 사이의 벌어진 틈을 그 모든 것을 포괄할 수 있는 숭고한 의미의 틀 속에 각각의 계기들로 순치시킨 것이 바로 '집합단수'로서의 역사이다. 각각의 시대는 위대한 개인들의 창조적 역량에 의해 늘 새로운 지평을 열며, 이러한 시대들이 순차적으로 이어져 역사를 이루어 낸다. 이와 같은 창조적 역발상은 마치 예술품처럼 미적인 완결성을 갖는 논리적 체계를 이루어 냈지만, 그 안에 내재된 딜레마를 결코 극복할 수 없다. 머나먼 최종 목표, 즉 '기대지평Erwartungshorizont'은 현실 속의 '경험공간Erfahrungsraum'과 피치 못할 괴리를 빚는다.[4] 미래의 시간이 현재의 공간을 위축시킨다. '근대'란 희망의 전령이기는커녕 끊임없는 좌절의 연대기인 것이다.

기억을 배반하는 공간

근대 서구 문명이 이루어 낸 '공간의 시간화'는 공간을 인간의 역사적 행위가 이루어지는 무대나 뒷배경으로 전락시켰다. 과거, 현재, 미래 사이에서 늘 요동치는 시간과 달리 공간은 기본적으로 안정적/정태적/객관적이라고 간주되어 왔다. 그렇지만 공간은 늘 특정한 기억 내지는 관념, 이데올로기에 의해 여타 공간들과 차이를 갖게 됨으로써 비로소 공간으로서의 위상을 얻는다. 공간이란 늘 상대적인 존재로, 그 자체가 재현된 '공간성'이다. 철학자 하이데거Martin Heidegger가 정식화했듯이, 공간은 결코 인간 존재에 앞서 주어져 있지 않으며, 역으로 인간이 상상력을 통해 세계 안의 다양한 사물들

---

4 Reinhart Koselleck, "Erfahrungsraum und Erwartungshorizont—zwei historische Kategorien," *Vergangene Zukunft*, pp. 349-375.

에 각각 제자리를 부여함에 따라 '공간성Räumlichkeit'의 순수한 표상이 성립한다.[5] 물론 공간은 본원적으로 이데올로기적인 시간과는 달리 구체적인 경험의 토대이자 매체이다. 공간은 물질적이다. 따라서 특정한 역사적 기억에 종속된 '영토', '국경', '지방' 등과 같은 지리적 관념은 공간의 물질적 논리와 괴리를 빚게 마련이다. 숭고한 역사적 기억을 담아내야 할 공간에는 늘 배반의 싹이 움튼다.

공간이 원래부터 주어져 있으며 우리의 기억을 고스란히 담고 있다는 발상은, 더 이상 유지되기 힘든 근대적 역사관의 소산일 뿐이다. 공간은 기억에 의해 '공간성'을 얻는 만큼 기억이 변할 때 그에 맞추어 변화할 것을 요구받지만, 공간은 나름의 관성에 따라 변화의 요구에 불응하며 자주 마찰을 빚는다. 공간은 기억을 분열시키고 말끔한 재조정을 방해함으로써 자신의 독자적 권리를 얻는다. 공간은 자체의 물성物性을 통해 오히려 거꾸로 새로운 기억을 자극한다.[6]

공간이 기억을 배반해 온 증거는 역사에 셀 수 없이 많다. 서로 다른 특색을 지니는 3개의 사례를 거론해 보자. 첫째 사례는 독일에서 1차 세계대전의 격전지로 가장 유명한 랑에마르크Langemarck이다. 기나긴 참호전을 전개했던 서부전선에서의 희생을 상징하는 일종의 성지와도 같은 이곳은 전후에 학생들의 순례지로 각광을 받았고, 2차 세계대전 때는 나치의 전쟁 선전문구에 가장 자주 등장하던 이름 중 하나였다. 그러나 이곳은 놀랍게도 실제 격전지가 아니었다. 독일인이 믿고 싶은 과거와 실제 장소는 철저히 유리되었던 것이다.

---

5 Martin Heidegger, *Sein und Zeit*, Tübingen: Niemeyer, 2001, pp. 102-113; Martin Heidegger, *Bemerkungen zu Kunst-Plastik-Raum*, St. Gallen: Erker, 1996, p. 14.
6 공간의 독자성에 대한 이론적 탐구로는 Doreen Massey, *For Space*, Thousand Oaks: Sage, 2008, 특히 pp. 62-71 참조.

이처럼 뜬금없는 장소가 민족적 기억의 장소로 자리 잡게 된 데에는, 독일 국가를 부르며 죽어 간 젊은 군인들이 풍기는 비장하고도 낭만적인 정서에 대한 집단적 기억이 한몫을 했다.[7]

둘째 사례는 독일인들이 민족문화의 산실로서 꼽는 자랑스러운 도시 바이마르Weimar이다. 독일 중동부에 위치하지만 이른바 '일름 강Ilm의 아테네'라는 별칭을 지닌 이 유서 깊은 소도시는 대문호 괴테의 자취가 가득한 고전주의 문학의 성지일 뿐만 아니라, 독일 최초의 민주공화국인 바이마르공화국의 탄생지이기도 하다. 이 도시를 찾은 여행객은 누구나 괴테와 실러가 손을 맞잡고 서 있는 유명한 동상 앞에서 찬란한 고전문화의 숨결을 느끼게 된다. 그러나 인근 산에는 이와는 전혀 어울리지 않는 장소가 있다. 부헨발트Buchenwald 수용소는 극악한 나치 치하에서 수만 명의 목숨을 앗아간 장소로, 동독 치하에서는 반파시즘 투쟁의 선봉에 섰던 공산주의 순교자들의 성지로 탈바꿈되었으며, 현재는 나치와 공산주의체제 모두를 반성하는 장소로 재활용되고 있다. 대체 어느 쪽이 이 도시의 진실인가? 유서 깊은 도시 바이마르는 독일인들의 민족적 기억을 배반하는 공간인 셈이다.[8]

셋째 사례는 현재 재건되고 있는 경복궁과 그 앞에 떡하니 서 있던 옛 조선총독부 청사이다. 현재의 경복궁이 본래의 '제 모습'을 복원했거나 복원 중이라고는 하나, 어차피 1395년(태조 4)에 준공된 본래의 모습이 아니라 임진왜란 때 폐허로 전락한 후 270여 년 만인 1868년(고종 5)에 중건된 모습을 기준으로 삼았음은 이미 주지의 사

---

7 고유경, 《독일사 깊이 읽기: 독일 민족 기억의 장소를 찾아》, 푸른역사, 2017, 211쪽.
8 고유경, 《독일사 깊이 읽기》, 234~269쪽.

76 _모빌리티 존재에서 가치로

실이다. 더구나 중건 이후에도 여러 차례 화마를 겪고 난 후 재건된
지 채 10년도 되지 않은 1896년 벽두에 고종이 세자와 함께 경운궁
(덕수궁)으로 거처를 옮김으로써 다시금 폐궁으로 전락한 상태에서,
제국 일본이 이를 손쉽게 접수하여 상당 부분 훼철하고 그 자리에
압도적인 서양식 석조건물을 세워 식민지배의 사령탑인 총독부 청
사로 사용했다. 1926년에 준공된 이 묵직한 석조건물은 서구 네오
르네상스 양식으로 독일인에 의해 설계되었고 국가와 황실의 권위
를 시각적으로 대변했다. 조선총독부 청사는 광복 이후에도 미군정
청, 중앙청, 아주 짧게는 인민군 청사로도, 그리고 최후에는 국립중
앙박물관으로 사용되면서 항상 수도 서울의, 아니 대한민국 전 국토
의 중심을 유지했었다. 무엇보다 1948년 8월 15일 대한민국 건국이
그곳에서 선포되었으며, 한국전쟁기 9·28 서울수복 당일 바로 그곳
에서 태극기를 게양하는 사진은 초등학교 교과서에 실릴 만큼 널리
유포되었다. 그러나 이 건물은 시대의 변천에 따라 수치스런 과거의
잔재로 지목되었고, 김영삼 "문민정부"가 소위 "역사 바로세우기"의
일환으로 1995년 8월 15일에 대대적인 행사와 더불어 옥탑을 철거
하면서 이듬해 말에는 완전히 사라졌다.[9] 과연 이 격변의 장소는 민
족의 역사적 기억을 대변하는 곳으로 볼 만한가? 이른바 "민족정기
의 회복"을 위해 복원되고 있는 경복궁은 사실은 패망 이후 이렇다
할 부흥운동도 없었을 만큼 민심과 유리되었던 옛 조선왕조의 유적
일 뿐이지만, 철거된 총독부 청사는 오히려 한때나마 대한민국 현대
사의 핵심적 유산이었다. 결국 경복궁 주위는 기억을 담아내는 공간
이 아니라 오히려 분열시키는 공간에 가깝다.

---

9 하상복, 〈광화문의 정치학: 예술과 권력의 재현〉, 《한국정치학회보》 43, 2009, 92쪽.

위의 세 가지 사례는 기억의 요구에 종속되지 않는 공간의 독자적 권리에 대한 이해의 실마리를 제공한다. 랑에마르크가 철저히 기억의 요구에 의해 만들어진 완전한 가상의 공간이었던 데 반해, 바이마르는 서로 다른 기억들이 충돌하는 공간이고, 경복궁은 기억의 요구와 공간의 독자적 권리가 충돌하는 공간이다. 이 세 가지 공간은 '공간의 시간화'와 '시간의 공간화' 사이에 존재한다. 지나치게 고양된 역사는 공간을 그저 자신을 돋보이게 하는 무대로 삼으려 하지만, 그 결과는 역설적으로 어떠한 역사적 정체성도 담아내지 않고 모든 시간을 블랙홀처럼 흡수해 버리는 낯선 공간의 출현이다. 근대 특유의 시공간 패러다임은 여기서 극단화된 채 본연의 한계를 드러낸다. 바로 이 지점이 역사학의 새로운 출발점이다.

역사학과 공간의 만남

공간으로의 전환

공간에 대한 증가된 관심은 인문·사회과학 전반에 걸친 현상이다. '공간으로의 전환spatial turn',[10] '위상학적 전환topographical turn',[11] '도시(연구)로의 전환urban turn'[12] 등은 이미 꽤 오래된 흐름에 속한다. 이

---

[10] Edward W. Soja, *Postmodern Geographies: The Reassertion of Space in Critical Social Theory*, London and New York: Verso, 1989, p. 16, p. 39 이하; Doris Bachmann-Medick, *Cultural Turns: Neuorientierungen in den Kulturwissenschaften*, Reinbek bei Hamburg: Rowohlt, 2007, pp. 284-328.

[11] Sigrid Weigel, "Zum 'topographical turn': Kartography, Topographie und Raumkonzepte in den Kulturwissenschaften," *KulturPoetik* 2(2), 2002, pp. 151-165; Jürgen Osterhammel, "Die Wiederkehr des Raumes: Geopolitik, Geohistorie und historische Geographie," *Neue Politische Literatur* 43, 1998, pp. 374-397.

[12] Gyan Prakash, "The Urban Turn," Ravi Vasudevan, et al. eds., *The Cities of Everyday Life*,

러한 '전환'들은 공간보다는 '공간성'에 더 관심을 기울이며, 공간의 존재 양상보다는 공간 생산의 방식을 규명하는 데 주력한다.[13] 역사학에서도 공간은 단순한 객관적 소여가 아니라 늘 새롭게 재현되는 '공간성'의 의미로 다루어지고 있다.

철학자 하이데거로부터 영향 받은 역사가 코젤렉의 이론에 따르면, 역사와 공간은 본래 이중의 관계를 갖는데, 역사 진행의 전제 조건인 자연환경이 첫째라면, 둘째는 인간 자신에 의한 공간의 창조이다. 양자는 생산적인 긴장 관계를 갖는다. 공간은 역사의 범주적 조건인 동시에 사회, 정치적 변화에 따라 그 자체로 역사성을 갖는다.[14] 코젤렉은 이처럼 역사와 공간의 관계를 역사의 공간성과 공간의 역사성 간의 이중 관계로 설명했다. 전자에서 공간이 시간과 마찬가지로 역사가 성립할 수 있는 범주적 조건을 제공한다면, 후자에서 비로소 공간은 진정으로 새로운 역사학적 주제 영역으로 자리매김될 수 있다. 공간에 대한 인식이 심화되어 감에 따라, 역사학은 인간이 경험하는 다양한 사태와 상이한 맥락들을 공시적-구조적 관계의 망으로 엮어 내는 방안을 모색하게 된다.[15]

공간의 역사성에 대한 관심은 일찍이 프랑스 아날학파의 뤼시앙 페브르Lucien Febvre와 페르낭 브로델Fernand Braudel 등의 선구적 업적들에서 나타난 바 있다. 한 민족의 통시적 역사 대신 라인강이나 지중

Delhi: The New Media Initiative, 2002, pp. 2-7.

13 Doris Bachmann-Medick, *Cultural Turns*, pp. 284-285; Henri Lefebvre, *The Production of Space*, Oxford: Oxford University Press, 2007, p. 33, p. 38 이하.

14 Reinhart Koselleck, "Raum und Geschichte," Koselleck, *Zeitschichten: Studien zur Historik*, Frankfurt a. M.: Suhrkamp, 2000, p. 6.

15 Karl Schlögel, "Räume und Geschichte," Stephan Günzel, ed., *Topologie: Zur Raumbeschreibung in den Kultur-und Medienwissenschaften*, Bielefeld: transcript, 2007, pp. 33-51.

해 등 특정한 공간을 매개로 한 공시적 연관으로 풀어낸 역사는 공간을 역사의 범주적 조건이 아니라 정식 주제 영역으로 삼았다. 이는 기존의 역사주의적 역사학과는 확실히 구별되는 노선이었다. 역사주의historicism는 헤겔식 역사철학이 지닌 지나치게 사변적인 목적론에서 벗어나 역사 속 개체의 풍성한 의미를 포착함으로써 역사성의 공허를 상쇄하려 했는데, 이러한 정신에서 탄생한 역사학은 각 시대와 민족마다의 문화적 전체성을 파악하여 새로운 집단정체성과 가치정향을 제공하는 역할을 맡았다. 막연한 '기대지평'보다는 구체적인 '경험 공간'에 좀 더 주목했음에도 불구하고, 역사주의 역사학은 역사철학으로부터 특유의 객관주의적 형이상학을 고스란히 물려받았다. 그렇다면 아날학파의 업적은 낡은 역사학이 기대고 있던 형이상학을 과감히 깨뜨리고 사실들 간의 공시적–구조적 연관성을 천착한 것이다. 그러나 이 혁신적인 학파도 객관주의 그 자체까지 불식시키지는 못했다.

아날학파의 브로델이 주창한 '구조사histoire structurelle'에 대해 전향적 대안을 제시한 것은 독일 사회사가들이었다. 콘체Werner Conze, 쉬더Theodor Schieder, 브룬너Otto Brunner 등 이른바 독일식 '사회사Sozialgeschichte' 연구의 선구자들은 프랑스식의 구조사가 익명성이 지배하는 지극히 객관적인 사회경제적 구조에만 주목하기에 실제로 국가를 이끌어 가는 정치적 개인의 행위를 시야에서 놓친다고 비판했다. 역사를 공시적–구조적 연관성에만 한정시키고 비결정성의 영역, 즉 정치적 개입의 가능성을 도외시한다면, 역사는 자동화된 기계의 논리로 전락하고 만다. 이 역사가 집단은 국가와 사회의 분리가 근대 특유의 현상이기에 역사학의 과제는 이러한 분리를 학문적으로 극복하는 것이라 주장했다.[16] 콘체와 브룬너의 젊은 동료였던 코젤렉의 이론에 따르면, 역사에서는 항상 객관적 소여에 포함되어 있는 것보다 더 많거나 혹은 더 적은 일이 발생한다. 인간은 자신들이 원하건 원치 않건 간에 더 많은 것, 더 적은 것을 결정한다. 그런데 정작 소여들은 인간의 개입에 굴하지 않고 훨씬 장기적으로 변화한다. 따라서 "의도와 결과 사이의 공약불가능성"이야말로 역사의 기본 원리로 간주되어야 마땅하다.[17] 역사는 근본적으로 우연성에 의해 진행되며 바로 그렇기에 늘 색다른 가능성들에로 열려 있다.[18]

구조와 주관적 개입의 문제는 특히 독일에서의 '일상사Alltagsgeschichte' 연구를 둘러싼 논쟁에서 가장 치열하게 논의되었다. '일상'은 사회경제적 구조로 환원될 수 없는 개개인의 체험적 공간이다. 물론 그것은 앞뒤가 꽉 막힌 탈정치적 공간은 아니다. 일상사 연구의 대부로 꼽히는 알프 뤼트케Alf Lüdtke에 따르면, 일상생활은 반복되고 규칙적인 행위를 요구하는 자본의 논리를 투영해 내는 동시에 갖가지 개별적인 행위들로 이루어지며, 이 행위들은 차이와 갈등들로 둘러싸여 있다.[19] 그러나 일상은 개인의 자유가 허용되는 해방구라기보다는 끊

---

16 Jin-Sung Chun, *Das Bild der Moderne in der Nachkriegszeit: Die westdeutsche Strukturgeschichte im Spannungsfeld von Modernitätskritik und wissenschaftlicher Innovation*, München: R. Oldenbourg, 2000, pp. 145-153. 이들 중 콘체는 초창기에는 자신의 연구도 '구조사Strukturgeschichte'라고 정의하다가 이후 '사회사Sozialgeschichte'라는 개념을 선호하게 되었다. 이에 대해서는 전진성, 〈서독 '구조사' 서술의 지적 배경과 성격: 근대성 비판과 방법론적 혁신의 상호관련을 중심으로〉, 《서양사론》 61, 1999, 5~30쪽 참조.

17 Reinhart Koselleck, "Über die Verfügbarkeit der Geschichte," *Vergangen Zukunft*, p. 276.

18 Reinhart Koselleck, "Der Zufall als Motivationsrest in der Geschichtsschreibung," *Vergangene Zukunft*, pp. 158-175. 이에 관해서는 최성철, 《역사와 우연》, 길, 2016, 455~463쪽 참조.

19 알프 뤼트케, 〈일상사란 무엇이며, 누가 이끌어가는가〉, 알프 뤼트케 외 지음, 이동

임없이 반복되는 구조에 사로잡힌 공간이다. 진보적 역사가 데틀레프 포이케르트Detlev J. Peukert가 지적했듯이, 사적인 일상으로의 함몰은 인간적 판단력과 정치의식을 마비시킴으로써 독재체제를 용인한다.[20] 어쩌면 반복되는 일상의 구조는, 정신분석학적으로 말하자면 일종의 '반복강박'적 억압의 메커니즘이라고 할 수도 있다. 여기서 주체와 구조는 심각하게 어긋나 있다. '일상사' 논쟁은 사회라는 '구조'의 독주를 문제시함으로써 인간 주체의 개입을 위한 공간을 열어 냈다는 점에서 괄목할 만하지만, 그러한 공간의 정치적 성격에 대해서는 뚜렷한 전망을 제시하지 못했다.

공간의 역사성에 주목함으로써 공간을 역사학의 핵심 범주로 자리매김하기 위해서는 공간을 자연적 실체가 아니라 인간화된 정치적 공간으로 이해할 필요가 있다. 역사성을 갖는 공간이란, 우파 헌법이론가 칼 슈미트Carl Schmitt가 '노모스Nomos' 개념을 통해 제시했던 정치적 공동체의 질서가 부여된 공간이다. 대지의 분점, 분배 및 조직을 의미하는 '노모스'는 영토의 획득, 도시와 식민지의 설립, 정복과 동맹 등과 같은 정치적 투쟁의 산물이다.[21] 슈미트에 따르면 국민국가라는 근대적 노모스 또한 자연적 소여가 아니라 "지구적 차원의

기 외 옮김, 《일상사란 무엇인가》, 청년사, 2002, 15~65쪽. 프랑스 역사가 미셸 드 세르토도 유사한 관점을 제공한다. 《일상생활의 실천》(1984)은 도구적 내지는 기능적 공간을 창출하는 지배세력의 "전략"과 이 공간을 경험하며 타협하는 피지배세력의 "전술"을 대치시키는데, 일상이란 바로 매일매일 공간을 이용함으로써 공간의 지배적 의미를 전복시키거나 최소한 탈피하는 행위의 영역이다. Michel de Certeau, *The Practice of Everyday Life*, LA: University of California Press, 2002, pp. 34-39 참조.

[20] Detlev J. K. Peukert, *Inside Nazi Germany: Conformity, Opposition, and Racism in Everyday Life*, New Haven: Yale University Press, 1987, p. 79.

[21] Carl Schmitt, *Der Nomos der Erde im Völkerrecht des Jus Publicum Europaeum* (1950), Berlin: Duncker & Humblot, 2011.

공간 혁명"에서 비롯되었다. 내륙 안에서의 폐쇄적인 사고를 극복하고 열린 해양을 종횡무진 휘저으며 전 지구적인 침탈을 감행한 후발 해양국 영국이야말로 그 혁명의 시원이었다.[22] 이러한 관점은 그 이데올로기적 편향을 괄호 치고 본다면, 역사학이 추구하고 있는 '공간으로의 전환'에 큰 시사점을 준다. 공간은 인간을 둘러싼 객관적 구조가 아니라 정치적 개입의 계기이자 결과로 파악될 때 비로소 역사학의 핵심 범주로 정당하게 자리매김될 수 있다. 주체와 구조 간의 해묵은 갈등을 넘어서는 유일한 해법은 공간 자체를 정치화하는 일이다.

역사의 외부로서 공간

역사학은 날것의 과거를 다루지 않고 노모스라는 정치적 공간의 생산을 주된 대상으로 삼지만, 그렇다고 해서 노모스 외부의 세계와 담을 쌓지는 않는다. 제도권 정치질서로부터 배제되고 '침묵당한' 주변부의 경험들이[23] '공간으로의 전환'을 통해 새롭게 부각되고 있다. 역사학의 전환을 촉진하는 새로운 범주의 공간은 역사성을 지닌다기보다는 오히려 역사의 잉여 내지는 외부로 규정되어야 마땅하다.

현대의 대도시가 최적의 사례들을 제공한다. 적어도 20세기 초까지는 서구의 대도시들은 민주주의의 공론장이자 민족문화의 산실로 기능했지만, 이후 도시의 무분별한 팽창urban sprawl과 광범한 도시적

---

22 Carl Schmitt, *Land und Meer: Eine weltgeschichtliche Betrachtung*, Stuttgart: Klett-Cotta, 1993, p. 54 이하.

23 제도권 정치의 공공 담론에 국한된 코젤렉식 개념사의 한계를 지적한 João Feres Júnior, "For a Critical Conceptual History of Brazil: Receiving *Begriffsgeschichte*," *Contributions to the History of Concepts* 1(2), pp. 191-193 참조.

네트워크로 인해 이러한 성격이 많이 약화되면서 그 대신 환상적인 소비의 스펙터클을 펼친다. 분절되고 이질적인 대도시의 공간은 19세기 부르주아지가 상상했던 유기체적 공간과는 너무도 거리가 멀다.[24] 밑도 끝도 없이 지속되는 비활성적인 현재 속에서 미래의 전망은 실종된다.[25] 현대 대도시가 보여 주는 시간과 공간의 독특한 차원을 프랑스 역사가 피에르 노라Pierre Nora는 '기억의 터lieux de mémoire'라는 개념에 담았다. 여기서 '터'라고 번역한 '장소들lieux'은 즉물적인 의미의 장소를 지칭하기보다는 명멸하는 공간 이미지들의 은유이다. '기억의 터'는 기억의 저장소가 아니라 오히려 기억의 부재를 환기시키는 이미지들로서, 더 이상 역사의 수미일관한 내러티브에 편입되기를 거부하는 '외부'이다. 과거의 생생한 기억을 담고 있던 "기억의 환경들milieu de mémoire"이 사라진 자리에 남은, "더 이상 누구도 거주하지 않는 집"인 기억의 터는 국가적 기념 시설이나 관광지로 단장하거나 학문적 연구 혹은 예술적 재현의 대상으로 삼는 등 오로지 인위적인 연출을 통해서만 존립이 가능하다.[26]

이러한 경향은 비단 서구 세계만의 특징은 아니다. 이른바 탈식민지postcolonial 도시의 '기억의 터'는 서구의 경우보다 더욱더 인위적이

---

24 데이비드 하비, 《희망의 공간: 세계화, 신체, 유토피아》, 최병두 옮김, 한울, 2001, 231쪽; Gyan Prakash, "Introduction," eds. Gyan Prakash and Kelvin M. Kruse, *The Spaces of the Modern City: Imaginaries, Politics, and Everyday life*, Princeton: Princeton University Press, 2008, pp. 6-7; Margaret Crawford, *Variations on a Theme Park. The New American City and the End of Public Space*, New York: Hill & Wang, 1992.

25 François Hartog, *Regimes of Historicity: Presentism and Experiences of Time*, New York: Columbia University Press, 2015, p. 3, pp. 16-17.

26 피에르 노라, 《기억의 장소 1: 공화국》, 김인중 외 옮김, 나남, 2010. 이에 관해서는 전진성, 《역사가 기억을 말하다: 이론과 실천을 위한 기억의 문화사》, 휴머니스트, 2005, 56~59쪽 참조.

고 이데올로기적이다. 서구 대도시들의 경우 '기억의 환경'이 서서히 와해되면서 '기억의 터'에 의해 대체되는 과정을 밟는 반면, 탈식민지 도시는 과거 식민지 시절의 도시가 지녔던 '기억의 환경'을 의도적으로 파괴한다. 탈식민지 도시를 쉴 새 없이 몰아붙이는 변화에의 요구는 역사적 망각에의 요구이기도 하다. 이곳에 새로이 들어서는 '기억의 터'는 토속적인 외관에도 불구하고 사실은 기억의 균열, 즉 본래적인 '기억의 환경'이 식민주의의 잔재로 전락해 버림에 따라 더 이상 아무런 내실한 기억도 존재하지 않는 상황을 표현할 뿐이다.[27]

맥락을 결여한 전통과 국적 불명인 현대의 비대칭적 병립, 그리고 양자를 매개할 근대기 유산의 실종으로 특징지을 수 있는 대한민국 수도 서울의 공간이나,[28] 실천적 사회이론가 마이크 데이비스 Mike Davis가 "암수한몸의 정경hermaphroditic landscape"이라고 도발적으로 묘사했던 개발도상국들에 만연되어 있는 이른바 도시촌civil village의 공간은,[29] 사실상 수미일관한 역사의 논리나 선명한 정치적 노선으로 포섭될 수 없는 혼성적 공간임을 인정할 필요가 있다. 오히려 이러한 경향을 적극적으로 해석하여 공간에 대한 새로운 규정으로 나아간다면, 역사학의 '공간으로의 전환'을 위한 이론적 토대를 구축할 수 있다.

---

27 Fassil Demissie, "Imperial legacies and postcolonial predicaments: an introduction," ed. D. Fassil, *Postcolonial African Cities: Imperial legacies and postcolonial predicaments*, London and New York: Routledge, 2007, pp. 1-9.

28 하시야 히로시, 《일본 제국주의, 식민지 도시를 건설하다》, 김제정 옮김, 모티브북, 2005, 117~120쪽.

29 Mike Davis, *Planet of Slums*, New York: Verso, 2006, pp. 1-19. 인용구는 p. 9.

공간성이 역사성의 울타리를 활짝 열고 나올 때 역사성 자체도 개방화의 계기를 맞는다. 심지어 역사와는 가장 대척점에 놓인 자연환경마저도 역사성과 생산적인 관계를 맺을 수 있다. '풍경'에 대한 영국 문화사가 사이먼 샤마Simon Schama의 연구가 잘 보여 주었듯이, 잃어버린 자연을 기억하고 아쉬워하는 것은 이미 그 자체가 공간을 만들어 내는 실천에 속한다.[30] 자연환경은 민족사의 혼이 서려 있는 배타적 영토도, 그렇다고 역사로부터 동떨어진 무릉도원도 아니며 늘 담론적, 물질적 실천의 산물이다. 공간은 역사에 의해 온전히 포섭되거나 배척될 수 없다는 점에서, 그 독자적인 '타자성alterity'을 적극 인정받아야 마땅하다. 이러한 인식의 전환은 역사성에 구속되어 있던 전통적인 공간 범주들, 즉 영토, 영역, 지역, 구조, 장소, 입지 등을 약화시키고 그 대안으로 변경, 통로, 외부, 환경, 위상topology, 산개散開 dispersion, 탈구dislocation, 위치설정mapping 등을 역사학의 새로운 대상 영역이자 방법론적 원리로 부상하게 만든다.

공간에 대한 인식의 전환은 새로운 정치적 원리에 부응한다. 현재 전 지구적으로 진행되고 있는 공간적 분업을 토대로 한 불평등한 발전, 이에 따른 자본과 노동의 이동 그리고 국경 분쟁, 이민, 투어리즘 등은 공간을 안온한 보금자리나 기억의 장소가 아니라 다층적이고 빈번히 모순되는 사회정치적 과정으로 인식하게 만들었다. 진보적 철학자 에티엔 발리바르Étienne Balibar가 주창한 이른바 "변경으로서의 유럽"은 바로 이러한 변화의 양상에 대한 지성적 대응이라고 할 수 있다. 그에 따르면, 경계의 표상/재현의 토대를 이루는 내부와 외부라는 통념이 지진같이 요동치고 있는 현실에 직면하여, 유럽은 자기

---

[30] Simon Schama, *Landscape and Memory*, New York: Vintage, 1995, p. 9, pp. 14-17.

자신의 본질적인 동일성을 추구할 것이 아니라 "사라지는 매개"가 되어야 한다. 유럽은 항상 복수複數의 종교적, 문화적, 언어적, 정치적 소속들 사이의 긴장의 본고장이자 복수의 역사관, 그리고 타 문명과의 복수의 관계 양상의 본고장이었다. 따라서 "동일성에 대한 모든 신비화에서, 역사 경로의 필연성에 대한 모든 환상에서, 그리고 특히 통치자들의 무오류성에 대한 모든 믿음에서 자유로운, 능동적인 유럽 시민권"이 요구되는바, 이때의 "시민권civilité"은 소속의 시민권이 아니라 이산적 시민권diasporic citizenship을 의미한다.[31]

발리바르의 제안은 유럽을 넘어 전 세계적 시사점을 갖는다. 더 이상 역사적 공간의 수호라는 거짓 믿음을 유지하는 것은 정치적 미래를 보장받기 힘들어졌다. 여전히 막강한 국민국가의 중력에 저항하여 주권과 인권의 경계를 허무는 민주주의의 성층권으로 나아가는 일은 이제 시대적 사명이 되었다. 이를 위한 역사적 전망을 제시하는 것이야말로 역사학의 새로운 과제이다. 횡단민족사transnational history나 지구사global history, 혹은 '뒤엉킨 역사histoire croisée · entangled history' 등의 새로운 패러다임이 주목받게 된 것은 바로 이러한 맥락에서이다.

전망

19세기에 탄생한 역사학이 당대에 발명된 역사적 시간에 기대었듯이, 21세기의 역사학이 새로운 범주의 공간에 기대는 것은 매우

---

31 에티엔 발리바르, 《우리, 유럽의 시민들? 세계화와 민주주의의 재발명》, 진태원 옮김, 후마니타스, 2010, 471쪽, 221~226쪽. 인용구는 23쪽.

자연스런 일이다. 작금에 거론되는 공간은, 지리학자 에드워드 소자 Edward Soja의 표현을 빌리면, "총체적 개방성의, 저항과 투쟁의, 다면적인 재현의 공간"[32]이다. 이러한 공간은 시간과 공간의 근대적 위계를 경험과학적으로 정당화해 왔던 역사학에는 아직도 낯설 수 있지만, 현실의 역사적 해명에 기여해야 하는 역사학 본연의 사명을 달성하기 위해서는 결코 회피할 수 없는 문제이다.

기존 역사학이 날것으로서의 과거가 아니라 인간을 존재론적으로 포박하는 '역사성'을 핵심 범주로 삼았던 것과 마찬가지로, 미래의 역사학은 역사의 잉여 내지는 외부로 상정된 '공간성'을 출발점으로 삼을 필요가 있다. 역사성과 공간성은 상호 긴장 관계를 유지함으로써 역사학의 지평을 확장시킬 수 있다. 기성 정치질서에서 배제된 주변부가 독자적인 정치적 권리를 주장하고 있는 작금의 현실은 기존 역사학의 틀로는 적절히 자리매김하기 힘들며, 오로지 '타자'로서의 공간을 공간성 범주의 근간으로 삼아 역사성의 족쇄를 박차고 나올 때에야 비로소 역사학의 정당한 대상이 될 수 있다. 적어도 역사성이 인간의 활동을 무력화하거나 선별하여 순치시키려 하는 한에서 그렇다. 이는 결국 역사성이라는 범주 자체도 변모시키는 효과를 낳는다.

낮은 단계가 이미 맹아적으로 높은 단계의 씨앗을 포함한다는 목적론적 논리에서 파생된 피치 못할 부산물인 역사성의 범주는 근원적인 자기모순에 시달려 왔는데, 이제는 경험 공간의 독자성/타자성과 인간 행위의 비극적 우연성을 적극적으로 받아들임으로써 역사

---

32 Edward W. Soja, *Thirdspace: Journey to Los Angeles and other Real-and-Imagined Places*, London and New York: Wiley-Blackwell, 1996, p. 286.

학의 핵심 범주로서의 지위를 회복하고 변화를 갈망하는 현실의 정치적 요구에 온전히 부응할 수 있다. 이러한 시도는 이미 새로운 것은 아니다. 인간의 해부는 원숭이 해부의 열쇠라는 목적론적 역사관의 대변자로 익히 알려진 칼 마르크스는 인간의 자유의지와 해방을 위한 투쟁을 논할 자격이 없다는 비판을 줄곧 받아 왔지만[33] 실제로 그는 결코 목적으로부터 수단을, 또는 구조로부터 행위를 연역해 내려 하지 않았다. 헤겔의 신비주의적 역사철학에 내재된 일종의 자동주의는 그가 볼 때 이미 역사적 수명을 다한 지 오래였다. 21세기를 사는 우리에게는 헤겔만큼이나 낡아 보이는 마르크스이건만 그의 다음과 같은 언명이 새로운 울림을 준다.

  "자체의 목적을 실현하기 위해서 인간을 도구로 이용한다면 … 그것은 '역사'가 아니다. 역사는 자신의 목적을 추구해 가는 인간의 활동 그 자체일 뿐이다."[34]

---

33 맑스의 《공산당선언》에 대한 이와 같은 문제 제기로는 클로드 르포르, 《19−20세기 정치적인 것에 대한 시론》, 홍태영 옮김, 그린비, 2015, 232~252쪽 참조.

34 Karl Marx, *Selected Writings in Sociology Social Philosophy*, eds. by B. Bottomore and M. Rubel, London: McGraw−Hill Book, 1956, p. 63. 모리스 메를로−퐁티, 《휴머니즘과 폭력》, 62쪽에서 재인용.

참고문헌

고유경, 《독일사 깊이 읽기: 독일 민족 기억의 장소를 찾아》, 푸른역사, 2017.

데이비드 하비, 《희망의 공간: 세계화, 신체, 유토피아》, 최병두 옮김, 한울, 2001.

모리스 메를로 퐁티, 《휴머니즘과 폭력: 공산주의 문제에 대한 에세이》, 박현모 · 유영산 · 이병택 옮김, 문학과지성사, 2004.

_____, 《휴머니즘과 폭력》(1947), 문학과지성사, 2004.

아서 쾨슬러, 《한낮의 어둠》, 문광훈 옮김, 후마니타스, 2012.

알프 뤼트케, 《일상사란 무엇인가》, 이동기 외 옮김, 청년사, 2002.

에티엔 발리바르, 《우리, 유럽의 시민들? 세계화와 민주주의의 재발명》, 진태원 옮김, 후마니타스, 2010.

전진성, 《역사가 기억을 말하다: 이론과 실천을 위한 기억의 문화사》, 휴머니스트, 2005.

_____, 〈서독 '구조사' 서술의 지적 배경과 성격: 근대성 비판과 방법론적 혁신의 상호관련을 중심으로〉, 《서양사론》 61, 1999, 5~30쪽.

최성철, 《역사와 우연》, 길, 2016.

클로드 르포르, 《19-20세기 정치적인 것에 대한 시론》, 홍태영 옮김, 그린비, 2015.

피에르 노라, 《기억의 장소 1: 공화국》, 김인중 외 옮김, 나남, 2010.

하상복, 〈광화문의 정치학, 예술과 권력의 재현〉, 《한국정치학회보》 43, 2009, 77~98쪽.

하시야 히로시 지음, 《일본 제국주의, 식민지 도시를 건설하다》, 김제정 옮김, 모티브북, 2005.

Bachmann-Medick, Doris, *Cultural Turns: Neuorientierungen in den Kulturwissenschaften*, Reinbek bei Hamburg: Rowohlt, 2007.

Certeau, Michel, de, *The Practice of Everyday Life*, LA: University of California Press, 2002.

Chun, Jin-Sung, *Das Bild der Moderne in der Nackriegszeit: Die westdeutsche Strukturgeschichte im Spannungsfeld von Modernitätskritik und wissenschaftlicher Innovation*, München: R. Oldenbourg, 2000, pp. 145-153.

Crawford, Margaret, *Variations on a Theme Park: The New American City and the End of Public Space*, New York: Hill & Wang, 1992.

Davis, Mike, *Planet of Slums*, New York: Verso, 2006.

Demissie, Fassil, "Imperial legacies and postcolonial predicaments: an introduction," D. Fassil. ed., *Postcolonial African Cities: Imperial legacies and postcolonial predicaments*, London and New York: Routledge, 2007.

Júnior, João Feres, João, Júnior, "For a Critical Conceptual History of Brazil: Receiving Begriffsgeschichte," *Contributions to the History of Concepts* 1(2), pp. 191-193.

Hartog, François, *Regimes of Historicity: Presentism and Experiences of Time*, New York: Columbia University Press, 2015.

Heidegger, Martin, *Bemerkungen zu Kunst-Plastik-Raum*, St. Gallen: Erker, 1996.

_____, *Sein und Zeit*, Tübingen: Niemeyer, 2001.

Koselleck, Reinhart, "Der Zufall als Motivationsrest in der Geschichtsschreibung," *Vergangene Zukunft*, pp. 158-175.

_____, "Erfahrungsraum und Erwartungshorizon-zwei historische Kategorien," *Vergangene Zukunft*, pp. 349-375.

_____, "Raum und Geschichte," *Koselleck, Zeitschichten: Studien zur Historik*, Frankfurt a. M.: Suhrkamp, 2000, p. 6.

_____, "Über die Verfügbarkeit der Geschichte," *Vergangen Zukunft*, p. 276.

_____, "Wozu noch Historie?," *Vergangen Zukunft: Zur Semantik geschichtlicher Zeiten*, Frankfurt a. M.,: Suhrkamp, (1979)1989.

Lefebvre, Henri, *The Production of Space*, Oxford: Oxford University Press, 2007.

Marx, Karl, *Selected Writings in Sociology Social Philosophy*, B. Bottomore and M. Rubel eds., London: McGraw-Hill Book, 1956.

Massey, Doreen, *For Space*, Thousand Oaks: Sage, 2008.

Osterhammel, Jürgen, "Die Wiederkehr des Raumes: Geopolitik, Geohistorie und historische Geographie," *Neue Politische Literatur* 43, 1998, pp. 374-397.

Peukert, Detlev, *Inside Nazi Germany: Conformity, Opposition, and Racism in Everyday Life*, New Haven: Yale University Press, 1987.

Prakash, Gyan, "Introduction," *The Spaces of the Modern City: Imaginaries, Politics, and Everyday life*, Prakash, Gyan, Kruse, Kelvin, M., eds., Princeton: Princeton University Press, 2008.

_____, "The Urban Turn," Ravi Vasudevan, et al. eds., *The Cities of Everyday Life*, Delhi: The New Media Initiative, 2002, pp. 2-7.

Schama, Simon, *Landscape and Memory*, New York: Vintage, 1995.

Schlögel, Karl, "Räume und Geschichte," Stephan Günzel, ed., *Topologie: Zur Raumbeschreibung in den Kultur-und Medienwissenschaften*, Bielefeld: transcript, 2007, pp. 33-51.

Schmitt, Carl, *Der Nomos der Erde im Völkerrecht des Jus Publicum Europaeum(1950)*, Berlin: Duncker & Humblot, 2011.

_____, *Land und Meer: Eine weltgeschichtliche Betrachtung*, Stuttgart: Klett-Cotta, 1993.

Soja, Edward, William, *Postmodern Geographies: The Reassertion of Space in Critical Social Theory*, London and New York: Verso, 1989.

_____, *Thirdspace: Journey to Los Angeles and other Real-and-Imagined Places*, London and New York: Wiley-Blackwell, 1996.

Weigel, Sigrid, "Zum 'topographical turn': Kartography, Topographie und Raumkonzepte in den Kulturwissenschaften," *KulturPoetik* 2(2), 2002, pp. 151-165.

공간적 사고에서 시간적 사고로의 전환

: 왕양명과 베르그송의 사상을 중심으로

양선진

이 글은 《동양철학》 48(2017)에 게재된 원고를 수정 및 보완하여 재수록한 것이다.

우리는 숲과 초원과 개천을 있는 그대로 체험하며, 이처럼 구체적 풍경으로 체험된 세계야말로 객관적인 세계이다. 하지만 (지리)학자는 체험된 세계의 경험에 머무르지 않는다. 단순히 객관적 세계만 묘사한다면 지리학자라고 불릴 이유가 없다. 숲과 초원의 존재 이유와 근거를 지리학적 관점에서 캐묻고 설명할 수 있을 때 비로소 지리학자라고 부른다. 그 근거와 이유가 설득력이 있다면 훌륭한 지리학자라고 할 수 있으며, 설득력이 떨어진다면 지리학자답지 못하다고 할 수 있다. 이처럼 존재하는 것의 근거와 이유를 캐묻는 활동이 학문이다.

철학은 흔히 존재론, 인식론, 가치론 등으로 분류된다. 이 중에서 존재의 근거와 이유를 묻는 분야는 존재론이다. 존재론은 특별한 구체적 대상이 아니라 존재 일반의 의미를 탐구한다. 따라서 존재자 일반에 관한 학문, 즉 존재를 가능케 하는 근거와 의미를 탐구하는 학문이라고 할 수 있다. 그런데 존재론은 존재의 근거와 이유를 설명하기 위해서 존재자들을 추상적이며 사변적인 공간 속에서 재구성하게 된다. 이런 과정에서 시간 속에서 변화하고 있는 존재자들의 변화 또는 시간을 배제하고, 구체적인 존재를 인간의 사유라는 추상적 공간 속에 위치시키는 작업을 하게 된다. 이처럼 구체적인 존재를 추상적 공간 속에 놓는 순간, 이것은 이미 추상적 존재가 된다. 존재가 지닌 구체적이며 실질적 시공간은 추상적 가상의 시공간이 된다. 구체적이며 변화하는 존재는 구체적인 시간성이 사라지고 공간화된 존재가 되고 추상적 공간 속의 존재가 된다. 학문이란 이처럼 존재의 근거와 이유를 캐묻는 활동이지만, 결국 학문적 활동이 결국 존재를 있는 그대로 인식하도록 돕는 것이 아니라, 구체적 존재를 추상적 존재로 전환시켜 버린다. 이처럼 변화의 시간 속에 존재하는 존재를 변화 없이 선후만 있는 허구적 시간성에 위치 짓는 잘못을 범한 역사가 바로 존재론의 역사이며 형이상학의 역사일지 모른다.

필자는 이와 같은 논리적이며 추상적인 공간에서 구축한 철학이 올바른 학문이 될 수 없다는 점을 지적하면서 존재의 시간성과 구체성을 지닌 철학을 해야 함을 역설한 대표적인 철학자가 바로 서양의 베르그송Henri Bergson과 동양의 왕양명王陽明이라고 생각한다. 필자는 논리학이 중심적인 학문 방법론이 된 과정을 소략하게 고찰할 것이며, 실제의 시공간을 논리적 사고의 시공간으로 환원하지 않고 구체적이고 시간적인 존재를 있는 그대로 파악하려고 한 서양과 동양의 대표적 철학자인 베르그송과 왕양명이 어떻게 공간적 사고의 문제점을 지적하고 시간적 사고로 전환했는지를 살펴보려 한다.

논리학이 지배적인 학學이다

예를 들면, "불이 뜨겁다"라는 사실만으로 학문이 될 수 있을까? 그럴 수 없다. 불이 뜨겁다는 성질과 함께 뜨거운 이유와 근거를 나름대로 구조적으로 제시할 수 있는 논증 및 설명의 구조를 형성할 때 학문scientia이 될 수 있다. 이러한 이유에서인지는 몰라도 인간은 끊임없이 체계적 또는 구조적으로 원인과 근거를 찾고자 하는 욕망을 지니고 있다. 고대 그리스 철학자 플라톤은《국가》에서 인간의 영혼을 구조적으로 파악하였으며, 그의 제자인 아리스토텔레스도 개별적 경험의 세계를 넘어 초월적 보편을 대상으로 하나의 체계적 학문을 구축하려고 하였다. 수사학의 권위자인 키케로는 학문은 이성ratio을 기반으로 하고 언어를 수단으로 하여 주장과 논거를 제시하

는 것이라고 하였다.[1]

그리스 시민의 필수적인 학문이었던 자유교양학문paideia[2] 혹은 자유로운 기예artes liberales[3]에는 문법학grammar[4]·논리학logic·dialectic[5]·수사학rhetoric[6]의 삼학과三學科·trivium와, 음악학·천문학·산술학·기하학의 사학과四學科·quadrivium가 속했다." 수사학자 출신의 연설가 또는 변호사인 고르기아스나 프로타고라스 등 일명 소피스트들(궤변논자들)이 언변과 화술을 이용해서 돈벌이에만 관심을 가졌기 때문에, 플라톤은 삼학과 중에서 수사학은 진리와 무관하다고 비판하였다. 반면 아리스토텔레스는 수사학이 논증에 중점을 두는 '증거 제시'와 관련되므로 학문이 될 수 있다고 보았다. 아리스토텔레스는 《수사학》을 통해서 과거의 성과들을 체계화하였고, 로마의 키케로와 세네카 등에 의해서 수사학은 더욱 발전한다.[7]

---

1 "그 원리는 다시 말해서 이성理性의 위에서 작동하는 언어를 통해서 표현된다." 키케로, 《아카데미카》 제1권 32장 참조.

2 그리스어 paideia는 놀이를 뜻한다. 라틴어 Ludus도 놀이이며 학교라는 의미이다. 그러므로 그리스와 로마 시대에 교육은 놀이와 관련된다.

3 이를 이해하는 데 도움을 주는 탁월한 글인 박승찬, 〈자유학예〉, 《한국가톨릭 대사전》 제10권, 2004, 7281~7284쪽과 그곳에 제시된 참고문헌 참조.

4 '문법'이란 올바르게 쓰고 말하는 것뿐 아니라 문학작품을 분석하고 해석하는 것도 포함한다.

5 논리학은 아리스토텔레스 이전에는 변증술이라 불렸으며 그 이후 삼학 중에서 가장 중요하게 되었다.

6 수사학의 시작은 B.C 5세기이지만 본격적 학문으로 등장한 시기는 소피스트 이후이며 아리스토텔레스의 《수사학》을 통해 체계화된다. 아리스토텔레스의 《수사학》은 추리를 중심으로 삼는 '논리적 증거 제시'의 학문이었다. 하지만 로마 시대를 지나 중세 시대에 와서 수사학은 작문과 문체를 다루는 기술로 축소되었고 이것이 오늘날까지도 영향을 미쳤다. 수사학이란 궤변처럼 진리와 무관한 것이라고 간주한 플라톤의 지적이 모두 잘못된 것은 아니지만, 수사학의 설득과 토론 능력에는 지금까지 유효한 가치가 존재한다.

7 강상진, 〈12세기의 삼학과Trivium 체계―아벨라르두스(1079-1142)를 중심으로〉,

중세 초기에는 삼학과 중에서 수사학이 중요한 역할을 지니고 있었지만, 11세기에 와서는 문법학이 수사학을 제치고 전면에 등장한다. 문법학과 수사학이 서로 영향을 주고받는 관계일 뿐 아니라, 문법학이 수사학 영역의 상당 부분을 대신하였기 때문이다. 그러나 이러한 문법학의 역할도 사실상 논리학의 역할을 강화하기 위한 과도기에 불과하였다. 12세기가 되어서는 논리학이 다른 학문 영역에도 영향을 주기 시작했다. 그리고 스콜라철학이 절정에 이르는 13세기에는 기초학문으로서 논리학이 학문의 전면에 부각되고 문법학과 수사학은 물러나기 시작하였다.[8] 이때부터 논리학은 모든 학문의 중심으로서 핵심적 학문 방법론을 이루었다.

　논리학을 처음으로 체계화시킨 아리스토텔레스는 인간의 사고방식에 타당한 형식과 부당한 형식이 있다고 보고, 그 타당성을 식별하는 방법을 체계화하고자 했다. 그렇다면 논리란 무엇인가? 논리란 사고의 형식적 원리를 탐구하는 기술이라고 할 수 있다. 사고란 무엇인가? 사고란 엄밀하게 말한다면, 모든 것을 논리적 공간 속에서 다루는 것을 의미한다.

　앞서 언급한 것처럼, 수사학의 거장인 키케로는 학문이란 이성을 기반으로 하고 언어를 통해서 자신의 주장과 논거를 제시하는 것이라고 보았다. 이를 통해 알 수 있는 것은 수사학이 특히 남을 설득하는 기술이라는 사실이다. 수사학은 설득하기 위해서 논증의 구조를 가진다. 이때 논증이란 한마디로 말한다면, 자신의 주장을 분석적이

《서양고전학연구》 22, 2004, 59~84쪽.

8　David. E. Luscombe, "Dialectic and Rhetoric in the Ninth and Twelfth Centuries: Continuity and Change," *Dialektik und Rhetorik im frühen und hohen Mittelalter*, Hg. Fried. Johannes, München: R. Oldenbourg, 1997, p. 12.

며 논리적인 방식으로 사고하고 이해시키는 설명 방식을 의미한다.

나아가 서양 학문의 원형인 서양철학은 플라톤 이후 근대 이전까지 추상적 수의 원리인 수학에 기초하고 근대부터는 나아가 물리학에 기초했다. 수학과 물리학의 공통적인 특징은 무엇인가? 수학이란 추상적인 인간 사유의 산물이다. 구체적인 사물의 특성을 제거하고 추상화하여 양, 구조, 공간, 변화 등 개념을 다루는 학문인 수학이 그 발전 과정에서 물리학을 비롯한 다른 자연과학들과 깊은 연관을 맺은 이유가 바로 여기에 있다.

근대 물리학을 지배적 학문으로 만든 뉴턴의 저서 《자연철학의 수학적 원리》(1687)에서는 학문 방법론의 토대를 제시하였다. 뉴턴은 물리적 세계는 모두 법칙에 의해서 설명된다고 생각했다. 뉴턴 물리학이 제시한 학문적 방법론에 기초한 근대과학은 모든 것을 기계적 법칙으로 설명하는데, 이러한 사고에 따르면 자연세계는 기계적으로 이해 가능하며 자연의 상태는 법칙으로 설명 가능할 뿐만 아니라 미래도 오차 없이 예측할 수 있다. 이처럼 근대과학은 인간의 육체를 포함하여 모든 사물이 공간성을 가진 물질이며 이러한 물질은 입자로 구성되었다는 데 입각하여, 물체들이 하나의 목적을 향한다는 아리스토텔레스의 목적론적 자연관을 부정하고 물체들의 관계에는 외부 요인이 간섭하지 못하며 단순히 물질들의 관계로만 설명할 수 있다고 확신했다. 따라서 근대의 자연관은 인간 이외의 모든 것은 계량화가 가능한 기계라는 것이다.[9]

논리학과 수학은 바로 이러한 자연과학의 언어이자 필수적인 도구이다. 수학과 논리학의 공통적인 특징은 바로 사물의 구체성과 변

---

9 양선진, 〈베르그손의 생명론과 환경문제〉, 《생명연구》 40, 2016, 49~87쪽.

화를 가능케 하는 시간을 제거한다는 사실이다. 이러한 개념적 과정을 거치면서 구체적인 사물의 시간성이 완전히 제거되고 추상적이며 비실제적인 것으로 바뀐다. 이때 시간성을 제거하는 것은 물질의 경우보다 생명의 경우에 더 큰 문제가 된다. 서양철학, 특히 서양 근대철학의 논리적이고 공간적인 사유가 생명의 본질을 사유하기에는 치명적인 결함을 지녔다는 말이다. 만약 우리가 단지 논리적 사유에 근거해서 생명을 이해한다면, 역동적이며 유동적인 생명의 총체성을 망각하고 생명을 정태적이며 비유동적인 존재, 즉 비생명적인 존재로 파악하는 실수를 범할 것이다.

그러나 19세기에 와서 생명이 물질과 다르다는 인식이 시작되면서 생명에 대한 연구가 본격화되기 시작했다. 물질은 반영구성을 가지고 있기 때문에 시간에 따른 변화가 거의 미미하지만, 생명은 변화 자체이다. 탄생-성장-노화-종말이 있는 변화가 생명의 본질적 특징인 것이다. 따라서 물질의 본질적 특성이 공간성이라면, 생명의 본질적 특성은 시간성이다.

19세기 이후 생물학이 본격적으로 등장하면서 여러 철학자들이 생물학의 기반 위에서 철학을 하기 시작하였다. 물론 아리스토텔레스도 생명을 연구했지만 생명의 시간성은 거의 인식하지 못했다. 아리스토텔레스는 생명의 목적성을 미리 설정한다는 점에서, 생명의 시간성이라는 본질을 왜곡해서 이해했던 것이다. 그러나 19세기 이후 프랑스의 철학자들, 특히 베르그송은 생명에 대한 철학적 사유를 통해 생명의 시간성을 철학의 무대에 끌어올렸다. 베르그송은 생명을 논리적으로 사유하면 생명의 변화성과 시간성을 간과할 수 있다는 점을 지적하였다. 생명을 공간적으로 파악하는 논리적 사유는 역동적인 생명을 정태적으로 이해하므로 시간에 따라 변화하는 생명의 특징을 전혀 고려하지 못하게 된다는 것이다.

이러한 베르그송, 그리고 왕양명은 논리적이며 공간적 사고가 갖는 문제점을 누구보다 잘 이해한 철학자였다. 따라서 공간적 사고의 전형인 칸트Immanuel Kant를 비판하고 새로운 철학을 구축한 베르그송과, 논리적 사고 위에서 형이상학을 구축한 주희朱熹를 비판하고 새로운 신유학을 형성한 왕양명을 통해서 논리적이며 공간적 사고의 문제점을 검토하는 작업은 의미가 있다.

베르그송: 논리적 사고에서 시간적 사고로의 전환[10]

인간은 끊임없이 자신에게 주어진 것을 넘어서 하나의 체계 속에서 주어진 세계를 해석하고 이해하고자 하는 욕망이 있다. 인간의 이러한 형이상학적 욕망은 지적 능력을 가진 인간이기에 숙명처럼 느껴지기도 한다. 인간의 이러한 능력이 인간을 인간이게끔 하는지도 모른다. '일반적으로 '형이상학'이라는 용어는 아리스토텔레스의 저서《형이상학Τα μετά τα φυσικά》에서 유래한다. 아리스토텔레스는《형이상학》1권에서 감각보다는 경험, 그리고 경험보다는 기술을 가진 사람이 원리와 원인을 알 수 있기 때문에 지혜롭다고 언급하고 있다.[11]

아리스토텔레스는 형이상학을 단순히 주어진 경험이나 현상을 기술하는 학문이 아니라, 경험과 현상을 가능하게 하는 원리 및 원인을 추구하는 학문으로 규정한다. 따라서 아리스토텔레스의 형이상

---

10 이 부분은 필자의 다음 논문을 요약하고 정리한 것이다. 양선진, 〈베르그손의 생명론과 환경문제〉,《생명연구》40 2016, 49~87쪽 참조.

11 아리스토텔레스,《형이상학》1권(A), 981b: 30-982a: 5.

학 내지 존재론이란 단순히 존재에 대해 기술하는 학이 아니라 존재를 가능케 하는 원리에 대한 학이라고 할 수 있다. 그리고 아리스토텔레스는 존재를 가능하게 하는 근원자인 최초의 원인에 대한 앎을 궁극적으로 추구해야 하는 앎으로 규정한다.

그래서 이러한 형이상학과 존재론은 바로 신학으로 귀결된다. 신을 이해하는 것이 바로 이 세계를 이해하는 것이라고 이해한 것이다. 중세 신학자인 토마스 아퀴나스는 존재의 존재 원리 전체를 신이라고 규정하고, 제1철학은 신에 대한 앎으로 귀결된다고 하면서 이를 추구하였다.[12] 그러나 데카르트는 최고 원리인 신에서 인간 정신으로 존재론적 토대를 전환하였다.[13] 데카르트가 보기에, 생각하는 정신은 존재하는 것에 대하여 존재론적 질문을 던질 수 있는 유일한 원천이다. 정신과 구별되는 실체인 신체는 존재론적 질문의 원천일 수 없다는 것이다. 그래서 데카르트는 '생각하는 나[cogito]'를 형이상학의 원천으로 간주하였다. 인간 정신이 존재론적 원리와 원인을 추구하는 원천이지만, 신이 이러한 능력을 부여하지 않았다면 인간의 정신도 신뢰할 수 없다는 점을 데카르트 자신도 명확히 이해하고 있었다.[14]

앞서 언급한 것처럼, 뉴턴 이후 다시 기하학에 뿌리를 둔 철학이 지배적인 사조가 되었다. 물질세계를 연구하는 물리학은 양화量化를 중시한다. 이에 따르면 물질은 시간 경과 속에서도 동질성을 유지하

---

12 Thomas Aquinas, *Summa contra Gentiles*, trans. Vernon J. Bourke, Hanover House, 1955-57.
13 René Descartes, *Méditations métaphysiques*, ed. par Michelle et Jean-Marie Beyssade, GF Flammarion, 505, 1992.
14 René Descartes, *Méditations métaphysiques*, pp. 79-80.

며 공간 속에서 단순히 양적 성질을 가질 뿐이다. 따라서 현재의 물질을 과거로 되돌린다고 해도 큰 문제가 발생하지 않는다. 따라서 열역학 제2법칙, 즉 엔트로피 증가 법칙이 등장하기 전 물리학적 관점에서 볼 때, 물질이란 시간성을 제거하고도 이해 가능하다. 이러한 물질들로 이루어진 자연세계는 목적의 지배를 받는 것이 아니라 기계적으로 이해 가능하며, 자연의 상태를 설명하는 이러한 기계적 법칙은 미래에도 적용되므로 자연은 예측 가능성이 지배한다. 이는 기계론적 관점인 동시에 결정론적 관점이다.[15]

기계론적 세계관은 인간 지성을 주체로 놓고 모든 존재를 인간을 위한 객체로 인식하고 해석하였다. 뉴턴 철학에 영향을 받은 칸트 역시 인간을 주체로 설정하고 모든 것을 객체로 놓는 코페르니쿠스적 전환을 실행한다. 이처럼 칸트로 대표되는 서양 근대철학은 인간을 모든 존재의 중심에 세우는 대전환을 감행한다. 그 이전에는 존재하는 모든 주어가 주체였다면, 근대에 와서는 인간만 주체가 되기 시작하였다. "분필이 하얗다"는 명제의 예를 들어 보자. 아리스토텔레스 논리학에서는 분필이 주어이면서 동시에 주체이지만, 근대에는 인간이 주체가 되면서 분필은 주어 자리에 있을 뿐 객체가 된다.[16] 이처럼 근대 이후 인간이 중심이 되면서 인간은 자신의 지성을 이러한 논리적 사고 능력으로 규정했다.

데카르트와 칸트 등 근대 철학자들이 활동하던 시대가 뉴턴의 물리학이 지배하던 시대였다면, 베르그송의 시대는 생물학이 새로워

---

15 양선진, 〈베르그손의 생명문제와 환경문제〉, 49~87쪽.
16 오늘날 주체라고 번역하는 subiectum은 휘포케이메논ὑποχείμενον이라는 그리스 어의 라틴어 번역어다. hypokeimenon은 '근저에 놓인 것'으로서 원래 인간 이외의 존재를 뜻한다. 하지만 근대에는 인간을 의미하기 시작하였다.

지기 시작하면서 다윈의 진화론이나 세포생물학 등이 출현하던 시대였다.[17] 따라서 물질을 설명하는 데 사용되었던 패러다임인 물리학은 더 이상 생명을 설명하기 위한 틀이 될 수 없다는 시대적 요청이 있었던 것이다.

베르그송에 따르면, 물리학에 근거해서 생명 현상을 이해한다면 생명의 참모습을 이해할 수 없다. 지성에 의해서 파악된 추상적이며 사변적인 생명 이해는 잘못된 것이다. 물리학적 사고는 추상적 공간에 기반하는 논리적 사고에 불과하다. 이러한 사고에 기초하는 철학은 시간성을 배제하고 공간성만 지나치게 강조하는 지성의 산물이다.[18] 또한 근대 철학자들이 파악하는 물질은 인과법칙의 지배를 받는 비활성inerte 존재이다. 근대과학에서 물질의 질적 차원이 배제되면서 물질의 운동은 단순한 점의 이동으로 이해되었다. 운동하는 동안 물질의 변화는 전혀 고려하지 않으며, 운동에서 고려되는 시간 관념 역시 공간화된 시간spatial time으로 변질되어 진정한 시간real time은 사라진다.[19] 따라서 근대과학의 시간은 물질계에 적용될 수는 있을지 몰라도 생명 현상에는 적용될 수 없다. 생명이란 법칙성으로 이해할 수 없는 생성, 질적 변화, 창조성 등을 지니고 있기 때문이다.[20]

칸트가 뉴턴의 물리학적 사고를 수용하면서 철학을 구축하였다면, 베르그송은 당대의 지배적인 과학 흐름인 다윈주의를 비판적으로 검토하였다. 베르그송이 보기에, 생명의 본질은 바로 창조와 변화 자체이다. 그리고 생명의 창조와 변화를 가능하게 하는 동력은

---

17   베르그손 당시에 생물학에서 유전학(DNA 발견)이 시작된 것은 아니다.
18   베르그손, 《물질과 기억》, 183쪽.
19   베르그손, 《창조적 진화》, 219쪽.
20   베르그손, 《물질과 기억》, 183쪽.

바로 시간이다. 생명은 탄생하고 성장하고 사라지는데, 이러한 변화를 야기하는 동인이 바로 시간인 것이다. 따라서 "철학자는 일반적인 것에 자신의 사유를 화석화시키지 말고 개체적인 것에 사유를 집중시켜야 한다"[21]는 베르그송의 명제는, 추상적이며 일반적인 법칙이나 원리를 개별적인 생명체에 근거 없이 적용해서는 안 된다는 것이다. 이는 실제적인 자연을 양화 가능한 자연으로 이해하고 실제의 시간과 공간의 본질을 왜곡해서 추상화시키는 뉴턴의 물리학에 대한 비판이라고 하겠다.[22]

앞서 언급한 것처럼, 물질에 대한 해석에서는 실제적 시간을 제거해도 큰 문제가 없다.[23] 하지만 생물은 시간적 경과와 함께 변화라는 속성을 가지고 있으며, 생명은 법칙으로 이해될 수 없는 역동성과 창조성을 지니고 있다.[24] 따라서 생명 현상은 물리학적 방법처럼 하나의 체계적 법칙으로 설명할 수 없다. 따라서 베르그송은 근대의 공간적 사고에 근거한 지성을 비판하면서 생명 현상을 있는 그대로 이해하는 시간적 사고인 직관intuition적 방법을 요청한다.[25]

생명의 본질인 변화는 단순한 동질적 이동인 위치 변화가 아니라 이질적 이동인 질적 변화를 의미한다.[26] 고전역학에서는 공간은 위치의 이동이며 시간은 순간들의 이동이라고 간주한다. 고전역학의

---

21 베르그송, 《사유와 운동》, 256쪽.
22 송영진, 《베르그송의 생명과 정신의 형이상학》, 서광사, 2001, 36~37쪽.
23 베르그송, 《창조적 진화》, 329쪽.
24 베르그송, 《창조적 진화》, 183~184쪽.
25 "나는 단지 두셋의 철학자, 즉 플로티누스, 멘느 드 비랑 그리고 약간의 라베쏭에게 심대한 빚을 지고 있다고 확신한다." G. Maire, *Bergson, mon maitre*, Broché, 1935, p. 222. 참조.
26 베르그송, 《사유와 운동》, 174~175쪽.

공간은 바로 논리적 사고의 전형이다. 여기에서는 질적 요소를 고려하지 않는 추상적 공간 속에서 점의 이동만 일어난다. 또한 공간적 이동이 단순한 점의 이동이듯이 시간도 과거, 현재, 미래로 구분될 수 있다. 이와 같은 시간 개념은 시간을 공간적 점의 이동과 같은 것으로 파악하고, 연속적인 시간을 비연속적이고 비시간적인 것, 측정할 수 있는 것으로 간주한다.

하지만 실재의 시간은 과거, 현재, 미래로 구분해서 나눌 수 없는 연속성이며, 측정 불가능한 끊임없는 변화 자체이다. 베르그송의 지속durée으로서의 시간은 질적 변화를 고려한 실재의 시간으로서 흐름이며 지나감이다.[27] 지속이란 질적 변화이며 순수한 이질성을 특징으로 한다.[28] 이러한 흐름으로서의 시간은 과거, 현재, 미래로 구분할 수 없으며 정신 내부에서 발견될 수 있는 시간이다. 정신 안에서 발견되는 지속으로서의 시간이란 "존재한다는 것은 변화하는 것이고, 변화한다는 것은 성숙하는 것이며, 성숙하다는 것은 스스로 창조한다는 것이다"라는 명제에 충실한 시간이다.[29]

베르그송에 따르면 지속하는 시간을 지속하지 않는 것으로 만든 대표적인 사례가 영화적 기법이다. 영화의 필름들은 각각 정지하는 것이지만 이들을 모으면 착시 현상 때문에 동적인 것처럼 보인다. 하지만 운동을 이렇게 개념화하는 것은 변화와 흐름 자체인 시간을 정태적 조각들을 결합해서 파악할 수 있다고 착각하는 것이다.[30] 제논이 화살의 운동을 화살의 정지 상태들의 총합으로 간주한 것과 유

---

27 베르그손, 《사유와 운동》, 3쪽.
28 베르그손, 《시론》, 77쪽.
29 베르그손, 《창조적 진화》, 7쪽.
30 차건희, 〈인식론과 베르그손의 형이상학〉, 《대동철학》 6, 1999, 255~272쪽.

사하다.[31]

베르그송은 근대적 이성 개념으로는 시간을 포착할 수 없다고 주장한다.[32] 지성화된 시간은 공간적 이해이지 시간 자체인 생명에 대한 이해가 아니다. 이러한 공간적 이해에서는 지속 자체는 사라진다.[33] 실재 시간의 개념인 지속을 이해하기 위해서는 대상화하는 이성이 아니라 대상화를 거부하는 직관이 필요하다. 직관이란 추상적이며 논리적인 개념적 사유가 아니다.[34] 따라서 세계를 하나의 원리에서 파악하는 추상적이며 공간적 사고에 나온 논리적 사고를 부정하고, 이에 기초하는 체계의 철학을 부정한다.[35]

이처럼 베르그송에 따르면, 직관은 논리적이고 공간적인 형이상학적 사고가 파악하지 못하는 생명의 운동성을 파악할 수 있다. 따라서 생명의 지속은 측정은 불가능하지만 직관은 가능하다. 베르그송은 직관을 사유의 형이상학적 기능이라고 명명한다.[36] 근대과학이 존재론과 인식론을 구분하고 인간이 주체가 되어 외부 대상을 인간 자신 앞에 세우는 표상적 작업을 수행했다면, 지속의 직관이란 인식과 존재의 분리 상태 이전의 상태를 파악하는 것이다. 이는 논리적이며 추상적 공간 속에서 파악하는 주객 분리의 인식이 아니라, 주체가 객체와 하나 되는 합일coïncidence의 상태를 의미한다.[37] 따라서 근대철학의 주류가 인간이 중심이 되는 주체의 철학이라면, 베르그

---

31 베르그손, 《창조적 진화》, 308~309쪽.
32 베르그손, 《사유와 운동》, 26쪽.
33 베르그손, 《사유와 운동》, 26쪽.
34 베르그손, 《사유와 운동》, 26쪽.
35 베르그손, 《사유와 운동》, 1쪽.
36 베르그손, 《사유와 운동》, 215~216쪽.
37 베르그손, 《사유와 운동》, 27쪽.

송의 철학은 생명이 중심이 되는 객체의 철학이면서 주객 일치라는 점에서 일원론이다.

생명을 이해하기 위해 지성을 매개로 하는 것이 아니라 직접적 limdedait으로 생명의 실재를 파악하는 직관의 방법은 지속의 상sub specie durationis에서 사유하도록 권한다. 직관을 통해서 실재를 파악한다면, 공간적 사유를 거치지 않고 시간 속에서 사유함을 통해서 존재와 의식이 접촉contact할 수 있다. 이처럼 직관은 매개를 제거한 직접적 의식이며, 인식의 대상과 하나가 되는 봄vision이고, 인식 대상과 하나 되는 것이다.[38]

왕양명: 사변적 리 중심 사고에서 구체적 리 중심 사고로의 전환

우주론적 차원을 가진 수당隋唐시대 불교와 도교의 형이상학적 원리에 견주어 볼 때, 어떻게 살 것인가에 집중했던 공맹사상의 윤리학적 체계는 주희가 살았던 새로운 시대에 필요한 고등 사상으로 인정받을 수 없었다. 주희는 도교와 불교의 형이상학적 체계를 비판하기 위해서 형이상학이 필요했다. 주희의 이기론理氣論과 체용론體用論은 모두 기존 사상으로부터 수용한 것이지만, 형이상학적으로 새로운 해석과 의미가 부여되면서 발전하였다. 이러한 주희의 형이상학은 우주자연을 설명하는 틀이었지만 동시에 인성을 설명하는 틀이기도 하였다.

주희 시대에 불가의 형이상학을 접한 유가는 형이상학 없이는 생

---

38 베르그손, 《사유와 운동》, 27쪽.

활윤리를 넘어선 고차원적 사상이 될 수 없다는 것을 깨닫는다. 중국의 유가에서 가장 중요한 개념은 바로 리理이다. 특히 주희의 리는 《중용中庸》의 천天이라는 인격적이며 초월적 존재성을 논리적 차원에서 이해하려는 노력이다.[39]

우주론, 인간론, 수양론 그리고 경세론에 이르기까지 기본적으로 주희 철학의 근간을 이루는 것은 리와 기氣라는 논리적이고 형이상학적인 체계이다. 주희 철학에서 리는 일반적으로 불교를 근간으로 하며 기는 장재張載의 사상을 근간으로 한다. 기는 모든 사물의 질료이며, 리는 사물을 가능하게 하는 원리이며 본질이다. 주희에 의하면, 리와 기는 독립적으로 떨어져 존재하지 않지만(불상리不相離) 섞이지도 않는다(불상잡不相雜). 리와 기의 선후를 말한다면 원리인 리가 앞서고 현상인 기가 뒤에 있다(理先氣後).[40]

이처럼 리가 우선적으로 존재하는 우주만상의 존재 원리이자 근거라면, 기는 현상에 존재하는 모든 구체적인 것이라고 할 수 있다.[41] 주희는 《주역周易》〈계사전繫辭傳〉의 '形而上者謂之道 形而下者謂之器'에서 형이상자形而上者로서의 도道를 리로 해석하고 형이하자形而下者로서의 기器를 기氣로 해석한 것이다. 형이상학적 원리인 리가 형이하적 존재인 기와 어떻게 만날 수 있는가? 바로 형이상적 존재인 리는 작용 주체인 체體가 되고 형이하적 존재인 기는 용用이 되는 체용의 구조를 가지는 것이다.

---

39 《中庸》, 제1장, 天命之謂性 率性之謂道 修道之謂敎.《孟子》,〈진심 상〉: 孟子曰 盡其心者 知其性也 知其性則知天矣. 存其心, 養其性, 所以事天也.《孟子集注》,〈告子 上〉性者, 人生所稟之天理也.

40 사마다 겐지,《주자학과 양명학》, 까치, 1996, 94~128쪽.

41 《주역》,〈계사전(繫辭傳)〉, 形而上者謂之道 形而下者謂之器.

주희는 리에는 느낌이나 혜아림 그리고 움직임이 없다고 규정한다.[42] 이처럼 초월적 존재인 리는 절대로 감각할 수 없고, 초월적이기 때문에 절대로 변화할 수 없으며, 변화하지 않기 때문에 움직이지도 않는다. 리란 구체적 사물이 아니라 논리적 차원에서 존재하는 형이상학적 원리일 뿐이다. 그렇다면 문제는 형이상학적 원리인 리가 형이하적 질료인 기와 만나서 구체적인 사물이나 생명체가 될 수 있냐는 것이다. 물론 주희는 리와 기는 둘이면서도 하나(二而一, 一而二)라고 하지만, 형이상학적 원리인 리가 어떻게 형이하적 질료인 기와 공존하면서 구체적 인간을 구성할 수 있다는 말인가? 더구나 인간의 정신적 요소인 리가 어떻게 물리적 기초인 기를 움직이는 작용인이 될 수 있다는 말인가? 데카르트의 경우에도 인간에게서 사유하는 실체와 연장하는 실체가 만나는 접점을 명확히 설명할 수 없다는 문제점이 있었다면, 주희의 경우에도 형이상인 리가 형이하인 기와 어떻게 하나가 될 수 있는지를 설명하기 어렵다.

　주희의 형이상자는 원리를 가리키며 형이하자는 사물을 가리킨다.[43] 그리고 형이상자는 리이며 작용이 있으면 형이하자라고 하였다.[44] 더구나 보편적 리는 구체적 인간에게서 성性이 되면서 인간의 유적 본성이라는 의미를 갖게 된다. 인간의 본성은 사람이 태어나면서 자연(천天)이 부여한 것이며, 따라서 근본적으로 하늘의 이치, 즉 리인 절대적이며 논리적인 형이상학적 원리에서 기원한다. 그래서 이 학문이 성리학性理學이다.[45]

42　《朱子語類》, 卷1쪽, 無情意, 無計度, 無造作.
43　《周易傳義》, 22: 96, 朱子小註, 形而上者, 指理而言, 形而下者, 指事物而言.
44　《周易傳義》, 22: 97, 朱子小註, 形而上者是理, 總有作用便是形而下者.
45　《朱子語類》,〈天命之謂性:〈天命之謂性, 率性之謂道.〉性與道相對, 則性是體, 道是

여기서 주목해야 하는 것은 인간 본성을 설명하는 데 있어서, 자연을 설명하는 논리적 틀인 리를 생명에도 적용할 수 있느냐는 것이다. 자연의 원리를 설명하는 구조적 틀인 이기론을 생명의 원리가 작용하는 인간에게 적용할 경우에는 많은 문제가 발생한다. 이러한 점에서 주희 철학을 비판하면서 등장한 왕양명은 논리적 차원인 리의 다른 이름인 성의 개념으로 인간 본성을 설명하는 주희의 성즉리性卽理를 거부한다. 그래서 왕양명은 구체적인 생물학적 특성을 지니고 시공간적 성질을 지닌 몸(형기形氣)이 있는 인간의 심心에 기초하여 심즉리心卽理를 주장하면서 도덕적 이치를 추구한다.[46]

주희 철학은 물질적 속성을 지닌 우주자연을 설명하기 위한 형이상학이며 논리적 틀인 이기론을 생성, 변화, 소멸하는 생물학적 특성을 지닌 인간에게 적용하는 잘못을 범하면서 인간에게 타당하지 못한 이론적 얼개를 만들었다. 이러한 논리적 틀은 불변하고 한결같은 우주자연에는 적용될 수 있을지 몰라도, 탄생, 성장, 죽음을 겪는 인간에게는 적용할 수 없는 것이다. 따라서 왕양명은 논리적 차원이 우주자연의 물질계를 설명하는 언어가 될 수는 있어도 생명을 설명하는 틀이 될 수는 없음을 이해하고 있었다고 해석할 수도 있다. 이러한 점에서 왕양명은 인간의 생생한 생명적 특성을 설명함에 있어 주희와 달리 인간 마음이 바로 외부 사물에 자극을 받고 반응을 보이는 감응적 존재라고 규정한다.[47] 그리고 인간 생명이 늘 외부 사물

用. 又曰: 〈道便是在裏面做出底道.〉 義剛. 問: 《天命之謂性, 率性之謂道》. 伊川謂通人物而言. 如此卻與告子所謂人物之性同.〉 曰: 〈據伊川之意, 人與物之本性同, 及至稟賦則異. 蓋本性理也. 而稟賦之性則氣也.

46 《傳習錄》,〈徐愛錄〉, 3조목: 心卽理也. 天下又有(心外之事, 心外之理)乎

47 《傳習錄》, 277조목: 心無體, 以天地萬物感應之是非爲體.

과 끊임없는 관계를 갖는 역동적이며 활동적인 특성을 지니고 있음을 강조한다.[48] 인간이 역동성을 상실한다면 곧 죽음을 의미한다. 이런 점에서 왕양명에게 인간 본질은 바로 역동성이며 움직임 자체라고 할 수 있다.[49] 인간이 움직이지 않는 것처럼 보일 때도 분명 생명의 근본적인 움직임은 있다는 것이다.

주희가 형이상학적 체계를 도입하기 위해서 사용한 형이상자인 리가 논리적 차원에 머무르고 있다면, 왕양명에게 리란 변화 자체라고 할 수 있다. 변화적 속성 자체가 바로 천리의 본질이라고 할 수 있는 것이다. 따라서 왕양명은 (천)리란 변화(역易)라고 주장한다.[50] 주희에게 천리가 형이상학을 도입하기 위한 논리적 차원에 머무르고 있다면, 왕양명에게 천리란 생명의 변화적 특성을 의미한다고 해석해도 무방할 것이다. 주희의 철학에서 역동적으로 운동하고 변화하는 생명체로서의 기를 인정한다고 할지라도, 이러한 기를 규정하는 것은 바로 형이상학적 원리인 리다. 주희의 리란 형이하적 존재인 기를 규정하기 위해서 논리적 차원에서 추상화하고 공간화하는 과정을 거친다.

이와 달리 왕양명은 천리를 논리적 차원이나 형이상학적 원리가 아니라, 구체적 인간의 마음에서 나타나는 개인적 욕망의 절제라고

---

48 《傳習錄》, 202조목: 無欲故靜, 是'靜亦定, 動亦定'的'定'字, 主其本體也. 戒懼之念是活潑潑地. 此是天機不息處, 所謂'維天之命, 於穆不已', 一息便是死. 非本體之念, 即是私念.

49 《傳習錄》, 93조목: 仁是造化生生不息之理. 雖瀰漫周遍, 無處不是, 然其流行發生, 亦只有簡漸, 所以生生不息.

50 《傳習錄》, 52조목: 中, 只是天理, 只是易. 隨時變易, 如何執得? 須是因時制宜, 難預先定一簡規矩在.

규정한다.[51] 따라서 (천)리란 살아 있는 생명의 이치(조리條理)이다.[52] 생명 안에서 나타나는 욕망은 인간의 본질적 특성이다.[53] 인간에게 욕망이 없다면 곧 죽음을 의미하기 때문이다.[54] 하지만 인간이 욕망을 남용하면 중용을 지키지 못하게 된다. 이런 점에서 유학에서는 욕망의 과도함 또는 남용을 문제 삼지, 인간의 욕망이 상황 속에서 적절히 사용되고 나타나는 것은 문제 삼지 않는다.[55]

주희의 주장처럼 리가 형이상학적인 독립적 원리라면 리의 원리를 탐구하는 과정이 선행되어야 한다. 그러고 나서야 구체적 사물이나 상황에 있어서 마음에서 일어나는 윤리적 리의 원리를 인식하고 이해하는 과정이 요청된다. 따라서 주희의 리는 형이상학적 원리와 구체적 마음에서 일어나는 윤리적 리가 분리된다는 문제점을 가지고 있다.[56] 하지만 이들을 구별하지 않는 왕양명의 경우에는 형이상학적 리의 이치를 먼저 탐구하고 차후에 구체적인 상황에서 마음속의 양심에서 작동하는 리를 탐구하는 것이 아니다. 왕양명에 따르면, 구체적인 (윤리적) 상황에서 마음이 양심(양지良知)으로 작동하기

---

51 《傳習錄》, 76조목: 曰: 何者爲天理? 曰: 去得人欲, 便識天理.
52 《傳習錄》, 153조목: 理者氣之條理, 氣者理之運用; 無條理則不能運用, 無運用則亦無以見其所謂條理者矣.
53 욕망의 문제를 가장 심도 있게 다룬 현대 철학자는 라캉이다. 그는 인간의 본질을 욕망이라고 언급하며 특히 인간 주체의 욕망은 타자의 욕망이라고 주장한다. J. Lacan, *Séminaire XI: les quatres concepts fondamentaux de la psychanalyse*, Paris: Seuil, 1973, p. 38.
54 라캉은 인간을 욕망하는 주체sujet désirant로 인식한다. 라캉의 욕망은 물론 생물학적 욕망은 아니다. 김석, 〈시니피앙 논리와 주이상스의 주체〉, 《라깡과 현대정신분석》 9(1), 2007.
55 《傳習錄》, 76조목: 曰: 天理何以謂之中? 曰: 無所偏倚.
56 《傳習錄》, 135조목: 朱子所謂格物云者, 在卽物而窮其理也. 卽物窮理, 是就事事物物上求其所謂定理者也, 是以吾心而求理於事事物物之中, 析心與理而爲二矣. 朱子, 《大學章句》, 5장 補傳.

때문에, 리는 추상적이거나 사변적인 형이상학적 원리가 아니라 구체적인 상황 속에서 나타나는 살아 있는 리이다.[57]

주희의 경우에는 형이상학적 원리와 구체적 사물의 원리가 분리되는 문제 때문에, 두 원리의 상관성과 관계성을 설명해야 하는 난점이 있다. 그러나 왕양명에게는 형이상학적 원리가 별도로 존재하는 원리가 아니라 곧 구체적 상황 속에서 나타나는 구체적이며 역동적인 원리이기 때문에, 두 원리(이리二理)를 하나의 원리(일리一理)로 연결하는 논리적 증명이나 설명이 필요하지 않다.[58] 주희가 자연계의 일반 법칙을 설명하기 위해 사용한 리 개념이 자연계에서 생성하고 변화하는 기적 존재에게 적용되면서 문제가 발생하며, 이 때문에 추상적인 도덕원리와 실제적인 도덕원리를 이원화시키는 오류가 나타난 데 비해, 왕양명의 사상은 이러한 문제를 시정한 새로운 유학 사상이다.

나아가 주희 철학에서 이기 관계를 설명하는 체용론에 있어서는 체용이 근원에서 하나이며 드러남(=현상)과 미미함(=본질)에는 사이가 없다는 불교의 이사무애설理事無碍設을 원용한 개념이다.[59] 본질로서의 리는 현상으로서의 사와 구별되지 않는 것이며, 리 가운데 사가 있고 사 가운데 리가 있다는 이사무애설은 본질과 현상에 대한 서

---

57 《傳習錄》, 135조목: 若鄙人所謂致知格物者, 致吾心之良知於事事物物也. 吾心之良知, 卽所謂天理也. 致吾心良知之天理於事事物物, 則事事物物皆得其理矣. 致吾心之良知者, 致知也. 事事物物皆得其理者, 格物也. 是合心與理而爲一者也.

58 《傳習錄》, 135조목: 是可以知析心與理爲二之非矣. 夫析心與理而爲二, 此告子義外之說, 孟子之所深闢也.

59 《二程外書》, 12, 頁 8 上, "和靜(尹焞, 1071-1142)嘗以易傳序請問, 曰,〈至微者, 理也. 至著者, 象也. 體用一源, 顯微無間〉, 莫太洩露天機否? 伊川曰, 如此分明說破, 猶自人不解悟."

양철학의 논리와 비교하여 이해할 수 있다. 이때 리는 본질이고 사는 현상에 대응한다고 볼 수 있다. 이러한 본질이란 인간들의 현상세계를 설명해 주는 원인[60]과 근거가 독립적으로 존재한다는 추상적 원리에 의거한 형이상학적 구성물이다. 반면에 왕양명에게 리란 모든 존재를 설명하기 위한 절대적인 원리이거나 근원적이며 추상적인 이치가 아니라, 상황 속에서 발현되는 구체적인 이치인 조리이다.[61]

주희의 체로서의 리와 용으로서의 기는 일반과 개별, 추상과 구체, 절대와 상대, 중심(본本)과 주변(말末), 무형과 유형으로 이해할 수 있다. 본체는 형이상자인 리이며 작용하는 것은 형이하자인 기이다. 체가 있어야 용이 가능하며 리가 있어야 기가 가능하다. 형이상자인 리와 형이하자인 기를 구분하는 이원론인 것이다.[62] 하지만 왕양명에게는 구체적 인간의 마음에 양심이 있으며 인간의 양심에서 체는 곧 용이다.[63] 양심이 주체이면서 객체인 것이다. 이는 곧 양심을 가능하게 하는 일반적이며 추상적인 체로서의 리와 구체적이며 실제적인 용로서의 기가 구별되는 이원론이 아니라, 체용일원론이다.[64] 주희의 형이상학이 논리적이고 추상적 사고에 기반하고 있다면, 왕양명의 존재론은 구체적이며 실질적인 현실적 상황 속에서 탄생한 철학이라고 말할 수 있다.

---

[60] 시간적 원인이 아니라 논리적 원인을 의미한다. 리와 기가 상호독립적이지 않고 상호의존적이라는 불상리의 원칙 때문에 주자를 옹호하는 입장이 있다.

[61] 《傳習錄》, 153조목: 理者氣之條理, 氣者理之運用; 無條理則不能運用, 無運用則亦無以見其所謂條理者矣.

[62] 주희 자신은 체용일원론이라고 언급하였지만 일원론으로 보기 힘든 부분이 많다.

[63] 《傳習錄》, 155조목: 體卽良知之體, 用卽良知之用, 寧復有超然於體用之外者乎?

[64] 《傳習錄》, 45조목: 蓋體用一源, 有是體, 卽有是用. 有未發之中, 卽有發而皆中節之和. 108조목: 心不可以動靜爲體用. 動靜, 時也. 卽體而言, 用在體. 卽用而言, 體在用, 是謂體用一源. 若說(靜可以見其體, 動可以見其用), 卻不妨.

논리학에서 생물학적 사고로의 전환

지금까지 서양의 베르그송과 동양의 왕양명, 두 철학자를 통해서 논리적 사고와 시간적 사고를 일관성 있게 대조하며 논의하였다. 베르그송은 칸트 철학에 대한 비판에서 출발한다면 왕양명 철학은 주희 철학에 대한 반동에서 기원한다. 사실 칸트가 동양에 처음 도입될 때에는 주자와 유사하게 여겨지기도 했다.[65] 칸트와 주희는 동양과 서양이라는 서로 다른 지역에 거주하며 서로 다른 문화적, 역사적 배경 속에서 살았지만 유사한 부분이 많다. 둘 다 논리적 차원의 형이상학적 체계 안에서 역동적이며 시간적인 현상세계 또는 현실세계를 이해하려고 노력한 철학자들이라는 점이 특히 유사한 부분이다.

칸트는 인간의 감성과 지성이라는 선험적transzendental 형식을 통해 현상계를 파악하기 위해 인식론적 체계를 구성하였는데, 이때 시간과 공간이라는 감성의 두 형식은 추상적 공간으로 설명 가능한 논리적인 사유였다. 또한 불교의 형이상학적 체계를 도입하면서 새로운 시대의 사상이 되고자 한 주희의 형이상학적 체계의 중심에는 리가 있다. 리 역시 모든 기적인 현상세계를 일관되게 설명하기 위한 중요한 초월론적 설명 틀이라고 할 수 있다. 현상 배후의 본질, 현상계를 가능케 하는 인식적 형식, 현상계를 설명하는 본체계 등이 모두 추상적 공간 속에서만 가능한 논리적 사고에 해당한다. 존재세계

---

65 이정직李定稷(1841~1910)은 칸트를 독일의 성리학자라고 《康氏哲學說大略》 (1905)에서 언급하였다. 백종현, 《현대 한국사회의 철학적 문제: 윤리 개념의 형성》, 철학과현실사, 2003.

를 통일적이며 전체적으로 설명하려는 형이상학적 욕망에서 출발하는 논리적 사고는, 초경험적이며 추상적인 공간을 존재세계의 통일적 이해의 기초로 상정한다. 논리적 사고는 현대까지도 인간의 중요한 학문적 방법이다. 하지만 모든 것을 추상적 공간 속에서 설명하는 이러한 사고는 실제의 세계를 위한 학문적 방법이 아니라, 초경험적이면서 허구적인 사고의 상상물 내지 구성물일 수도 있다. 이러한 이유에서 생명 현상을 이해하기 위해서는 물질의 인식 방식인 공간적이고 논리적인 사고로부터 시간적이고 직관적 사고로 전환해야 한다.

참고문헌

마쓰오 유타카,《인공지능과 딥러닝: 인공지능이 불러올 산업 구조의 변화와 혁신》, 박기원 옮김, 동아엠앤비, 2015.

백종현,《현대 한국사회의 철학적 문제: 윤리 개념의 형성》, 철학과현실사, 2003.

서양근대철학회,《서양근대윤리학》, 창비, 2010.

아리스토텔레스,《형이상학》, 김진성 옮김, 이제이북스, 2007.

_____,《니코마코스 윤리학》, 강상진 · 김재홍 · 이창우 옮김, 도서출판 길, 2011.

양선진, 〈베르그손의 생명문제와 환경문제〉,《생명연구》40, 서강대학교 생명문화연구소, 2016, 49~87쪽.

차건희, 〈인식론과 베르그손의 형이상학〉,《대동철학》6, 대동철학회, 1999, 255~272쪽.

《論語》

《傳習錄》

Aristote, *de l'Ame*, trans. René Lefebvre, Ellipses, 2001.

Aquinas, Thomas, *Summa contra Gentiles*, trans. Vernon J. Bourke, Hanover House, 1955–57.

Bergson, Henri, *Oeuvres*, PUF, 1998.

_____, *L'Essai sur les donne´es imme´diates de la conscience*, PUF, 1889. (《의식에 직접 주어진 것들에 관한 시론》, 최화 옮김, 아카넷, 2007.)

_____, *Me´langes*, PUF, 1972.

_____, *Matiè´re et me´moire*, PUF, 1896. (《물질과 기억》, 박종원 옮김, 아카넷, 2008.)

_____, *L'e´volution cre´atrice*, PUF, 1907. (《창조적 진화》, 황수영 옮김, 아카넷, 2008.)

_____, *L'e´nergie spirituelle*, 1919, PUF, 2009.

_____, *Les deux sources de la morale et de la religion*, 1932, PUF, 2008.

_____, *La Pense'e et le mouvant*, 1934, PUF, 2009.

Descartes, René, Méditations métaphysiques, ed. par Michelle et Jean-Marie Beyssade, GF Flammarion, 1992.

Vieillard-Baron, Jean-Louis, *Bergson*, PUF, 1998.

Worms, Frederic, *Bergson ou les deux sens de la vie*, PUF, 2004.

2부

모빌리티의 윤리

떠도는 자들을 위한 장소

한길석

이 글은《사회와 철학》37(2019)에 게재된 원고를 수정 및 보완하여 재수록한 것이다.

머물 자리 없이 떠도는 자들이 나날이 증가하고 있다. 일자리(직장)와 잠자리(집)를 잃고 떠도는 삶은 타인과 관계를 맺으며 자기 존재성을 확인하는 존재의 장소, 즉 인간다운 삶의 세계를 잃어버리게 한다. 세계의 상실은 세계를 구성하고 있는 것들에 대한 사랑과 애착, 유대감을 부질없는 것으로 치부하게 만든다. 오늘날 사회에서 타인에 대한 혐오, 인류적 가치에 대한 불신과 회의가 증가하는 이유다.

바우만Zygmunt Bauman은 액체근대론을 가지고 세계 상실의 사회구조적 조건을 설명한다. 액체화된 근대에서 개인화는 급격히 진행되고, 사람들은 규범적 가치에 대한 믿음을 철회하면서 자기 인생 챙기기에 급급한 자들로 전락한다. 상시적 이동과 장소의 부재는 자기 존재의 지속가능성에 대한 불안감을 증폭시킨다. 하지만 세계 상실의 곤경과 존재감 부재의 불안감을 해소해 줄 지주들은 사라진 지 오래다. 국가는 이미 자신의 역할을 '캐러밴 주택 관리자'[1]로 제한해 버렸고, 개인의 자유에 익숙해진 사람들은 가능한 한 적게 개입하는 국가를 승인했다.

불안한 대중은 허구의 질서를 요구하게 된다. 그래서 등장한 것이 상상의 적을 희생양으로 삼는 탈구dislocation의 정치다. 트럼프의 정책은 세계 상실의 원인을 장벽의 마술로 회피하려는 픽션이다. 대중은 이러한 정치적 마술에 호응하면서도, 다른 한편으로는 노란 조끼 시위에서 보듯이 격렬하게 반발하고 있기도 하다.

현재적 난문의 원인이 세계 상실이고, 그 해결책이 잃어버린 세계의 회복이라면 정치적 마술에 호응하는 대중은 말할 것도 없고 그

---

1   이에 대해서는 이 글의 '탈구의 정치' 참고.

것에 반발하는 대중도 적절한 대안적 주체로 보기는 어렵다. 후자의 대중도 세계 상실의 구조적 위기를 타개하고 새로운 정치공동체의 세계를 창건하는 의도를 품고 있는 것으로 보이지는 않기 때문이다.

세계 회복의 길은 궁극적으로는 새로운 정치공동체의 창건 작업과 연관된다. 어쩌면 그것은 근대 프로젝트를 넘어서는 새로운 정치적 기획을 필요로 할지도 모른다. 나는 그러한 기획을 기대해 볼 수는 있을지언정 의도할 수는 없다고 생각한다. 나에게 실천이론이란 약속의 작업에 그칠 뿐, 실현의 알고리즘이 아니다. 우리는 실천이론의 자기제한성을 명심해야 한다. 우리가 실천할 수 있는 현실적 대안은 신자유주의와 급진적 개인화의 물결에 의해 쓸려간 공적 행위의 영역을 새롭게 복구하는 것이다. 그것은 무연無緣한 개인들이 서로의 배제 경험을 이야기하며 고통에 대한 공통감각을 기르는 공적 서사의 장소를 생의 영역 곳곳에 배치하는 실천 속에서 기약되는 것이라 하겠다.

장소와 존재

현대사회는 머물 장소 없이 떠도는 자들로 넘쳐나고 있다. 일자리를 찾아, 살 곳을 찾아 사람들은 이리저리 떠돈다. 머물 자리가 있다는 풍문에 기대어 여기 아닌 저곳으로 몸을 옮기지만, 있다던 자리는 자취도 없다. 그렇게 대양을 떠돌던 한 아이는 숨을 거두고 나서야 비로소 육신을 뉘일 자리를 얻었다. 정착의 자격은 죽은 자만이 얻을 수 있을 뿐이라는 듯이. 떠도는 생명의 비극적 운명은 세 살배기 시리아 소년 아일란 쿠르디의 것만은 아니다. 우리는 구의역 김 군과 태안 화력발전소 김용균 씨의 사고에서도 장소 없이 떠도는 이들의 서러운 운명을 목격할 수 있다. 난민과 계약직의 운명은 삶의 뿌리를 내릴 여지를 허락하지 않는다. 그들에게 허락된 것은 끊임없이 부유하는 유맹流氓의 삶뿐이다.

"고대적 이해에 따르면, 인간은 오직 …세계 속에 어떤 장소, 어떤 안식처를 소유할 때에만" 자유를 경험할 수 있고, 그러한 경험의 지속을 통해 인간다운 삶을 살아갈 수 있다.[2] 따라서 인간다운 삶을 살기 위해서는 세계 속에 장소를 마련하는 일이 중요하다. 아렌트Hannah Arendt에 의하면, 세계는 인간이 행하는 세 가지 활동 유형에 따라 각각 다르게 경험된다.[3]

노동 활동에 전념할 때 경험되는 세계는 대지earth로서의 세계다. 인간은 피땀 어린 노동으로 땅을 일구며 생계 유지와 자손 번식의 장소를 마련해 정착한다. 노동 활동을 통해 얻게 되는 산물은 지속적으로 유지되지 못하고 소비되어 사라지는 특성이 있다. 그것은 노동 활동을 하며 사는 사람들도 마찬가지다. 그래서 노동 활동에 몰두하는 이들은 세상이 소비되는 것들로 채워진 곳이라고 여기게 된다. 그리고 그러한 것들을 낳고 품는 세계(대지) 역시 소멸의 운명에서 헤어나지 못하는 덧없는 것이 된다.[4]

---

2 한나 아렌트, 《과거와 미래 사이》, 서유경 옮김, 푸른숲, 202쪽.
3 한나 아렌트, 《인간의 조건》, 이진우 · 태정호 옮김, 한길사, 2006.
4 덧없이 스러지는 인간의 목숨에 비해 대지earth의 생명은 영원하다. 그러나 대지는 죽어야만 하는 운명mortality과 결코 무관하지 않다. 생명 활동이 멈추는 긴 겨울 앞에 대지는 죽음과도 같은 동면에 빠진다. 겨울은 생명의 대지가 죽음의 대지로 돌변하는 충격적인 사건이다. 이 사건의 충격은 봄의 귀환으로 해소된다. 이른 봄에 행하는 제의들은 봄의 귀환을 알려 죽음의 존재로 돌변한 대지의 신을 생명의 존재로 복구하려는 주술적 의식이다. 대지는 부활을 통해 죽음을 극복하지만 부활의 재생은 죽음이라는 사건을 거치지 않으면 일어날 수 없다. 이 점에서 대지는 죽어야만 하는 운명과 결코 무관한 게 아니다.

인간은 작업 활동을 통해 덧없이 사라지는 세계의 운명을 극복하고자 한다. 작업 활동을 통해 창조되는 세계는 내구성을 겸비한 사물들로 채워진다.[5] 거대한 건물과 비석과 지식이라는 인공적 작업물은 그것을 생산하고 이용하던 인간이 사라져도 변함없이 존재한다. 이렇게 작업의 인간은 대지의 세계 위에 지속적으로 존재할 수 있는 새로운 세계, 새로운 장소를 창조했다.

작업은 대지로서의 자연적 세계를 인공적 세계로 재창조한다. 그런 점에서 작업은 인간다운 세계에 조금 더 다가서 있다. 그러나 고대 그리스적 관점에서 보자면, 인간적 세계의 요건은 인공물로 이루어진 세계의 건립에서가 아니라, 그렇게 건립된 세계를 바탕으로 하여 시민적 관계를 맺고 탁월성을 형성할 수 있는 장소를 만들 때 충족된다. 이 장소가 바로 폴리스다. 폴리스는 행위에 의해 창건된다. 폴리스라는 세계는 생계 유지와 자손 번식을 위한 소비물을 구비하기 위한 것도 아니고, 인공적 제작물들의 건립과 유지를 위한 것도 아니다. 이 장소는 그 같은 목적 너머의 좋은 것을 추구하기 위한 곳[6]이다. 그러한 행위를 통해 보통의 인간은 탁월한 시민으로 변모한다. 이곳은 그 누구도 사적으로 소유할 수 없고, 사적으로 이용할 수도 없는 공동세계common world다. 폴리스의 공동세계는 서로를 자유롭고 평등한 시민으로 대우한다는 규범에 의해 운영된다. 그러므로 폴리스라는 장소에서 이루어지는 삶은 신분과 재산의 지배에서 벗어나 동등하게 교류하는 자유로운 삶의 규범적 이상을 함축한다.

---

5 "작업은 자연적 환경과 완전히 구별되는 '인공적' 세계에 속하는 사물들을 낳는다. … 작업의 인간조건은 세속성worldliness이다." 한나 아렌트, 《인간의 조건》, 55~56쪽.
6 아리스토텔레스, 《정치학》, 천병희 옮김, 숲, 2009, 1252 b27 이하.

폴리스적 세계는 궁극적으로 시민의 정치적 행위가 전개되는 공동세계를 의미한다. 그렇지만 공동세계는 대지로서의 세계와 인공적 제작물로서의 세계 없이는 창건될 수 없다. 그런 의미에서 자기의 생계를 유지하고 자식을 키울 자리를 마련한다는 것, 그러한 장소를 소유한다는 사실은 탁월성을 성취할 기회를 부여하는 정치적 세계로 진입하는 데에 필수적이다. 아렌트는 인간이 존엄한 삶을 향유하기 위해서는 사적 자유를 누릴 수 있는 소유property의 장소가 반드시 보장되어야 한다는 점을 강조하였다.[7] 사적 장소는 공적 세계가 가하는 공개성의 압박에서 물러나 타인의 시선에 방해받지 않은 채 고유한 삶의 시간을 누릴 수 있게 해 준다. 그곳에서 사람들 각자는 정치권력과 사회경제적 질서에서 벗어나 가족 및 친구들과 너 나의 구분 없는 친밀성의 관계를 맺거나 자신만의 생을 향유한다. 사적 장소는 개인의 자립성에 의해 확보되는 삶의 존엄을 위한 불가결한 조건이 된다.[8] 인간은 공적 세계에서 행위할 자유가 봉쇄될 때 비천한 존재가 되지만, 사적 장소에서 누리는 자유가 보장되지 못할 때도 천박해진다. 소유란 생계에 긴요한 재산을 지닌다는 의미를 넘어 '자신만의 터전을 마련한다'는 것, 즉 "세계 속에 자신의 고유한 proper 장소"[9]를 갖는 것을 의미한다. "개인이 소유한 바를 배타적으

---

7 모리카와 데루카즈, 〈한나 아렌트와 현대 민주주의의 난관〉, 《정치사상연구》 22 (2), 2016, 132쪽.

8 모리카와 데루카즈, 〈한나 아렌트와 현대 민주주의의 난관〉, 132쪽.

9 모리카와 데루카즈, 〈한나 아렌트와 현대 민주주의의 난관〉, 132쪽. 고대 그리스적 전통에 의하면, 폴리스는 출신 배경, 계급, 기능에서 얼마간의 차이가 있었다고는 해도, 어느 정도 동등한 이들isoi로 구성되어야만 했다. 이런 이유로 여러 폴리스들은 동등성의 물리적 조건을 시민들에게 부여하는 제도를 채택하였는데, 스파르타의 경우 그것은 클레로스kleros라는 일정량의 토지를 분배하여 사적으로 소유하게 하는 방식으로 나타났다. 동등한 분배의 몫isomoira을 사적으로 소유하도록 하고, 그것의

로 사용할 권리"를 허용하는 사적 소유의 장소는 "인격적 독립과 자존self-respect의 감각을 갖기 위한 물질적 기초"[10]인 것이다. 노동과 작업의 기회를 얻지 못하고 그것을 향유할 세계와 장소를 지니지 못한 사람은 결과적으로 인간답게 존재할 기회를 박탈당한다.

사적 자유의 보호를 금과옥조의 가치로 지켜 왔던 근대사회는 오늘에 이르러 사적 세계의 대량 소멸이라는 역설적인 상황에 봉착하였다. 현대인들은 일할 곳과 거주할 자리를 잃어버리는 신세로 내몰리고 있다. 집과 일자리를 잃는다는 것은 사적 개인으로서 누릴 수 있는 안정과 자유의 공간을 상실하였음을 의미한다. 현대인들은 사적 소유의 장소를 얻지 못함으로써 결과적으로 세계 상실을 경험한다.

소유의 장소가 상실되고 있다는 사실은 생계 위기의 문제로 끝나지 않는다. 그것은 현상의 장소를 얻을 기회를 빼앗기는 데까지 이르게 한다. 현상의 장소는 인간다움의 탁월성을 드러낼 수 있는 기회를 부여한다. 그것은 사적 생계의 안정적 보장이라는 '동물적 삶vita bestialis'의 부담에서 벗어나 공동체 구성원 모두의 '좋음'이 아름답게 공존할 수 있는 삶의 범형을 공개적으로 드러내면서 공동체 전체가 탁월해지는 인간다운 삶의 세계로 나아가게 한다. 고대 그리스 전통에서 이 세계는 폴리스적 삶, 즉 정치적 삶의 형태로 창건되고 유지된다. 고대 그리스인들은 사적 소유의 장소를 폴리스적 삶의 세계로 진입하기 위한 선결 조건으로 여겼다. 법은 폴리스의 공적 세

침해불가능성을 법으로 보장한 까닭은 차이로 인해 발생하는 시민 간의 반목을 방지하기 위한 것이었다. 이들에게 사적 소유의 장소는 공적 행위의 활성화를 위해 신성하게 보존되어야만 하는 곳이었다고 한다. 장 피에르 베르낭, 《그리스 사유의 기원》, 김재홍 옮김, 길, 2006, 84쪽, 92쪽.

10 인용문은 모두 J. Rawls, *Political Liberalism*, Columbia University Press, 1996, p. 298.

계와 오이코스의 사적 세계를 구분해 주는 경계석의 기능을 담당하면서, 어느 한 영역의 규범이 다른 영역에까지 부당하게 간여하지 못하도록 규제하였다. 모든 사람은 자신이 안전하게 거주하고 존재하며 생활할 수 있는 생계의 장소를 합법적으로 보장받을 수 있을 때, 비로소 자유의 공간인 폴리스로 갈 수 있기 때문이다.

폴리스적 세계에서 인간은 존재하는 것들의 실제적 존재 양태를 경험하고 인지한다. 그리스인들에게 사적 세계는 심연의 암흑에 덮여 있어 타자가 내 앞에 현상하고 있음을 깨닫지 못하게 하는 곳으로 간주되었다. 사적 친밀성으로 묶인 가족 구성원 사이에서는 서로에 대해 간격을 유지하기 어렵다. 나와 부모형제 사이의 간격이 존재하지 않거나 너무 근접해 있으면, 상대방이 나와 다른 '타자성'을 지닌 존재라는 점을 인지하지 못한다. 상대방의 '타자성'은 빛에 의해 가시화된다. 하지만 빛은 나와 상대방 사이의 중간 틈새in-between가 있어야 퍼져 나갈 수 있다. 거리/공간/틈새는 나와 사물, 자신과 타자들을 서로 떼어 놓아 구분하게 만든다. 거리는 가까움과 친밀성을 제거한다. 그럼으로써 모든 것을 하나로 만들어 저마다의 차이를 보지 못하게 하는 맹목의 무지로부터 벗어나게 해 준다.[11] 친밀성이 지배하는 사적 세계에는 구성원 사이의 다름을 경험하고 인식하게 할 공간이 없다. 서로에 대해 적절히 거리를 둘 공간과 틈새가 없으니 빛도 스며들지 못하며, 그 누구도 자신의 탁월한 존재성을 환하게 드러내지 못하게 된다.

폴리스적 세계는 시민 구성원들이 적절히 거리를 둘 수 있도록 함으로써, 타인의 특이한 존재성이 빛 속에 현상하도록 만든 장소다.

---

11 클라우스 헬트, 《지중해 철학 기행》, 이강서 옮김, 효형출판, 2007, 128쪽.

마찬가지로 이 장소에 속한 나는 공개적으로 "행위하고 말하면서 자신[이 누구인지]을 보여 주고, 자신의 고유한 정체성을 능동적으로 드러내면서 인간세계에 [상대방과 다른] 자신의 모습을 현상한다."[12] 그렇게 폴리스적 공간에서 타인에게 자신을 내보이고 타인이 나에게 현상할 때, 각자가 진정 누구이며 어떻게 존재하는지 상호주관적으로 이해하게 된다. 그런 이유로 폴리스적 정치 공간은 자아와 타자, 더 나아가 세계의 실재성reality을 드러내 보이고 보증하는 장소라고 할 수 있다. 이처럼 폴리스는 존재자의 존재성을 보증하는 세계이다. 또한 그곳은 세계에 대한 다양한 의견을 지닌 사람들이 현상하는 다원성의 성좌이며, 각이한 관점들과의 관계맺음을 시도하게 하는 장소이기도 하다.

이상에서 본 바와 같이, 인간다움과 인간적 존재성은 소유하고 행위할 수 있는 장소와 세계가 있을 경우에 보증된다. 그런데 현대사회는 인간적 활동들이 이루어지는 장소를 소멸시킴으로써, 세계 안에서 인간적 삶을 시작하지 못하도록 제한하고 있다. 현대인은 장소에 뿌리내림으로써 얻는 자유보다는 유동성에서 얻는 자유를 널리 퍼뜨림으로써 존재의 위기를 증폭시키고 있다. 하지만 이러한 현실은 억압적 사회구조를 통해 강요되는 측면도 있지만, 그 속에 살고 있는 사람들의 자발적 선택에 의해 만들어진 측면도 있다.

액체근대의 그늘

현대사회는 장소의 지속 시간을 되도록 짧게 설정한다. 현대인은

---

12 한나 아렌트, 《인간의 조건》, 239쪽.

단기 계약 기간 동안만 장소에 존재할 수 있으며, 이 기간을 넘어서기 전까지 다음 장소를 찾지 못하면 그의 존재성은 갱신되지 못하고 사라진다.[13] 현대인은 1~2년 단위로 갱신되는 노동 및 임대계약 속에서 일하고 거주하며 살아간다. 그들이 머물고 자리할 수 있는 장소는 계약 기간 동안만 유지될 뿐이다. 비정규직을 일반화된 고용 형태로 정착시킨 신자유주의 체제는 일정한 자리에 뿌리내리면서 생계를 유지하는 삶의 형식을 구식 자본주의의 유산으로 만들어 버렸다. 어제까지 건재하던 공장이 오늘 갑자기 먼 나라로 옮겨 가고, 일하던 책상이 어느새 사라지는 사건이 일상적으로 일어난다. 어떤 변화에도 견딜 수 있을 것처럼 우뚝 서 있던 거대 공장은 초국적 자본의 신비로운 마법에 의해 흔적도 없이 해체된다. 사람들은 이동하는 일터를 따라 정신없이 떠돈다. 포드주의 시대 노동자가 누렸던 정착적 삶은 유동적 삶으로 대체되었다.

일터의 상시적 이동은 유동성을 현대적 삶의 일반적 특성으로 만들었다. 바우만은 이 같은 사회적 현상을 '액체근대성liquid modernity' 개념으로 비판한다. 과거의 근대가 비합리적인 신분제적 결속을 제거하고 견고한 합리적 규범 질서로 결속된 체제로 변화하려는 '고체근대성'의 기획 속에서 전개되었다면, 오늘의 근대는 개인적 자유화와 유연화의 이름 아래 모든 규제를 철폐하고 책임과 의무의 사슬로부터 자유로워지려는 '액체근대성'의 기획을 사회 운영의 근간으로 삼고 있다는 것이다.[14]

---

13 윤고은은 단편소설 〈요리사의 손톱〉에서 단기적으로 존재하다 소멸하는 현대인의 처지를 문학적으로 진술하고 있다. 윤고은, 〈요리사의 손톱〉, 《문학동네》 18(1) 통권 65호, 문학동네, 2010.
14 지그문트 바우만, 《액체근대》, 이일수 옮김, 강, 2005.

액체근대성의 사회에서 현대인은 "자유라는 축복의 양면성"[15]에 직면한다. 한편으로 액체근대는 합리화된 사회가 부여하는 규범적 질서와 유대로부터 사람들을 해방시킴으로써 개인적 자유의 급진적 확대라는 축복을 선사한다. 고체근대성의 현대인들은 포드주의적 공장에서 정해진 자리에서 옴짝달싹 못한 채 규정된 절차에 따라 기계적으로 움직여야 했다. "자발성과 개인의 주도력은 금기시되었다."[16] 개인은 합리화된 사회의 강철 상자에 갇힌 채 획일적으로 살아가도록 관리되는 목숨에 불과한 것으로 여겨졌다. 하지만 이제는 원형감옥적 규율 담론이 유행하는 사회가 아니라 개인의 선택과 의지를 강조하는 자기제어적 담론이 지배하는 사회가 되었다. 사회적 관리의 지배력은 축소되었다. 자신의 선택과 책임 아래 자기 일을 스스로 처리하는 개인의 자유가 있을 뿐이다.[17]

액체근대의 현대인들은 규율권력의 시선에서 벗어나 '인간적 삶'을 '개인적 삶'으로 축소 전환시킴으로써 자기 인생이라는 사업을 스스로 경영하는 1인 경영가적 주체의 자유를 얻었다. 신자유주의 체제는 그것을 제도화하였다.[18] 그 결과 이 시대의 노동자는 지시대로 움직이는 수동성에서 탈피해야만 한다. 목표를 스스로 세우고 그것을 달성하기 위해 일터에서의 활동을 스스로 관리하는 '노동경영인'이 된다. 변화된 여건을 탓하지 않고 자기 살길을 능동적으로 열

---

15 지그문트 바우만,《액체근대》, 32쪽 이하.
16 지그문트 바우만,《액체근대》, 44쪽.
17 마거릿 대처가 1987년 *Women's Own*과 한 인터뷰의 다음과 같은 발언은 너무도 유명하다. "사회 같은 것은 없습니다. 개별 인간들이 있을 뿐입니다. … 사람들은 우선 자기를 건사해야 합니다(There's no such thing as society. There are individual men …people must look after themselves first.").
18 서동진,《자유의 의지 자기계발의 의지》, 돌베개, 2009.

어 나가면서 새롭게 직면한 문제의 해결책을 스스로 마련해 나가는 '노동경영인'은 창의성과 낙천적 인성의 역량을 갖춘 미래적 인재로 각광받는다.[19] 이러한 환경은 자기 역량의 자율적 계발을 보장하는 듯 보인다. 그 속에서 현대인들은 주체적 자아의 자유를 누린다고 느낀다.

다른 한편 현대인들은 개인적 '자유의 불안'을 느끼고 있다. 자신을 감시하고 관리하는 빅브라더는 더 이상 없지만, "위대하고도 분별 있는 사회의 힘"[20]에 복종하는 대가로 제공되는 이른바 '관리되는 사회'의 안식처 역시 소멸하였기 때문에, 사회의 보호 밖으로 내몰린 자의 불안감을 상시적으로 갖게 되는 것이다. '관리되는 사회'에서는 사람들을 빈틈없이 꽉 짜여진 기능적 상호 연관 속으로 편입시키면서 사회체제가 요구하는 대로 자아를 맞출 것을 요구하지만, "조밀하게 엮인 사회적 제재들은 우리가 일상에서 반복해야 할 유형들을 부여"[21]해 줌으로써 자기결정에 대한 책임 부담을 완화해 준다. 그렇기 때문에 고체근대의 인간은 스스로 결정하고 책임져야 한다는 불안감에 휩싸일 가능성이 상대적으로 적다. 반면에 액체근대적 자유의 축

---

19 현대의 교육기관은 자기 역량을 스스로 계발하는 자율적 노동주체들을 기르기 위해 플립 러닝(Flipped Learning)과 PBL(Problem or Project Based Learning) 등의 교육 방식으로 신자유주의적 가치에 자발적으로 호응한다. 물론 이러한 교육 방식이 신자유주의적 기획물이라고 단정할 수는 없다. 하지만 학생의 자발적 역량을 강화시키는 교육 방식이 신자유주의적 조건과 맞물리면서 자아내는 이데올로기적 효과를 부인하기는 어렵다. 이제 오늘의 학생은 학교의 규칙에 구애받지 않고 '학습의 자유'를 누리면서 자기 여건에 맞게 목표와 계획을 스스로 수립하여 추진하는 '학습경영인'적 인간으로 육성되어야 한다. 그래야만 역량 있는 '노동경영인'으로 성장할 수 있다고 믿기 때문이다.

20 E. Durkheim, "Sociologie et Philosophie(1924)," *Émile Durkheim: Selected Writings*, Cambridge University Press, 1972, p. 115.

21 지그문트 바우만, 《액체근대》, 36쪽.

복을 받은 인간은 이정표 하나 없이 온통 자신의 판단에 의지해서만 인생을 헤쳐 가야만 하되, 그 결과에 대해서는 그 누구도 아닌 오직 자신만이 책임져야 하는 불확실한 삶 속에서 불안에 떨고 있다.

오늘날 자본은 단출한 차림새로 스마트하고도 가볍게 이동한다. 자본은 "어디에서든 잠깐 머물 수 있고, 원하면 아무 때나 훌쩍 떠나면 된다."[22] 자본의 경쾌한 발걸음에 맞춰 노동의 몸놀림도 가벼워졌다. 규제 자유화로 인해 확산된 불안정 고용 유형의 환경에서 현대인들은 언제 노동의 장소에서 퇴거될 지 불안해한다. 계약 갱신은 자기 노력의 여부에 달려 있다는 믿음이 유포되고 있지만 사실은 이와 다르다. 경영 환경의 변화라는 제어 불가능한 외적 요인에 좌우되는 경우가 많기 때문이다. 그런 까닭에 사람들은 통제할 수 없는 외적 변수보다는 그나마 통제 가능하다고 여겨지는 자기계발에 더 많은 노력을 기울이면서 주체성의 페티시즘에 빠진다. 주체성의 페티시즘은 계약 갱신의 결정권자들 발 아래 스스로 몸을 낮추는 '순종의 자유'를 체화시킨다. 액체근대의 자유는 주체subject와 신민subject을 하나의 신체에 담는 신비한 마법을 구사하는 경지에 이르렀다.

액체근대의 이동성은 개인적 자유의 역설만 낳는 것은 아니다. 그것은 무거운 근대에 포함되었던 책임과 의무의 규범적 지평을 사라지게 하였다. 책임과 의무의 가치는 규범적 관계를 맺고 살아갈 수 있는 장소의 존재를 전제한다. 고체근대의 기업들은 고용된 모든 노동자에게 자리와 역할, 부르주아적 이해관계가 담긴 규율을 부여하고, 그들이 조직 내 규범과 의무의 관계 속에서 부르주아계급의 이익에 맞는 역할을 다하도록 기대하였다. 노동자들은 고용주가 부여

---

[22] 지그문트 바우만, 《액체근대》, 95쪽.

한 환경에서 노동조합을 만들어 고용주가 요구한 규범을 노동자계급의 관점에서 대항적으로 해석하여 자기 계급의 이익에 봉사할 수 있는 계급적 규범을 만들었다. 양 계급은 목적 달성을 위해 서로의 협조가 필요함을 이해하고 있었고, 이러한 이해의 합리성에 기초해 계급 간 협력의 규범적 문화가 형성되었다. 이처럼 고체근대 사회에는 제조업 생산조직 혹은 계급공동체의 일부가 되었다는 안락한 소속감에 바탕을 둔 규범과 의무의 유대적 관계가 존재하였다.

　그러나 액체근대에서 유대와 책임은 거추장스러운 것으로 취급된다. 조직의 작업은 개별적으로 진행하거나 상황에 맞춰 단기적으로 꾸려지는 팀에 의해 수행된다. 개인의 독립성과 자기관리가 강조되자 기업들은 직원을 책임져야 한다는 생각을 버리게 되었다. 이것은 경영자들의 잦은 이동과 교체로 인해 가중된 현상이다. 경영자들의 잦은 자리 이동과 교체는 직원의 능력을 제대로 평가하고 보상해줘야 할 책임자가 없다는 것을 의미한다.[23] 국가 역시 구성원에 대한 책임과 의무를 방기하기는 마찬가지다. 바우만에 의하면, 액체근대적 국가는 캐러밴으로 이루어진 이동주택 단지와 유사하다. 온갖 구성원들이 이 단지를 오가지만 그들 누구도 그곳이 어떻게 운영되는지 관심이 없다. 머무는 기간이 그리 길지 않기 때문이다. 단지의 '관리자들'은 편의시설을 구비해 놓고 '이용객들'이 이곳을 어떻게 이용해야 하는지 알려주면서 최소한의 안전을 유지하는 것에 제 역할을 한정한다. 가끔 서비스의 질에 대해 항의하는 '고객'도 있지만 이들에게 이동주택 단지의 관리 원칙에 근본적인 의문을 제기하거나 관리 규범 혁신을 위해 노력할 정도의 공동체적 규범 의식이 존재한

23　리차드 세넷, 《뉴캐피털리즘》, 유병선 옮김, 위즈덤하우스, 2009, 76쪽, 97쪽.

다고 볼 수는 없다.[24]

규범의 부재는 급진적 개인화로 인한 것이기도 하지만 비장소non-lieux의 증가에 의한 일이기도 하다.[25] 비장소의 증가는 인간다운 관계 형성의 기회를 감소시킨다. 프랑스의 인류학자 오제Marc Augé는 현대사회의 공간들이 관계의 부재, 역사성의 부재, 정체성의 부재 등의 문제를 겪고 있다고 말하면서 그러한 공간의 예로 고속도로, 공항, 대형 쇼핑몰, 멀티플렉스 영화관 등을 들었다. 이 장소들은 인간 상호 간의 의사소통이 아니라 간단한 몸짓, 규격화된 정보, 텍스트, 코드 등이 교환되거나 거래되는 곳일 뿐, 인간적인 관계맺음이 이루어지지 못하는 비장소로 규정된다. 고속도로, 공항, 쇼핑몰 등의 비장소에서는 많은 사람들의 이동과 행위 그리고 접촉이 이루어지지만, 이 활동들은 상대방과의 인간적 만남과 관계맺음의 수준에 진입하지 못하고 일정한 거리를 유지한 채 전개된다. 고속도로에서 운전자들은 그 장소를 단지 스쳐 지나가는 곳으로 인식하고 그곳에서 조우한 사람들도 익명의 사물로 간주함으로써 인간적 상호관계를 형성하지 못한다. 비장소는 고속도로 등에만 한정되는 것이 아니다. 현대인이 머물고 생활하는 모든 장소가 비장소화되고 있다. 비장소화는 인간적 장소에서 목격할 수 있는 것들, 즉 만남을 통해 각자의 경험적 생활사가 서로에게 현상하고, 상이한 생활 경험사의 상호 조율을 통한 규범과 공동체적 연대성의 계기를 축소한다. 그 결과 인간이 인간으로서 관계하고 존재할 수 있는 세계의 영역은 점점 좁아지게 되었다.

---

24   지그문트 바우만, 《액체근대》, 41~42쪽.
25   마르크 오제, 《비장소》, 이윤영·이상길 옮김, 아카넷, 2017.

탈구의 정치

액체근대의 유동성과 신자유주의 체제는 치환 혹은 퇴거displacement를 일상적 사회 현실이 되도록 만들었고, 세계의 비장소화를 가속화했다. 세계의 비장소화로 인한 장소의 상실은 세계 안에 인간의 자리를 만들어 갈 수 있도록 하는 존재 경험을 상실하게 만든다. 상시적 치환으로 인해 초래된 장소의 상실은 자기 존재성에 대한 의구심을 증폭시킨다. 세계 내 존재로서의 자기 위상이 흔들리면서 감지하게 되는 존재감의 약화는 탈구의 정치를 야기한다.

사람들이 자기 자리를 잃고 떠도는 가운데 기성 사회적 질서에 대항하면서 혼란을 야기하는 탈구의 정치는 최근 10여 년 사이에 눈에 띄게 증가한 정치적 현상이다. 이것은 기성 질서에 대한 원한감정ressentiment을 지닌 대중에 의해 전개되는데, 아렌트는《전체주의의 기원》을 통해 이러한 대중정치운동이 전체주의의 비극으로 귀결되었다고 말하였다.

아렌트는 20세기 초 원한감정을 품은 대중이 정치의 무대에 출현했던 현상에 주목하면서 이것의 다양한 원인을 이야기하기story telling로서의 역사 서술 방식으로 풀어냈다. 아렌트에 의하면, 대중은 급작스러운 경제적 사회적 재난에 의해 기성질서가 붕괴되고 새로운 질서로 이행하는 가운데 기존 사회 체계와 계급질서로부터 "내뱉어진spat out" "잉여인superfluous men"[26]이다. 그들은 "계급 체제가 붕괴되고 또 국민을 국가에 묶어 두었던 … 끈들이 모두" 끊어지는 거대한 변화가 발생한 사회에서 등장한다. 대중은 경제적으로 몰락한 특정 계

---

26 한나 아렌트,《전체주의의 기원 1》, 박미애 · 이진우 옮김, 한길사, 2006, 367쪽.

급에 한정된 것이 아니라 다양한 출신 계급을 포함한다. 대중은 "어떤 정당도 자신들의 이익을 돌보지 않는다고 느꼈기 때문에"[27] 자신들을 배제한 기성 계급질서와 자신들의 의견 및 의지를 대리하지 않는 의회제도에 회의를 품고 있다. 이로 인해 대중은 기성 질서가 공적 사안이나 정치적 문제로 간주하는 것들에 대해 시큰둥한 얼굴로 무관심하게 반응한다. 이러한 무관심성은 기성 규범과 그것에 기초한 정치에 대한 근본적 불신으로 발전한다. 기성 질서와 가치가 특정 계급의 속물적 이익을 보존하기 위한 가식에 불과한 것으로 여겨지자, 대중은 기성 사회질서와 가치를 따르지 않는 대중선동가들의 운동에 환호하였다.

계급구조를 지니지 못해 정상적 사회관계를 결여하고 있는 고립된 개인들로 구성되었던[28] 20세기 초 대중은 오늘날의 조건에서 재등장하고 있다. 일차적으로 계급은 사회적 구성원으로서의 소속감을 제공해 준다. 그러나 액체근대적 조건은 이러한 소속감의 존재근거를 사라지게 만들었다. 협동적 생산관계를 토대로 형성된 경제 및 정치질서가 신자유주의적 체제의 등장으로 무너지면서 계급 간 협력과 유대를 가능하게 했던 요소들은 현실적 힘을 상실하였다. 일자리가 사라지고 생산체제에서 할당된 역할이 없어지자 사람들은 사회적 정치적 연관에서 떨어져 나와 주변부적 개인들로 생활할 수밖에 없는 처지가 되었다. 그들은 계급사회와 정당정치의 빈틈 사이로 이리저리 흘러 다니는 신세가 되었다. 부유하는 그들을 정착시키고, 이해관계의 상이함 속에서 공통적 이해관계를 추출하여 특정한

---

27   한나 아렌트, 《전체주의의 기원 2》, 박미애 · 이진우 옮김, 한길사, 2006, 30쪽.
28   한나 아렌트, 《전체주의의 기원 2》, 33쪽, 37쪽.

공동체의 테두리 속으로 결집시키는 조직과 자원은 너무도 희박한 것이 되었다.

액체근대의 대중은 신자유주의 체제가 야기한 급작스러운 정치적, 지정학적, 경제적 변위dislocation로 인해 모든 사회적 계층으로부터 떨어져 나온 부스러기들로 구성되었다. 사람들은 서로를 묶어 주던 규범과 유대의 틀 속에서 떨어져 나와 개인들로 파편화되었다. 그들은 이전에 지니고 있었던 사회적 정체성과 정서적 태도를 상실해 버렸다. 액체근대의 인간 조건이 기성 계급체계에서 유지되어 왔던 규범과 유대 원칙을 결정적으로 무너뜨렸기 때문이다. 파편화된 개인들은 거대한 사회적 재난에 직면해도 어쩔 수 없이 각자도생의 해결 전략을 채택할 수밖에 없다. 많은 이들이 이러한 전략의 희생자가 된다. 그리하여 원한감정에 사로잡힌 개인들이 만들어 낸 수많은 비조직적 대중 사이에서 가공할 만한 부정적 연대가 발생하는 지경에 이르렀다. 낯설고 주변적인 이들을 혐오하고 적대하는 탈구의 대중정치가 발호하게 된 사정이다.

소속될 장소와 상호관계를 맺을 곳을 사라지게 한 사회적 격변이 일상적으로 발생하는 액체근대의 조건 아래에서 사람들은 자기가 겪고 있는 개인적 불행이 무엇에 의해 야기되고 있는지, 다음 번 재난은 언제 어디에서 닥칠지, 그 결과는 얼마나 치명적일지 알고 싶어 한다. 그리하여 "확실성에 대한 맹렬한 추구가 그 즉시 발동하며, 의혹을 자각하는 것 자체를 없애기 위한 해결책을 필사적으로 찾아 헤매게 된다. 달리 말해 확실성을 보장해 준다고 약속하는 것이라면 그것이 무엇이든 간에"[29] 좋은 것으로 인정해 줄 태세가 되어 있다.

---

29 지그문트 바우만, 《액체근대》, 37쪽.

하지만 현대사회의 어느 인물, 어느 기관도 이러한 불확실성에서 해방시켜 주지 못하고 있다. 어쩌다 비극의 원인을 규명하는 사람이나 이론이 제시되었다 해도 사람들은 외면한다. 그러한 규명이 복잡성과 불확실성의 현실에 기초해서 이루어지고 있어서 사람들이 원하는 간단명료하고도 확실한 진단을 결여하고 있기 때문이다.

제도정치와 주류 엘리트가 현대적 비극의 난문 앞에 난감해 하고 있는 사이에, 어떤 정치인들은 "상상의 해결책"을 들고 나와 불확실성의 불안으로부터 사람들을 '구제'해 주기 시작했다. 그들은 현대의 난문들을 후기자본주의와 후기 근대 문명의 전개 과정에 내재한 구조적 모순에 연관시키면서 용감하고 지혜롭게 다루기보다는 "무고無辜하며 무연無緣한 '상상의 적imagined enemy'들을 내세워 복잡다기한 문제들의 원인과 결론을"[30] 전도시켜 마술적으로 해결하고자 했다. '상상의 적들'은 경제적 변위로 인해 존재할 자리를 잃어버린 이들의 개인적 불행을 가중시키는 외국인, 난민, 성소수자, 여성, '종북좌빨' 등으로 재현되고 있다. 하지만 그들의 세목은 끝없이 늘어나고 있다.

민주정은 때때로 어리석은 선택을 한다. '상상의 적들'에 대한 증오를 정치적 세력화의 자원으로 활용하던 정치인들을 민주적 선거를 통해 국가의 지도자 혹은 정당의 중심으로 승인하는 경우도 있기 때문이다. 희생양을 내세워 현대적 불안을 상쇄할 수 있다면 이런저런 음모론도 좋고 추악한 증오선동도 용인될 수 있다. 일단 이런 생각이 국민의 정신을 사로잡게 되면 민주적 의지 형성을 발동해 민주

---

30 류웅재, 〈위험한 불확실성의 시대, 쓰레기가 되는 삶들〉, 《한국언론학보》 61(3), 2017, 269쪽.

주의의 궤도에서 이탈하는 탈구의 정치로 빠져든다.[31] 일자리의 상시적 치환이 체제에 대한 원한감정을 증폭시키고, 이것은 다시 "개인주의적 이유에서 항상 사회적 유대나 의무들을 인정하기를 거부하는 전형적인 '방관자들'을"[32] 혐오적 대중운동으로 끌어들이다가, 마침내는 민주주의의 기본 궤도에서 이탈하는 탈구의 정치politics of dislocation로 왜곡되어 가는 것이다.

공적 장소의 회복

현대사회의 커다란 위기는 세계 상실에서 비롯한다. 그것은 한편으로는 액체근대의 인간 존재 조건을 통해, 다른 한편으로는 신자유주의적 질서의 확산을 통해 설명될 수 있다. 세계 상실은 인간으로서 존재하면서 활동하고 상호관계를 맺는 장소가 소멸됨으로써 초래된다. 공동의 장소에서 서로 만나 함께 일하면서 인간적 협력의 행위양식과 규범을 만들어 갈 기회는 급진적 이동성과 극단적 개인화의 조건 아래 흔적 없이 사라지고 있다.

세계 상실의 위기는 세계 회복의 실천 속에서 극복될 수 있다. 어쩌면 그것은 협동적 노동의 지속과 경제성에 구애받지 않는 작업 시도 그리고 인간적 좋음을 위해 조화롭게 행위하는 공적 실천의 영역

---

31 한국에서 이것은 여성 혐오와 '종북좌빨' 제거의 정치 이슈화로 나타나고 있다. 이 것은 거대한 사회적 변동으로 인해 발생한 배제와 탈구의 개인적 불행을 희생양의 상상을 통해 해소해 보려는 탈구적 정치 의지로 해석된다. 한국에서는 탈구적 정치의 위험성이 아직 뚜렷하게 가시화된 것은 아니다. 그렇지만 희생양의 지목을 정치 이슈화하는 정치인들이 등장하기 시작하고, 그들이 의존하는 대중운동세력의 발언권이 커지고 있는 점에서 볼 때 안심할 만한 수준은 결코 아니다.

32 한나 아렌트, 《전체주의의 기원 2》, 33쪽.

을 생활세계 곳곳에 배치하고 유지하는 것에서 시작된다고 볼 수 있다. 상실한 세계의 회복은 "인간적 세계를 건설하여 그것의 지속을 위해 힘쓰며 세상을 공유하려는 인민"[33]의 실천 과정 속에서 이루어질 수 있다. 인간적 세계를 건설하고 공유하려면 세계의 실제 모습 reality을 이해할 수 있어야 한다. 세계의 실제 모습은 세계의 구성원들이 경험한 다양한 역사가 이야기되는 공동의 장소에서 모두에게 드러나고 상호 이해된다. 즉, 각자 노동하고 작업하며 행위함으로써 다양하게 겪은 배제와 퇴거의 경험을 서로에게 공표하고 그것이 동등하게 빛날 수 있게 하는 공적 서사의 장소가 있을 때 펼쳐질 수 있다. 그래야만 세상을 살아가는 사람들의 개별적 역사에 대한 공통감각이 열릴 수 있다. 공적 서사의 장소에서 개시된 공통감각은 자신이 살고 있는 세상이 실제로 어떤 모습을 지니고 있는지 깨닫게 한다. 현실은 결코 명료하게 드러날 수 없다. 그것은 하나의 중심에 의해 단순화되지 않는다. 현실을 이루고 있는 사람들과 그들의 이야기는 복잡다단한 다원성 속에서 제 모습을 드러내고 있기 때문이다. 공통감각은 다양한 경험과 관점을 교차시키며 서로 인간적 관계를 맺게 하는 공적 서사의 장소 속에서 형성된다. 이것은 현실의 다양한 모습과 세계의 다원성을 이해하게 함으로써 자기의 관점과 경험을 절대화시키려는 경향성에 제동을 거는 기능을 한다.

우리는 우리가 생활하고 있는 공간을 각자의 경험과 관점이 교차되어 상호관계를 맺게 하는 공통감각의 장소로 변화시켜야 한다. 내가 노동하고 있는 일터와 내가 지나다니는 동네가 아무런 인간적 감

---

33 M. Canovan, "The People, the Masses, and the Mobilization of Power," *Social Research* 69-(2), The Johns Hopkins University Press, 2002, p. 421.

각을 낳지 못하는 비장소로 변하도록 방관하는 것이 아니라, 무연無緣한 개인들이 각자의 이야기를 나누며 사사화된 감각의 무지를 극복하는 공통감각의 실천을 전개해야 한다.[34]

공통감각의 장소 마련을 통한 세계 회복은 지극히 규범적이며 전통적인 해법이다. 여전히 해소되지 않는 의문은 이 전통적인 규범적 해법이 돌이킬 수 없을 정도로 진행된 극단적 이동성과 개인화의 사실성을 극복하기에 충분한가라는 점이다. 그러나 의심은 실천을 부축할 때 의미 있는 것이다. 의심이 맹목적 회의로 진행될 때 그것의 존재 의미는 사라진다. 우리는 미래를 알 수 없다. 미래의 결과는 바랄 수만 있을 뿐 계획대로 만들 수는 없다. 아렌트의 말대로 행위는 연약한 것이다. 우리가 할 수 있는 일이란 당면한 현실의 한계 내에서 서로에 대한 공통감각을 기르기 위한 공적 서사의 실천에 매진하는 것이다. 이런 실천 속에서 얻은 결과가 미진하다 해도 공적 서사의 장소에서 길어 낸 공통감각과 상호이해지향적 태도는 실천 프로그램은 아니더라도 적어도 다음으로 실천할 만한 행위를 전망하는 공동의 모임에 함께 존재하고 있다는 확신은 마련해 줄 수 있을 것이다.

---

34 우리 사회는 불행 경쟁을 하는 단계에 이르렀다. 기성 질서로부터 배제당한 경험을 사적인 차원에 가두고 그것의 고통을 절대화하는 것이다. 사람들은 저마다 타인의 고통이 자신보다 못함을 증명하려고 고투한다. 공통 감각의 형성을 위해 실천되는 공적 서사는 이와 같은 불행 경쟁을 가속화하는 서사 투쟁의 수단으로 악용되어서는 안 될 것이다. 이를 위해서는 공적 서사의 원칙이 필요하겠으나 이것은 이 글의 논점을 벗어나는 것이므로 언급을 제한하겠다.

참고문헌

리차드 세넷, 《뉴캐피털리즘》, 유병선 옮김, 위즈덤하우스, 2009.

마르크 오제, 《비장소》, 이윤영 · 이상길 옮김, 아카넷, 2017.

서동진, 《자유의 의지 자기계발의 의지》, 돌베개, 2009.

아리스토텔레스, 《정치학》, 천병희 옮김, 숲, 2009.

장 피에르 베르낭, 《그리스 사유의 기원》, 김재홍 옮김, 길, 2006.

지그문트 바우만, 《액체근대》, 이일수 옮김, 강, 2005.

클라우스 헬트, 《지중해 철학 기행》, 이강서 옮김, 효형출판, 2007.

한나 아렌트, 《과거와 미래 사이》, 서유경 옮김, 푸른숲, 2005.

_____, 《전체주의의 기원 1》, 박미애 · 이진우 옮김, 한길사, 2006.

_____, 《전체주의의 기원 2》, 박미애 · 이진우 옮김, 한길사, 2006.

_____, 《인간의 조건》, 이진우 · 태정호 옮김, 한길사, 2006.

류웅재, 〈위험한 불확실성의 시대, 쓰레기가 되는 삶들〉, 《한국언론학보》 61(3), 한국언론학회, 2017, 257~282쪽.

모리카와 데루카즈, 〈한나 아렌트와 현대 민주주의의 난관〉, 《정치사상연구》 22(2), 한국정치사상학회, 2016, 123~149쪽.

윤고은, 〈요리사의 손톱〉, 《문학동네》, 제18권 제1호(통권 65호), 문학동네, 2010, 1~19쪽.

Canovan, Margaret, "The People, the Masses, and the Mobilization of Power," *Social Research* 69(2), The Johns Hopkins University Press, 2002.

Durkheim, Emile, "Sociologie et Philosophie(1924)," *Émile Durkheim: Selected Writings*, Cambridge University Press, 1972.

Rawls, John, *Political Liberalism*, Columbia University Press, 2005.

맑스의 국제주의와 환대의 정치-윤리

한상원

이 글은 《시대와 철학》 Vol. 29, No. 2(2018)에 게재된 원고를 수정 및 보완하여 재수록한 것이다.

혹자는 최근 30년간 독일 현대사에서 가장 중요한 장면을 두 가지로 압축한다. 하나는 1989년 11월 9일 베를린장벽을 넘어 환희의 축제를 벌인 동서 베를린 시민들의 모습이고, 다른 하나는 2015년 9월 5일 헝가리 국경에서 독일행을 요구하던 시리아 난민들이 기차를 타고 오스트리아를 건너 독일 뮌헨 역에 도착했을 때, 난민들과 그들을 환영하러 나온 수많은 독일 청년들이 어우러져 만들어 낸 광경이다. 전자가 동서 분단체제의 적대를 해소하는 시민들의 환대의 자세였다면, 후자는 국경을 초월해 타자에게 연대하려 했던 또 다른 방식의 환대의 풍경이었다. 전자의 환대가 바르샤바조약과 나토 사이의 군사적 적대와 동서 분단을 해체하는 힘이었다면, 후자는 유럽연합이 암암리에 가정한 유럽의 문화적·인종적 동질성을 해체하는 출발점이었다.

물론 이러한 해체의 흐름은 그에 대한 반작용을 낳는다. 오늘날 '난민'은 유럽이 상정하고 있었던 이 위계적, 수목적 질서를 해체하기 위한 '리좀'의 형상이기도 하고, 동일성을 해체하기 위한 '비동일자'의 모습이기도 하다. 그리고 이러한 현상은 그 반작용으로 기존의 수목적 질서, 동일성 권력을 지키고자 하는 세력의 확산을 낳았다. 영국에서 브렉시트BREXIT 국민투표 가결, 미국에서 트럼프 정권의 당선, 프랑스의 국민연합RN과 독일의 '독일을 위한 대안AfD'의 급성장, 오스트리아에서 중도보수 국민당과 극우 자유당의 연정 수립과 난민 규제 정책 시행, 독일의 페기다PEGIDA(서구의 이슬람화에 저항하는 애국적 유럽인), 미국 샬러츠빌의 백인우월주의 시위와 같은 대중적 민족주의, 인종주의 운동의 등장은 난민과 이주자의 유입에 대한 제1세계인들의 반작용이 얼마나 널리 확산되고 있는가를 보여 준다. 이러한 상황에서 우리는 1989년 11월과 2015년 9월 목격한 환대의 장면들과 이를 통한 국제질서의 변화라는 흐름을 어떻게 이어받을 것인가?

발리바르Étienne Balibar는 20세기 후반 이래 특히 유럽에서 두드러진 흐름으로 나타난 난민과 이주민에 대한 인종주의적 반응이 "정치적 진단의 문제"일 뿐 아니라 동시에 "도덕적 진단의 문제이기도 하다"고 주장한다. 즉, 그것은 "도덕적 위기가 역사적 상황의 일부를 이루고 있다"는 점을 보여 주면서, 한 사회가 가진 "도덕적 역량들"과 관련된 물음을 야기하는 쟁점이다.[1] 따라서 발리바르에 따르면, 오늘날 정치의 핵심 과제 중 하나는 사회의 도덕적 위기를 극복할 정치적 역량, 곧 '시민다움civilité'을 확대하는 일이다. 그중에서도 낯선 이방인을 환대함으로써 인권과 시민권의 개념을 재정의 내리고, 이로부터 기성 사회의 (민족적, 인종적, 문화적) 동일성 권력에 물음표를 던지는 정치적–윤리로서 '환대의 윤리'는 새로운 정치적 보편주의를 낳을 수 있는 출발점이 될 것이다.

필자는 오늘날 맑스Karl Marx의 국제주의적 시각이 이러한 환대의 윤리를 위한 출발점이 될 수 있는가라는 문제를 던지고자 한다. 그리고 맑스의 국제주의 이념이 적어도 오늘날 일정한 호소력을 갖는다는 점을 제시할 것이다. 즉, 1989년 베를린장벽 붕괴는 '맑스주의'라는 하나의 '국가이데올로기'의 시효가 지났음을 증명할 수는 있겠으나, 맑스 사상 자체가 갖는 근원적 의미를 부정하는 것은 아니다. 오히려 (구 동독이나 소련의 국가 관료들이 이해했던 것과 달리)[2] 맑스

---

1 에티엔 발리바르, 《대중들의 공포: 맑스 전과 후의 정치와 철학》, 최원 · 서관모 옮김, 도서출판b, 2007, 391쪽.

2 공산권 국가들은 맑스의 국제주의 이념을 실천적으로 철저히 배반하면서 '소비에트 민족주의'를 추구해 왔다(서관모, 〈계급, 국가, 국제주의〉, 《사회과학연구》 28(1),

야말로 국가의 경계를 넘어서는 피억압 대중의 국제적 연대와 환대의 이념을 윤리적, 실천적 지상명령으로 설정했으며, 이는 2015년 이후 펼쳐지고 있는 전 지구적 흐름에 필요한 이념적 요청으로서 그 현재성을 갖는다는 것이 본 글의 주장이다.

근대적 세계시장의 창출: 지구적인 교류 형식의 확산과 연대의 조건

맑스 사상의 국제주의적 요소가 최초로 그 형태를 분명히 드러내는 것은 엥겔스Friedrich Engels와 함께 저술한 《공산당 선언》(1848)에서였다. 1848년 1월 작성된 이 저작은 2월과 3월에 전 유럽의 언어로 동시 출간되었으며, 우연히 동시에 일어난 2월(프랑스)과 3월(독일)의 혁명의 여파를 타고 전 유럽에서 읽히게 되었다. 즉, 《공산당 선언》은 그 탄생 자체가 국제주의적인 특징을 띠었다. 맑스와 엥겔스는 이미 자본의 세계화 추세로 인해 한 나라에서 혁명이 일어날 경우 그것이 유럽 전역으로 확산될 것임을 《공산당 선언》(이하 《선언》)의 1장 '부르주아지와 프롤레타리아트'에서 다루고 있는데, 바로 이 책의 출간과 동시에 그 내용이 실현된 것이다.

그렇다면 어째서 부르주아사회, 근대 자본주의는 세계화라는 경향을 갖는가? 아메리카 대륙의 발견, 아프리카 탐험 등은 봉건제의 한복판에서 여전히 낮은 신분 속에 살아가던 부르주아계급에게 새

2011, 109쪽 참조). 여기에 더해 소비에트 국제주의는 동독, 헝가리, 체코 주민들의 반소련 저항을 진압하는 과정에서 러시아의 패권적 지배를 정당화하기 위해 동원된 이데올로기로 작동하기도 했다는 점 역시 지적되어야 할 것이다.

로운 영역을 제공하였다. 즉, 내부에서 여전히 신분제의 지배를 받았던 부르주아계급은 유럽을 벗어나 다른 세계를 발견함으로써 자신의 지배를 위한 조건들을 창출해 냈다. 동인도와 중국의 시장 개척, 아메리카 대륙의 식민지화, 새로운 무역의 급증을 통해 몰락하는 봉건사회에 들어 있던 혁명적 요소가 극대화되면서 봉건적, 길드적 공업 방식은 공장제수공업(매뉴팩처)으로 대체되고, 결국 근대적 대공업에 이르게 된다. 세계시장의 창출 과정에서 부르주아사회는 전 세계적으로 확장되었다. 이렇게 현대 부르주아계급은 긴 발전의 산물이며 생산양식과 교류양식의 변형의 산물로 등장하였다.

이러한 서술에서 드러나듯, 맑스와 엥겔스는 세계시장의 적극적인 개척자로서의 부르주아계급의 역사적 역할을 일정 부분 예찬하고 있다. 특히나 역사에서 부르주아계급이 수행한 혁명적 역할은 전 사회를 교환, 화폐, 자본의 논리로 급진적으로 재편성함으로써 구 사회의 잔재를 청산한 데에서 드러난다. 또 사회의 발전 속도를 급격히 가속하여 새로운 것(새로운 생각이나 기술)은 등장하자마자 이미 낡은 것이 되도록 하였다. 이러한 과정에서 부르주아계급은 지구 전체를 자본주의 생산양식으로 편입시키고 전 지구적인 부르주아들의 네트워크를 구축하였다. 즉, 부르주아계급은 외부를 허락하지 않는다. 그들은 국지적 공동체에서의 자급자족이라는 전통적 삶의 이상을 가차 없이 파괴하면서 목가적, 전통적 공동체적 편협함을 소멸시켰다. "한 마디로 부르주아계급은 그 자신의 고유한 형상Bild에 따라 세계를 창조한다."[3]

---

[3] Karl Marx, Friedrich. Engels, "Manifest der kommunistischen Partei," *Marx-Engels-Werke(MEW)* 4, Berlin, 1977, p. 466.

물론 이러한 부르주아계급의 세계시장 형성 과정이 잔인한 폭력의 역사임을 맑스와 엥겔스는 잘 알고 있었다. 그것은 인도와 아메리카 원주민에 대한 학살과 억압, 폭력을 수반했으며, 아프리카인들의 노예화와 그들의 자연자원의 수탈을 낳았으며, 중국과 아시아를 반식민지로 전락시켰다. 뿐만 아니라 유럽 내에서도 가난한 농민들을 비참한 도시빈민으로 전락시킨 시초축적 과정이 일어났다. 이를 잘 알고 있는 맑스와 엥겔스는 어째서 부르주아계급의 진보적인 역사적 역할을 강조하고 있는 것일까?

잘 알려져 있듯이. 여기서 가장 큰 강조점은 부르주아계급에 의한 사회의 변혁이 모든 기타 사회계급을 거대한 프롤레타리아 군중으로 단일화함으로써 새로운 혁명 주체를 형성하는 데 기여했다는 것에 있다. 물론 이러한 테제(계급관계의 단순화, 단일화)는 이후의 역사적인 경향에 부합하지 않았다는 반론에 직면한다. 그럼에도 여기서 주목할 만한 사실은, 맑스와 엥겔스가 예찬하고 있는 지점이 피억압 대중의 국제적 교류형식의 창출과 맞물려 있다는 점이다.

부르주아계급의 세계시장 건설과 세계적 교류의 확장으로 전 세계가 부르주아 자신의 형상 대로 만들어진 사회로 탈바꿈함에 따라, 프롤레타리아트 역시 지역적·민족적 한계를 넘어 전 세계적으로 결속할 수 있는 가능성이 창출되었다. 즉, 부르주아사회가 만들어 낸 새로운 생산양식은 그에 상응하는 새로운 교류형식을 창출했으며, 이것은 부르주아계급의 지구적 확장과 소통이 피억압 계급의 국제적 연대와 소통으로 이어질 수 있는 가능성을 낳은 것이다. "중세 부르주아가 그들의 지역 소로를 통해 연합에 도달하는 데 수세기가 필요했다면, 현대 프롤레타리아는 철도를 이용해 수년 안에 연합을 달성한다."[4]

우리는 여기서 사용된 '교류양식Verkehrsweise'이라는 개념에 주목해 볼 필요가 있다. 독어 단어 Verkehr는 '관계'라는 의미와 '교류', '교통'이라는 의미를 모두 가지고 있다. 맑스와 엥겔스는 《선언》에서 그들의 전작인 《독일 이데올로기》와 마찬가지로 이 표현을 자주 사용하고 있는데, 이 용어는 맑스의 후기 사상에서는 '생산관계'라는 표현으로 바뀌며 그 의미 역시 각 생산양식에 상응하는 생산적 활동들의 관계로 한정되는 경향이 있다. 반면 중기 사상에서 주로 사용되는 교류형식, 교류양식이라는 표현은 각각의 역사적 생산양식들이 해당 시대 인간들 사이의 관계 방식과 소통 방식을 어떻게 규정짓는지에 좀 더 초점을 맞춘다. 예컨대 봉건사회에서는 소규모 농촌공동체 혹은 산발적으로 등장하는 자치도시(코뮌)들이 자급자족을 통해 유지되고 있었으며, 대규모 경제 교역이 일어나지 않는 상황에서 각 지역공동체들이 상호 독립적으로 존재할 수 있었다. 반면 사회의 전면적인 자본관계로의 재편은 이러한 국지적 공동체들의 자족성을 해체하고(맑스는 여러 저작들에서 '화폐는 공동체를 해체한다'고 표현한다), 유럽 대륙뿐 아니라 전 세계가 발전된 교통수단(처음에는 항해, 그 뒤에는 철도, 맑스 사후 현대자본주의는 항공)과 통신수단(전신, 이어 전화의 발명, 그 후 팩스, 인터넷 등)으로 연결되어 상호 교류와 왕래가 가능해졌다. 이러한 새로운 교류형식은 국제적인 무역과 생산, 소비 네트워크를 갖춰야 하는 부르주아계급의 필요에 의해 등장했지만, 이는 동시에 부르주아계급에 대항해 결속하는 프롤레타리아계급의 국제적인 연대와 소통의 가능성을 낳은 것이다.

---

4 Karl Marx, Friedrich. Engels, *Manifest der kommunistischen Partei*, p. 471.

이처럼《선언》에서 묘사되는 부르주아계급의 역사적 성과 중 가장 본질적인 요소 중 하나는 피억압계급의 국제적인 연대의 가능성이다. 자본의 세계화 경향은 동시에 자본질서에 도전하는 계급의 지구적 연대의 조건이기도 하다. 그러나 근대 세계에서 창출된 근대적 교류형식이 국제적 연대와 소통을 객관적으로 가능하게 만들었더라도, 그러한 연대가 반드시 일어나는 것은 아니다. 각 국가의 장벽은 여전히 존재하며, 국가별로 나뉘어져 있는 피억압계급 사이의 단절 또는 심지어 경쟁 역시 소멸한 것이 아니다. 따라서 한 지역 또는 국가에서 벌어진 반정부 시위나 혁명이 다른 국가에 사는 피억압 대중들에게 별다른 정치적 영향을 미치지 못할 가능성도 여전히 남아 있다.

이 때문에 맑스와 엥겔스는《선언》의 마지막 4장에서 각국 반정부당(예컨대 프랑스의 산악파 공화주의자, 폴란드의 민족부르주아, 독일의 반봉건부르주아 급진파 등)에 대한 공산주의자(코뮌주의자)들의 입장을 나열하면서, 코뮌주의자들이 해야 할 가장 중요한 과제를 서로 고립된 채 각국의 도처에서 진행되는 다양한 대중운동들 사이의 교류와 연대를 만드는 것으로 규정한다. "한마디로 코뮌주의자들은 도처에서 현존하는 사회적 정치적 상태에 반대하는 모든 혁명운동을 지지한다."[5] 물론 코뮌주의자들은 이러한 지지에 만족하지 않으며, 그러한 운동들 속에서 "소유에 대한 물음을 운동의 근본 물음으로 제기"하는 것을 포기하지 않는다. 그럼에도 이러한 다양한 운동들 사이를 연결할 교량을 만드는 것이 본질적으로 시급한 코뮌주의자들의 과제로 언급된다. 즉, 비판하면서도 지지를 보내고, 또 지지하는 가운데에서도 비판적 쟁점들을 포기하지 않는 자세가 강조된다.

---

5 Karl Marx, Friedrich. Engels, *Manifest der kommunistischen Partei*, p. 493.

"결국 코뮌주의자들은 도처에서 모든 나라의 민주주의 정당들 사이의 결합과 소통을 위해 노력한다."[6]

《선언》의 말미에 등장하는 "만국의 프롤레타리아여 단결하라!"라는 유명한 구호는 이러한 맥락에서 나온 것이다. 즉, 부르주아계급이 창출해 낸 세계시장 속에서 피억압계급의 국제적 연대 가능성이 역사적, 객관적으로 달성되었다는 진단 하에, 각국에서 상이한 형태로 등장하는 급진적, 민주적 대중운동들이 서로 고립되지 않고 연결될 수 있는 교량 역할을 함으로써 이 연대의 객관적 '가능성'이 구체적으로 '실현'되도록 하는 것이 코뮌주의자들의 역할로 제시된다. 그리고 그 실천적 목표는 프롤레타리아트의 국제적 연대이며, 이러한 연대만이 지역적, 국가적 경계 속에 분열된 운동들의 연합된 힘을 창출하여 프롤레타리아계급을 해방시킬 것이다.

코뮌주의와 환대의 정신: 맑스의 중세 코뮌 연구

그러나 맑스의 기대는 이루어지지 않았다. 1848년 혁명은 패배하거나 절반의 성공에 만족해야 했고 반혁명 세력의 집권으로 귀결되었다. 정치적 검열과 탄압에 시달리던 맑스는 1849년 8월 런던으로 망명을 떠난다. 시간이 흐를수록 유럽 대륙에서 혁명의 열기가 식어 버렸다는 사실을 확인한 후, 1850년 6월 맑스는 자신의 런던 체류가 길어질 것을 예감하고 대영박물관 도서관 입장권을 구입해 경제학에 대한 비판적 연구에 착수한다.

이 당시 맑스는 경제학뿐 아니라 다양한 독서를 했던 것으로 알려

---

6 Karl Marx, Friedrich. Engels, *Manifest der kommunistischen Partei*, p. 493.

져 있는데, 그가 주로 엥겔스의 경제적 후원에 의존해야 했기 때문에 자신의 연구 활동을 엥겔스에게 보고하는 형식으로 편지를 보내기도 했다. 그중 엥겔스에게 보낸 1854년 7월 27일의 편지에서 맑스는 역사학자 앙리 티에리Henry Thierry가 쓴《제3신분의 형성과 전개 Histoire de la formation et du progrès du Tiers état》라는 책의 내용을 엥겔스에게 소개한다. 이 편지에서는 당시 중세 자치도시(코뮌)의 역사에 관한 맑스의 관심이 드러난다. 여기서 흥미로운 점은 중세 코뮌의 활동 속에서 현대 코뮌주의 운동이 오버랩되고 있음을 맑스가 직감하고 이를 표현하고 있다는 사실이다.

맑스는 자치도시에 대한 독일 황제의 탄압 과정을 서술하고 있는 티에리의 책 내용을 소개하며 다음과 같이 적는다.

> 그가 훌륭하게 전개하고 강조한 것은 12세기 자치도시 운동의 반역 음모적이고 혁명적인 성격일세. 독일 황제, 예컨대 프리드리히 1세와 2세는 완전히 〔현대〕 독일 연방의회의 정신에서 이 '코뮌들communiones', '반역음모들conspirationes', '〔음모에 가담한〕 동맹도시들conjurationes'에 반대하는 칙령을 포고했네.[7]

이 포고령의 다양한 내용들을 거론한 뒤, 맑스는 거기에 담긴 문체들이 흡사 맑스 자신의 시대에 코뮌주의자들의 활동을 맹비난하던 독일의 연방 중앙위원들, 곧 속물적인 강단 교수들의 스타일과 같지 않은가라며 조롱조의 질문을 던진다. 즉, 여기에는 어떠한 연속성이 존재하고 있으며, 중세 코뮌의 여러 형태들은 현대 코뮌주의

---

7 Karl, Marx, "Marx an Engels 27. Juli 1854," *MEW* 28, p. 384.

운동과 유사성을 드러내고 있다.

　종종 웃기는 것은 '코뮌communio'이라는 단어가 오늘날 코뮌주의와 완전히 동일한 방식으로 지칭되어 비난받는다는 것일세. 예를 들어 쥘베르 폰 누아용이라는 신부는 '코뮌, 새롭고 매우 사악한 이름'이라고 쓴다네.

　12세기의 속물들은 간혹 무언가 웅장한 일들을 해내는데, 이를테면 도시들, 즉 선서로 맺어진 코뮌들communio jurata로 도주하는 농민들을 초대하기도 한다네. 예를 들어 생캉탱St. Quentin의 자치헌장문에는 다음과 같은 내용이 있네.

　'여러분(생캉탱의 시민들)은 만장일치로 각각 자신의 동료에게 상호 협력과 상호 조언 그리고 상호 보증과 상호 보호를 서약하였습니다. 만장일치로 우리는 언제나 우리 공동체 안으로 들어오고 자신의 재산으로 우리에게 도움을 제공하는 사람은 그가 도주를 했든, 적에 대한 두려움 때문에 왔든 아니면 다른 악행 때문이든 상관없이 … 공동체로 들어올 수 있다고 서약하였습니다. **왜냐하면 문은 열려 있기 때문입니다.** 그리고 도주자의 군주가 그의 재산을 부당하게 소유하거나, 그를 정당하지 못한 방법으로 묶어 두려 할 경우 우리는 이에 대해 정의를 실행할 것입니다.'[8] (강조는 맑스)

　맑스가 인용한 생캉탱 코뮌의 헌장이 보여 주듯, 중세 코뮌으로부터 맑스가 얻은 커다란 영감 중 하나는 환대의 정신, 즉 이방인에 대한 개방성이었다. 영주의 탄압을 피해 도주하는 농노들은 자치도시

8　Karl Marx, "Marx an Engels 27. Juli 1854," p. 384-385.

로부터 환영을 받았다. '문은 열려 있다'는 생캉탱 코뮌 헌장의 표현에서 드러나는 도주 농노와 이방인에 대한 이러한 환대의 자세는 맑스에게 커다란 영향을 미친 것으로 보인다. 또한 영주가 부당한 방법으로 그의 인신을 구속할 경우 '정의를 실행할 것'이라는 경고에서 드러나듯, 코뮌 내의 농노에게 자유를 부여하는 환대의 정신은 공동의 방어 의지를 표명한 데에서 드러난다. 이러한 이유로 중세 코뮌은 봉건영주들과 제후들에게 탄압을 받았으며, 그 탄압의 방식은 맑스 시대 코뮌주의자들이 겪은 것과 유사했다. 맑스는 이에 관해 긴 설명을 붙이지는 않지만, 우리는 이러한 중세 코뮌의 환대의 정신이 맑스의 코뮌주의 구상에 어느 정도 영향을 미쳤을 것으로 짐작할 수 있다. 만일 사실이 그러하다면, 이는 맑스의 국제주의 이념이 (발리바르의 비판과 달리) 단순히 하나의 계급적 토대에 기반하여 신화적, 무매개적으로 구성되는 의미의 국제주의, 곧 경제주의적 국제주의[9]로 국한되지 않는다는 사실을 보여 주는 것으로 해석될 여지를 남긴다.

그렇다면 맑스의 국제주의는 단순한 조합적인 계급적 이익을 넘어서는 환대의 정신을 포함하고 있는가? 우리는 뒤에서 실제로 맑스가 인터내셔널의 건설과 활동 과정 속에서 보여 준 실천적 개입을 통해 그러한 요소들을 확인할 수 있을 것이다. 우선 그에 앞서 국제주의와 환대의 윤리 사이에 놓인 관계를 칸트Immanuel Kant로부터 검토해 보기로 한다.

---

9   에티엔 발리바르,《대중들의 공포: 맑스 전과 후의 정치와 철학》, 428~444쪽 참조.

국제주의와 환대의 권리: 칸트와 맑스

〈영원한 평화를 위하여Zum ewigen Frieden〉(1795)에서 칸트는 하나의 인민 속에서는 시민권Staatsbürgerrecht이, 각 인민들 간의 상호관계에서는 국제법Völkerrecht이, 그리고 인민들과 국가들이 하나의 보편적 인간국가의 시민으로서 서로 관계함으로써 세계시민법Weltbügerrecht이 성립하는 것을 평화의 조건으로 제시하고 있다. 칸트는 이로부터 영원한 평화의 이념이 달성될 수 있을 것으로 기대한다.

여기서 세계시민법은 환대의 정신을 다루고 있다. 환대Hospitalität란 외국인이 누릴 수 있는 권리, 곧 타국에서 태어났다 해서 적대적으로 취급받지 않을 권리를 말한다. 칸트는 이것이 단지 박애주의적 이념만을 말하는 것이 아니라 법적 권리라는 점을 강조한다.[10] 물론 이 권리는 일정한 시기에 친구로 지내며 머물 수 있는 거주권Gastrecht이 아니라 방문권Besuchsrecht으로 국한되는 것이다.

이로 인해 세계시민권을 근본적으로 보장해 주기에는 제약이 따른다는 견해도 존재한다.[11] 그런데 칸트의 이러한 통찰은 역사적 맥락을 고려해 이해되어야 한다. 만약 한 국가의 국민이 다른 국가로 이주하는 것이 무조건적으로 허용된다면 즉각적으로 발생할 수 있는 위험은 강대국 출신인들이 약소국에 이주해 그곳을 식민지화하는 일이다. 벤하비브Seyla Benhabib가 지적하듯, "타인에게 피난처를 제공하는 것이 그 자신의 생명과 신체를 위태롭게 할 수 있을 경우, 그

---

10 Immanuel Kant, *Zum ewigen Frieden. Ein philosophischer Entwurf*, in: Werkausgabe XI, Frankfurt/M, 1977, p. 213.
11 손철성, 〈세계시민주의와 칸트의 '환대' 개념〉, 《도덕윤리과교육》 48, 2015, 271쪽.

것은 의무가 될 수 없다."[12] 실제로 우리는 유럽 백인들이 아메리카 대륙이나 아프리카에 이주함으로써 그곳을 식민지화했던 역사를 기억하고 있다. 칸트는 말년의 저작인 《윤리 형이상학》에서도 근원적 토지공유제를 옹호하면서 아메리카의 토지에 대한 유럽인들의 불법적 점유와 식민지화를 냉철하게 비판하고 있는데,[13] 이런 점에 비추어 볼 때, 세계시민권을 방문권으로 제약한 것 역시 식민지화를 경계하기 위한 그의 의도로 정당화될 수 있을 것이다. 벤하비브 역시 "지구 표면에 대한 공동 소유"를 주장한 칸트는 "지구가 아무에게도 속하지 않는다"는 로크John Locke의 주장을 명백히 거부하는데, "이는 제국주의적 침탈에 저항할 수 있는 능력이 없는 비유럽 민족들을 약탈하는 얕은 속임수에 불과하다"는 점을 칸트가 간파했기 때문이라고 보고 있다.[14]

환대의 권리는 지구상 모든 토지에 대한 공동 소유의 권리, 즉 그 누구도 다른 사람보다 지구상의 어떤 장소에 대해 더 많은 권한을 요구할 수 없다는 점을 바탕으로 한다. 자연은 인간이 서로 무한히 흩어져 살 수는 없고, 결국은 서로 더불어 사는 관용을 베풀어야 할

---

12 세일라 벤하비브, 《타자의 권리 – 외국인, 거류민 그리고 시민》, 이상훈 옮김, 철학과현실사, 2008, 61쪽.

13 Immanuel Kant, *Die Metaphysik der Sitten*. Werkausgabe Bd. VIII, hg. von Wilhelm Weischedel, Frankfurt/.M, 1977, pp. 376-378.

14 세일라 벤하비브, 《타자의 권리 – 외국인, 거류민 그리고 시민》, 54~55쪽. 사족을 달자면, 칸트로부터 제국주의의 위험을 경계하는 관점을 예리하게 읽어 내는 벤하비브의 이런 통찰에도 불구하고, 정작 그녀 본인은 미국의 군사 개입 명분이 된 '인도주의적 개입'을 사실상 지지하고, 이를 뒷받침하면서 인권이 주권보다 상위에 있다는 '자유주의적 국제 주권' 사상을 전개한 것은 또 다른 논란의 쟁점이다. 국민국가의 주권을 해체하면서, '인권'을 명분으로 한 약소국 주권에 대한 강대국의 개입을 허용하는 관점은 그것은 맑스의 국제주의는 물론이거니와, 세계시민권에 대한 칸트의 관점과도 일치하지 않는다.

것을 강제하고 있다. 따라서 환대의 권리는 일종의 자연권이지만, 이는 무한히 확대되는 권리는 아니며, 해당 지역 원주민들과의 교역을 추구할 가능성으로 국한되어야 한다. 이처럼 칸트는 유럽인에 의한 아프리카 영토 침범, 아메리카 원주민에 대한 적대를 비판하고 있다. 그러나 칸트는 유럽 문명이 폭력적으로 제3세계와 맺고 있는 관계가 극복되고 결국은 전 인류가 하나의 세계시민적 헌법에 가까워질 수 있을 것이라고 낙관하고 있었다.

이런 점에서 칸트에게서 세계시민주의cosmopolitanism와 환대의 윤리를 연결시키는 논의의 출발점이 발견된다고 말할 수 있다. 칸트는 지구상의 민족들 사이에서 점차 확산되는 공동체적 관계 속에서 이제 한 지역에서의 법의 손상이 모든 지역에서의 손실로 느껴지게 되었으므로, 세계시민법의 이념과 환대의 권리는 더 이상 환상적인 법의 이념을 나타내는 것이 아니라 영원한 평화를 위한 필수적인 보완책으로 나타날 수 있을 것이라고 기대하고 있다.

이러한 칸트의 기대는, 첫째로 교역의 세계화가 세계평화로 이어질 거라는 낙관주의가 그 기저에 놓여 있으며, 둘째로 이렇게 해서 달성된 영원한 평화를 당위적인 요청인 '공적인 인권 일반'의 성취로 이해하고 있다. 즉, 영원한 평화는 인간이 전쟁의 수단이 되고 기계로 파괴되어 가는 것이 비로소 중단되는, 인간적 권리가 실현된 상태와 동일한 것이다. 따라서 도덕의 규범적 당위인 '목적으로서의 인격'이 국제사회에서 달성되기 위해서는, 자연에 의한 민족들의 분리라는 제약이 오히려 그 당위의 실현 수단이 되는 역설적인 상황이 요구된다. 분리된 민족들 간의 무역이 바로 그것이다. 이러한 무역, 곧 상업의 정신Handelsgeist, 그리고 이를 매개해 주는 화폐의 힘Geltmacht은 분열된 민족들을 연결해 줄 것이므로 갈등을 평화롭게 조

정하는 기능을 할 것이다.[15]

이렇게 '상업정신'을 자연목적의 실현 과정으로 낙관적으로 고찰함으로써 칸트는 그 이후 벌어질 세계시장과 식민지 개척이 낳을 폭력과 억압의 역사에 대해 근원적으로 인지하지 못했다는 비판을 면하기 어렵다. 이 때문에 칸트의 세계시민주의가 상인자본의 지배를 넘어서는 상호 호혜의 원칙에 기반한 '어소시에이셔니즘적 사회주의'를 근본 내용으로 담고 있다고 고찰하는 가라타니 고진柄谷行人의 논의 역시 한계를 갖는다.[16] 오히려 칸트는 카우츠키Karl Kautsky가 주창한 초제국주의ultra-imperialism의 선구자라고 볼 수 있을 것이다. 상인의 개척정신이 있는 곳에는 상호 호혜성에 기초한 협력이 가능할 것이며 따라서 민족 간의 상호 적대를 종식시킬 수 있는 가능성이 여기에서 비롯한다고 주장함으로써, 칸트는 상인정신으로 무장한 신흥 부르주아계급이 국제 평화와 세계시민권의 실천적 담지자가 될 것이라고 기대하였다. 그러나 역사적으로 볼 때, 봉건적 잔재를 청산한 부르주아계급은 산업의 폭발적 성장과 더불어 전 세계를 식민지화하면서 폭력적 수탈과 학살을 벌였고, 서구 사회는 식민지를 둘러싼 끝없는 분쟁 속에 두 차례의 세계대전으로 인류 전체를 절멸의 위기로 몰아넣기도 했다. 이 때문에 과연 상업의 정신, 곧 세계시장을 무대로 한 자본주의적 이윤 추구의 논리가 국제 평화의 실현을 위한 수단이 될 수 있는가에 대한 의구심이 제기될 수 있다.

정리하자면, 칸트는 맑스가 《선언》에서 분석한 '부르주아계급이 창출한 지구적 교류형식'을 세계시민주의의 객관적인 토대로 오인

---

15 Immanuel Kant, *Zum ewigen Frieden*, p. 226.
16 가라타니 고진, 《세계공화국으로》, 조영일 옮김, 도서출판b, 2007, 185~186쪽.

한다. 반면 맑스는 부르주아계급에 의해 창출된 교류형식이 궁극적으로는 착취를 위한 수단으로 기능하며, 자본들 사이의 경쟁이 폭력적으로 분출하는 사태를 막아 내지 못하는 한계를 갖고 있다고 본다. 맑스의 관점에서 칸트는 부르주아계급의 '상업정신'에 의해 만들어진 세계시장이 국제주의의 토대가 된다는 사실을 간파했으나, 부르주아가 이를 실제로 완수하지는 못한다는 사실을 예상하지 못했다. 맑스는 상업정신이 아닌 피억압계급의 아래로부터의 연대적 정신을 국제주의의 모티브로 수용하고 있다. 즉, 국제주의의 주체는 상인과 자본가계급이 아니라 피억압 민중일 수밖에 없다. 마찬가지로 이 때문에 칸트와 달리 맑스에게서 국제주의란 국가들 사이의 관계라는 의미로 사용되는 것이 아니라 "국제주의적 주체들(그리고 운동들)의 형성"[17]이라는 관점에서 논의된다.

칸트의 세계시민주의와 맑스의 국제주의 사이의 차이 역시 여기서 드러난다. 맑스는 단지 개별자로서 내가 '세계'에 속한다는 의식에 머물지 않는다. 맑스는 피억압계급의 국경을 초월한 직접적인 실천적 연대를 행위의 규제적 이념으로 설정함으로써, 세계시민의 범주로서의 '개인'을 넘어서는 국제적 결속과 연대의 이념을 강조한다. 이러한 요소들은 그의 인터내셔널에서의 활동 속에 반영되고 있다.

물론 이러한 칸트와 맑스의 차이에도 불구하고, 맑스의 국제주의 이념은 환대의 권리로서 세계시민권이라는 칸트의 이념과 분명한 유사성을 갖고 있다. 나아가 뒤에서 밝혀지겠지만, 그는 칸트의 평화 구상으로부터 분명 직접적인 영향을 받은 것으로 보이며, 실천적 과제

---

17 백승욱, 〈마르크스주의와 국제주의 그리고 노동자운동〉, 《마르크스주의 연구》 5(3), 2008, 113쪽.

들을 제기할 때 의도적으로 칸트적인 개념들을 차용하기도 한다.

국제노동자협회에서 맑스의 실천들

1862년 런던에서 열린 2차 만국박람회에 프랑스 노동운동의 지도자들이 참석하고, 여기서 영국과 프랑스의 노동운동 지도부 사이에 교류가 싹트기 시작한다. 사실 만국박람회는 이제 지배계급으로 안착한 영국의 부르주아계급이 자신들이 이룩한 산업혁명의 놀라운 성과들을 만방에 알리기 위해 개최한 행사로서, 근본적으로는 (발터 벤야민Walter Benjamin이 지적했듯이) 상품 물신의 축제이자 제전의 성격을 가지고 있었다. 그런데 역설적으로 이러한 부르주아의 세계적 축제가 노동운동의 국제적 교류의 장이 되기도 했다. 이를 토대로 1864년 9월 28일 런던의 세인트 마틴 홀에서 국제노동자협회(인터내셔널)의 창립이 선언된다. 그리고 인터내셔널의 상임위원으로 추대받은 맑스는 이 창립총회에서 연설할 기회를 얻는다.

그 연설문에서 맑스는 산업혁명이 최고조에 이른 19세기 중반에 노동자 대중의 생활수준은 변함없는 빈곤 속에 고통받고 있다는 사실을 지적한다. 그럼에도 1848년 혁명 패배 이후 유럽 대륙과 영국에서 노동계급은 정치적 허무주의와 냉소에 시달리고 있었다. 1848년의 혁명이 패배한 이유는 국제적으로 발생한 혁명 과정 속에서 노동자계급이 국가별로 분열되어 있어 서로 결속하지 못하고 통일적인 힘을 낳지 못했다는 사실에서 드러난다. 노동자운동은 이러한 뼈아픈 경험으로부터 배워야 했다. 다행히 그 사이에 영국 노동자들은 10시간 노동제를 관철시키는 데 성공했다. 이는 곧 유럽 대륙으로 확산되었으며, 노동자운동에 새로운 활력을 불어넣어 주었다. 승리의 경험이 다른 나라로 확산되는 신선한 경험이 노동자운동을 다시 고양시키고 있었던 것이다.

지나간 경험이 보여 준 것은 여러 국가의 노동자들을 연결해 주고 해방을 위한 그들의 모든 투쟁 속에서 서로 확고하게 단결할 수 있도록 고무해 주는 박애의 결속이 경시되면, 그들의 연관성 없는 시도들이 공통으로 좌절됨으로써 어떻게든 대가를 치르게 된다는 사실입니다.[18]

바로 이러한 경험이 인터내셔널 설립의 직접적인 동기가 되었다. 맑스는 이러한 국제연대가 성공한 사례와 실패한 사례를 들어 인터내셔널의 나아갈 길을 제시한다. 성공한 사례는 영국과 서유럽 노동자들이 각국 정부가 미국의 남북전쟁에 개입하는 것을 막은 것이다. 반대로 실패한 사례는 러시아에 의한 폴란드 침략과 코카서스 점령에 대해 타국 노동자들이 보인 "부끄러운 동조, 허울뿐인 공감대 또는 멍청한 무관심"[19]이었다. 맑스는 이 방조의 태도가 주는 쓰라린 가르침이 주는 의무Pflicht를 다음과 같이 제시한다. 각국의 노동자들은 자신이 속한 산업의 울타리를 넘어 국제정치에 개입해야 하며, 자국 정부의 활동들을 감시하고 필요한 경우에는 대항해야 한다. 그리고 이 의무조항에 맑스는 다음과 같은 내용을 덧붙인다. "사적 개인들의 관계를 규제하는 도덕과 법의 단순한 법칙들은 민족들의 관계에 관한 최상의 법칙들로 간주되어야 합니다."[20]

---

18 Karl Marx, "Inauguraladresse der Internationalen Arbeiter-Assoziation," *MEW* 16, pp. 12-13.

19 Karl Marx, "Inauguraladresse der Internationalen Arbeiter-Assoziation," p. 13.

20 Karl Marx, "Inauguraladresse der Internationalen Arbeiter-Assoziation," p. 13.

이처럼 맑스는 여기서 칸트의 윤리학에서 강조되는 의무, 도덕, 법칙 등의 개념들을 차용하며, 국제관계에서도 사적 개인들의 관계를 규제하는 도덕적 법칙들이 적용되어야 한다는 주장을 펼친다. 이 역시 칸트가《영원한 평화를 위하여》에서 국가 간에 준수되어야 할 국제법의 성립 과정으로 제시한 것과 유사한 관점이다. 결국 맑스가 새로 창설된 인터내셔널의 국제연대 실천을 위한 근본 이념으로서 칸트의 평화 구상을 참고했음을 알 수 있다.

국제연대가 각국 피억압계급들의 행동을 규제할 수 있는 (윤리적) 이념이자 '의무'로 강제되지 않는 한, 자국 정부의 압력 앞에서 각국 노동자들은 저항의 의지를 상실할 것이고 국제적인 결속은 와해될 위험에 처할 것이다. 그런데 국가의 틀을 벗어난 노동자들의 국제적 연합은 이러한 연대의 의무를 강제할 '법적' 처벌 수단을 가지고 있지 않다. 따라서 (윤리적) 이념과 의무를 강조하여 연대의 정신을 고조하는 것 이외에 다른 방법은 존재하지 않는다. 동시에 이러한 연대의 '윤리적' 의무는 노동자운동의 국제적인 성장과 확산을 위해 불가피한 '정치적' 요청이라 할 수 있다. 맑스가 국제주의를 (칸트의 방식처럼) 윤리적인 규제적 이념이자 요청으로 강조한 것은 이러한 정치적, 실천적 필요의 맥락으로 해석될 수 있을 것이다. 칸트에게서 당위로서의 의무가 실천이성의 규제적 이념으로서 요청된다면, 맑스에게서 국제연대라는 윤리적 의무는 실천적, 정치적 필요에 의해 요청되는 이념인 셈이다.

이제 새로 창설된 국제노동자협회는 총회에서 새로운 강령과 규약을 제정하기 전 〈임시 규약〉을 마련할 필요가 있었다. 맑스는 1864년 10월 임시 규약의 초안을 제출하였다. "노동계급의 해방은 노동계급 자신에 의해 쟁취되어야 한다"는 유명한 문장으로 시작하는 이 글은 이러한 해방이라는 목적 달성의 실패 이유를 각 국가의 다양한 노동 부문들에서의 연합과 여러 국가 노동계급 사이의 박애적 결속이 부족했던 것에서 찾는다. 그리하여 "노동자계급의 해방은 국지적이거나 민족적인 과제가 아니라, 모든 국가들을 포괄하는 하나의 사회적 과제"라는 점이 선언되며, 이를 위해 "연결되지 않은 운동들의 결합"이라는 과제가 수행되어야 한다는 점이 강조된다.[21]

《선언》에서와 마찬가지로, 코뮌주의자들의 실천 과제는 무매개적인 운동들 사이의 매개와 연결을 달성하는 것으로 제시된다. 이와 같은 보편적인 매개를 국제적인 수준에서 달성해야 하는 과제가 바로 인터내셔널의 목표로 선언되는 것이다. 이러한 보편적인 매개는 인종과 국적, 종교 등에 의거한 모든 종류의 차별에 반대하는 것을 뜻했다. "국제협회 그리고 여기에 결합된 모든 단체와 개인들은 피부색, 종교 또는 민족과 무관하게 진리, 정의 그리고 윤리를 그들 사이의, 그리고 모든 인간에 대한 태도의 기준으로 인정한다." 그리고 인터내셔널의 각국 회원들에게는 이를 준수하기 위한 강한 윤리적 의무감이 요청된다. "회원들은 단순히 자기 자신을 위해서만이 아니라 이 의무를 행하는 모든 사람을 위해서 한 인간과 시민의 권리를 요구하는 것을 모든 사람의 의무로 여긴다. 의무 없는 권리는 없으며, 권리 없는 의무는 없다."[22]

이와 같이 국제주의의 이념은 우선적으로 노동자운동의 국제적, 보편적인 매개와 결합을 위한 실천의 윤리적 의무이자 규제적 이념

---

[21] Karl Marx, "Provisorische Statuten der Internationalen Arbeiter-Assoziation," *MEW* 16, p. 14.

[22] Karl Marx, "Provisorische Statuten der Internationalen Arbeiter-Assoziation," p. 15.

으로 제시되고 있다. 더 나아가 이러한 실천의 규약은 이방인에 대한 환대의 정신을 포함하고 있다. "국제협회의 모든 구성원은 한 국가에서 다른 국가로 거주지를 변경시킬 시 그와 연계된 노동자들의 박애적인 지원을 받는다."[23] 중세 코뮌이 도주한 농노들을 상호 공동 방위를 통해 그의 옛 영주로부터 지켜 주기 위한 서약을 맺듯이, 인터내셔널은 "박애적인 협력의 영원한 결속으로의 연합"을 통해 정치적 탄압을 피해 온 노동운동의 지도부를 보호하며, 일자리를 찾아온 이주노동자들에게 아낌없는 지원을 베풀어야 한다. 이처럼 맑스는 (아마도 그가 중세 코뮌으로부터 받은 영향 속에서) 환대의 권리를 적극적으로 확장하며, 그러한 미시적 영역에서의 노동자들의 상호 결합이 실천적인 국제적 연대와 연합의 전제 조건이 될 수 있는 방식으로 인터내셔널의 규약이 실천적 구속력을 가져야 한다고 생각했다. 즉, 맑스에게서 환대의 권리는 단순한 국가 간 협정을 넘어서는 피억압계급의 상호부조와 이를 통한 연대 정신의 확산이라는 실천적 맥락에서 그 의미를 드러내는 것이다. 또한 그것은 개인들 간의 윤리를 넘어선, 정치적 실천을 위한 윤리적 요청이었다.

맑스는 이러한 환대의 정신의 사례를 미국 남북전쟁에 대한 유럽 노동자들의 태도에서 발견한다. 어찌 보면 남북전쟁은 유럽 노동자들의 상황과 아무런 관련도 없는 사건으로 보인다. 유럽은 이미 흑인노예제가 철폐됐으며, 미국 남부 세력과 북부 세력 중 누가 승리하건 그것이 유럽 대륙의 노동자들에게 직접적인 영향을 미치는 것은 없을 것이라고 단정 지을 수도 있을 것이다. 반면 맑스는 링컨의 대통령 재선을 축하하기 위해 그가 작성한 인터내셔널 명의의 공개

---

23 Karl Marx, "Provisorische Statuten der Internationalen Arbeiter-Assoziation," p. 16.

편지 〈미합중국의 대통령 에이브러험 링컨에게〉에서 유럽 노동자들
이 처음부터 "본능적으로" 그들의 운명이 이 전쟁에 걸려 있음을 감
지했다고 말한다.[24]

미국의 남북전쟁 당시 북부 정부의 해상 봉쇄로 남부 주들의 면화
수출이 막혀 버리자 영국 면직 공업은 위기에 봉착했고, 기업의 도
산과 노동자 대량 실업이 발생했다. 결국 영국 정부는 면직 공업 자
본가들의 입장을 대변해 북부 정부의 해상봉쇄를 풀기 위한 참전을
계획하게 된다. 물론 이러한 계획은 남부의 대토지 소유주들을 지원
하는 것임이 명백했다. 그러나 영국의 노동자 대중은 당국의 이러
한 참전 시도를 비판하면서 맨체스터 등지에서 대중집회를 열어 정
부를 압박했고, 결국 영국 정부는 아래로부터의 압력에 직면해 참전
계획을 철회해야만 했다. 그런데 영국 노동자들의 순수한 경제적 입
장만 고려하자면, 정부의 전쟁 수행으로 남부의 면화가 영국에 공급
되면 다시 면직 공업이 활성화되어 일자리가 증가하거나 임금이 상
승할 수 있을 것이라고 기대를 보낼 수도 있었다. 단순히 조합주의
적으로 고려해 보자면, 영국 정부의 미국 남부군 지원은 영국 방직
노동자들의 고용을 개선하는 효과를 낳을 것이었다. 그럼에도 직접
적인 이해관계를 넘어서 미국 북부를 지지하기로 결정하고 이를 행
동으로 옮긴 영국 노동자들의 사례는 협소한 조합적 이해관계를 넘
어선 보편적인 국제연대를 보여 준 것이라 평가할 수 있다.[25]

마지막으로 언급해야 할 맑스의 강조점은 이러한 국제연대라는

---

[24] Karl Marx, "An Abraham Lincoln, Präsident der Vereinigten Staaten von Amerika,"
   MEW 16, p. 18.
[25] 안효상, 〈제1인터내셔널: 국제주의의 전통과 마르크스주의의 유산〉,《마르크스주의
   연구》11(2), 2014, 25쪽 참조.

(정치-윤리적) 당위를 구체적으로 조직해 내야 할 인터내셔널이라는 기구의 역할이다. 이를 명시적으로 드러내는 문건은 그가 취리히에서 열리는 인터내셔널의 임시 중앙위원회 직전에 작성한 〈임시 중앙위원회 대표단을 위한 지침들〉이다. 여기서 맑스는 우선 국제노동자협회의 목적을 각 나라들에서 노동계급의 분산된 해방을 위한 노력들을 결속하고 보편화하는 것이라고 명시하면서, 협회의 특수한 기능 중 하나로 파업, 점거 시 외국인노동자들을 대체 수단으로 활용하려는 자본의 음모에 대한 저항을 제시한다. 이것은 마찬가지로 국제주의적 (윤리적) 의무와 그 실천을 요구한다. 준실업 상태에 있는 노동자로 하여금 인근 국가의 파업에 대한 대체노동력을 제공하러 가지 않도록 설득하는 일을 어떻게 구속력 있게 수행할 수 있는가? 인터내셔널의 존재는 바로 이러한 실천을 조직하여 무매개적인 상태에 있는 각국 노동자들 사이의 매개와 연결을 달성하기 위한 것이다. 그리하여 맑스는 이렇게 선언한다. "협회의 중요 과제 중 하나는 여러 국가 노동자들이 단지 해방군의 형제이자 동지로 느낄 뿐 아니라, 또한 그렇게 행동하도록 만드는 것이다."[26]

이러한 구속력 있는 행동을 조직하기 위해 필요한 것은 노동자들 자신에 의해 수행되는 각국 노동계급의 현황에 대한 통계적 분석이다. 여기서 맑스는 구체적 수행 방법, 조사 문항 등의 실례를 들어 그러한 분석의 중요성을 강조한다. 이러한 분석은 각국 노동자들의 상황을 명확히 이해할 수 있도록 해 주며, 이를 통해 다양한 활동들의 국제적인 조율과 결합을 가능케 해 줄 것이다.

---

26 Karl Marx, "Instruktionen für die Delegierten des Provisorischen Zentralrats zu den einzelnen Fragen," *MEW* 16, p. 191.

이 글에서 마지막으로 맑스가 강조하는 바는 이러한 국제연대가 피억압 민족의 해방과 자결권에 대한 지지에서 출발한다는 사실이다. 대표적으로 폴란드의 러시아 지배로부터의 해방은 유럽 다른 국가 노동계급에게도 중요한 과제라 할 수 있다. 러시아의 전제적 정치체제와 동유럽에서 러시아가 가진 패권적 힘은 유럽의 반동적 구체제 세력이나 이미 기득권이 된 대부르주아계급이 모든 개혁과 혁명적 조치들을 무화시키기 위해 기댈 수 있는 최후의 은신처 역할을 제공하고 있었다. 이 때문에 러시아의 영향력에서 폴란드가 벗어나는 것은 서유럽 노동계급에게도 반드시 관철되어야 할 사건을 의미했다. 특히 독일의 프로이센은 러시아의 폴란드 지배에 공동 책임을 지고 있었다. 맑스는 바로 이러한 이유에서 독일 노동계급이 폴란드 독립을 위한 주도력을 발휘해야 한다고 강조한다.[27] 맑스가 인터내셔널의 〈임시 규약〉에서 밝힌 것처럼, '의무' 없이는 '권리'도 없다는 점이 여기서도 드러난다. 독일이 폴란드의 민족적 억압으로부터 얻는 경제적 이익이 독일 노동계급에게 직접적인 이익을 제공하는 경우 역시 생겨날 수 있다. 이때 독일 노동자들은 자신들이 누려야 할 국제연대와 환대의 권리를 얻기 위해서는 민족적 억압으로 고통받는 폴란드 노동자들의 해방을 지지할 '의무'가 있다.

이것은 단순히 조합적, 경제주의적인 의미에서의 계급 이익을 넘어서는 윤리적 요청[28]이다. 그러나 그러한 윤리는 추상적 당위로서

---

27 Karl Marx, "Instruktionen für die Delegierten des Provisorischen Zentralrats zu den einzelnen Fragen," p. 199.
28 이러한 필자의 표현은 이 글에서 언급되는 환대의 정치-윤리를 데리다와 레비나스의 환대 개념과 비교할 필요성을 제기한다. 데리다는 환대를 법, 권리, 명령의 표상과 분리해야 한다고 강조한다. 그에게 환대란 "명령 없고 지시 없고 의무 없는 그러

존재하는 것이 아니라, 탈자본주의적 운동의 보편적 매개와 연대라는 정치적, 실천적 목적을 위한 윤리적 의무를 의미한다.

맑스가 인터내셔널에 직접 개입함으로써 수행한 실천적인 실험들은 국제연대와 환대의 권리라는 정치-윤리적 이념의 요청을 구체적으로 구현하기 위한 시도들이었다. 물론 이러한 실천적 시도들은 파리코뮌의 패배 이후 분열 속에 막을 내리지만, 그것은 오늘날에 요구되는 국제주의적인 정치-윤리적 실천을 위한 중요한 귀감이자 원천을 제공해 줄 수 있을 것이다.

오늘날 국제주의적 환대의 의미

필자는 맑스의 국제주의 이념이 아무런 한계도 갖고 있지 않다고 주장하려는 것은 아니다. 맑스에게서 발견되는 가장 큰 문제는 역시 유럽인으로서 그가 가지고 있었던 유럽중심주의적 시각이다. 맑스에

한 법", 즉 "한마디로 법 없는 법"이자 "명령하지 않고 요청하는 호소"를 말한다(자크 데리다, 《환대에 대하여》, 남수인 옮김, 동문선, 2004, 107쪽). 이러한 데리다의 사유를 맑스와 직접적으로 연결시킬 수 있는지는 미지수다. 왜냐하면 데리다는 칸트적인 정언명령보다도 고차원인, 절대적 환대를 구상하고 있는데, 맑스가 이러한 데리다의 구상에 동의할 것인지 불분명하기 때문이다. 다만 칸트, 맑스, 데리다를 관통하고 있는 환대 이념의 유사성에 관해서는 언급할 수 있을 것이다. 그것은 이방인이 누구인지와 무관하게 그를 환대하려는 윤리적 자세가, 환대를 금지하는 또는 제도적 법으로 국한시키려는 권력의 시도에 대한 저항이 될 수 있다는 것이다. 그럼에도 맑스는 데리다와 레비나스가 표방하는 존재론적 환대 개념, 즉 "절대적으로 근원적인, 전-근원적이기까지 한 환대, 다시 말해 윤리의 전-윤리적인 근원"(자크 데리다, 《아듀 레비나스》, 문성원 옮김, 문학과지성사, 2016, 90쪽)이라는 의미에서의 환대 개념을 갖고 있지는 않다. 필자의 주장대로 맑스가 윤리적 요청으로서 환대를 제기한다면, 그것은 존재론적 개념으로서가 아니라 어디까지나 프롤레타리아트의 자기해방이라는 정치적 과제와의 관계 속에서 사유되는 정치-윤리적 함축으로서 제기될 따름이다.

게서 '국제연대'란 현실적으로 '유럽 국가 간 노동자들의 연대'를 말하는 것이었다. 물론 당시 통신 매체의 발전 수준으로는 유럽 대륙과 타 대륙 사이에 직접적이고 긴밀한 소통이 이루어지기는 어려운 조건이라고 말할 수도 있다. 그럼에도 맑스가 국제연대를 주로 유럽과 북미로 국한해 고민한 것을 온전히 옹호할 수는 없을 것이다.

시간이 흘러 21세기 현재 우리는 전 지구가 하나의 네트워크 속에 실시간으로 긴밀하게 연결된 세계를 살아가고 있다. 지구 반대편에서 일어난 일을 매 시각 온라인으로 직접 검색할 수 있으며, 다른 나라의 친구들과 소셜 미디어로 언제든 소통하는 것이 가능하다. 해외여행이나 이주도 급속도로 증가하고 있어, 말 그대로 전 지구가 하나의 세계로 서로 연결되어 있음을 피부로 실감할 수 있다.

이러한 상황에서 다시 국민국가적 질서의 복권을 주장하는 정치 세력이 거대하게 성장하고 있다는 사실은 말 그대로 아이러니다. 다시 국가의 경계를 분명하게 긋고, 보호무역주의와 자국중심주의를 선명하게 내세우면서 외국인에 대한 엄격한 통제를 통해 국민국가의 민족적, 인종적, 문화적 동질성의 질서를 지키는 것을 목표로 하는 극우민족주의, 인종주의 정치세력은 신자유주의와 자본의 세계화가 초래한 불안정한 삶으로부터의 고통을 이용해 혐오와 원한감정을 조장하며 성장하고 있다.

외국인 타자에 대한 혐오의 분출은 제1세계만의 문제는 아니다. 민주화된 미얀마는 로힝야족에 대한 인종청소와 강제추방으로 국제적 비난을 받고 있다. 문제는 오랫동안 미얀마의 민주화를 위해 싸워 왔던 사람들, 한국에 살면서 이주노동자들의 노동조합을 결성하고 소수자로서 자신들의 권리를 위해 적극적으로 활동했던 미얀마 출신 활동가들조차 노골적으로 로힝야족에 대한 탄압과 차별을 정당화하거나 심지어 적극적으로 주장한다는 점이다. 미얀마 출신의 국내 이주노동자들이 서울 을지로 유엔난민기구UNHCR 한국사무소 앞에서 집회를 열어 로힝야족을 보호해야 한다는 유엔의 결정을 비난하면서 로힝야족을 테러리스트로 규정하고 "꺼져라" 하고 외치는 상황을 마주한 뒤, 이주노동자들과 적극 연대해 온 한국인 활동가들은 소수자들이 다른 소수자들을 공격하는 현 상황에 난색을 표현하기도 한다.[29]

사실 서구에서도 난민과 이주자들의 유입은 백인들 중 주로 하층부로 하여금 이들이 자신의 일자리를 빼앗아 갈 것이라는 강박적 공포에 시달리게 하고 있으며, 한국에서도 주로 일용직 노동자들이나 단순노무직 노동자들이 중국동포들, 탈북자들, 외국인노동자들을 대상으로 유사한 감정을 표현하기도 한다. 이렇듯 난민과 이주자들에 대한 혐오정서는 주로 해당 사회의 가장 기층에 위치해 있는 불안정 노동자들이나 실업자들에 의해 표출되는 경우가 대부분이다. 약자가 더 약한 타자를 혐오하는 비극적인 상황인 것이다.

이러한 상황은 오늘날 다시금 국제주의적인 정치-윤리적 이념이 갖는 의미에 대해 고민하도록 만든다. 오늘날 우리는 신자유주의적인 방식의 주권의 해체가 낳은 사회적 위기를 해소하기 위해 국가의 힘을 필요로 하는 상황 앞에 놓여 있다. 그러나 국가의 정치적인 힘을 통해 통제해야 할 것은 자본의 무정부성이지, 결코 '외국인'과 같은 '타자'들이 아니다. 하층계급들의 일자리의 양이 줄고 질이 낮아지면서 그들이 저임금과 씨름해야 하는 근본적인 상황을 초래한 것은 다국적 기업이지 난민과 이주민들이 아니다. 열악한 일자리를 가

---

29 나현필, 〈로힝야 문제를 바라보는 한국 활동가의 고민〉, 《월간 워커스》 37, 2017. 참조.

진 노동계급이 조직적 저항을 하지 못하도록 가로막으면서 그들을 초과착취로 내모는 오늘날 신자유주의적 불안정 사회에서 피부색과 출신지, 문화와 종교를 넘어서는 연대와 환대의 정신은 여전히 억압받는 계급의 결속을 통한 권리 확장을 위해 필요한 정치-윤리적 이념을 나타낸다.

맑스의 국제주의 이념과 이를 구현하기 위한 그의 실천적 활동들은, 오늘날 억압받는 계급의 권리 실현이 가능한 유일한 조건이 그들의 보편적 매개를 통한 연대에 있음을 우리에게 호소하고 있다. 맑스의 사상 중 오늘날 무엇이 여전히 현재성을 갖는지에 관해 다양한 학술적, 실천적 논의들이 오고 가고 있지만, 적어도 극우인종주의, 민족주의가 제1세계 국가들뿐 아니라 전 지구적으로 승리의 포효를 내뿜고 있는 이 시점에서 맑스의 국제주의는 분명 강한 현재적 시사점을 제공해 주고 있다.

참고문헌

가라타니 고진, 《세계공화국으로》, 조영일 옮김, 도서출판b, 2007.

나현필, 〈로힝야 문제를 바라보는 한국 활동가의 고민〉, 《월간 워커스》 37, 2017.

백승욱, 〈마르크스주의와 국제주의 그리고 노동자운동〉, 《마르크스주의 연구》 5(3), 2008, 80~116쪽.

서관모, 〈계급, 국가, 국제주의〉, 《사회과학연구》 28(1), 2011, 89~115쪽.

세일라 벤하비브, 《타자의 권리 – 외국인, 거류민 그리고 시민》, 이상훈 옮김, 철학과현실사, 2008.

손철성, 〈세계시민주의와 칸트의 '환대' 개념〉, 《도덕윤리과교육》 48, 2015, 257~277쪽.

안효상, 〈제1인터내셔널: 국제주의의 전통과 마르크스주의의 유산〉, 《마르크스주의 연구》 11(2), 2014, 10~35쪽.

에티엔 발리바르, 《대중들의 공포: 맑스 전과 후의 정치와 철학》, 최원·서관모 옮김, 도서출판b, 2007.

자크 데리다, 《환대에 대하여》, 남수인 옮김, 동문선, 2004.

_____, 《아듀 레비나스》, 문성원 옮김, 문학과 지성사, 2016.

Kant, Immanuel, "Zum ewigen Frieden. Ein philosophischer Entwurf," *Werkausgabe XI*, Frankfurt/M, 1977.

_____, *Die Metaphysik der Sitten*. Werkausgabe Bd. VIII, hg. von Wilhelm Weischedel, Frankfurt/M, 1977.

Marx, Karl, *Inauguraladresse der Internationalen Arbeiter-Assoziation, Marx-Engels-Werke(MEW)* 16, Berlin, 1962.

_____, *Provisorische Statuten der Internationalen Arbeiter-Assoziation, MEW* 16.

_____, "An Abraham Lincoln, Präsident der Vereinigten Staaten von Amerika," *MEW* 16.

_____, "Instruktionen für die Delegierten des Provisorischen Zentralrats zu den einzelnen Fragen," *MEW* 16.

_____, "Marx an Engels 27. Juli 1854," *MEW* 28.

Marx, Karl · Engels, Friedrich, "Manifest der kommunistischen Partei," *MEW* 4.

모빌리티 시대, 정동적 변화와 윤리적 존재화

: 순자철학을 중심으로

윤태양

이 글은 윤리적 행위를 해낼 수 있는 존재가 되는 한 가능성으로 정동적 변화를 지목하고, 그것이 어떻게 모빌리티mobility와 다양성이 만연해진 현대사회에 효과적인 제안이 될 수 있을지 탐구한다.

현대사회의 다양성은 모빌리티의 증대로 더욱 확대되었다. 다양성은 이제 거부할 수 없는 우리의 현재이고 또 미래이다. 모빌리티를 사회 분석의 새로운 렌즈로 제시한 존 어리John Urry는 미래 사회의 모습을 다소 어둡게 전망한다. 그는 미래 사회가 석유와 물을 두고 각축을 벌이는 지역 군벌들의 전쟁터가 되거나, 개인과 기관들이 탄소 배출을 엄격하게 감시받고 제한적으로 허용받는 디지털 원형감옥이 될까 걱정한다.[1]

이러한 전망이 실제로 현실이 될까? 특히 코로나19로 이동이 급격하게 제한된 2020년 세계의 모습은 전자와 후자가 결합된 것처럼 보인다. 이동의 능력은 마치 특권처럼 작동하는 듯하다. 문제는 이동의 특권이 국가 및 집단, 개인의 사회적·경제적·정치적 능력에 불평등하게 좌우되는 것처럼 보인다는 것이다. 국가와 시민들은 전에 없이 '다른 곳에서 온 사람들'을 불안한 눈으로 격리하고 감시하는 데 거리낌이 없다. 국가와 사회들 사이의 배타성은 높아지고, 개인과 집단에 대한 감시와 추적은 더욱 세밀해지고 있다.

필자가 배타성에 주의하는 이유는 다름 아니라 윤리적 행위가 이뤄지기 위해 반드시 필요한 것이 상대에 대한 배타적이지 않은 마음 상태이기 때문이다. 윤리적 행위가 상대를 윤리적 대상으로 여기고 나아가 우호적인 마음을 가질 때 비로소 가능해진다면, 그 우호적 마음은 어떻게 생겨날 수 있는가? 필자는 그 가능성을 정동적 변화

---

1 존 어리, 《모빌리티》, 강현수·이희상 옮김, 파주: 아카넷, 2016, 513~516쪽.

에서 찾는다.

이를 위해 여기에서는 우선 '정동affect' 개념의 역사적 변천과 현대의 토론을 정리하면서, 이 글에서 주목하는 정동의 한 맥락을 밝힌다. 이어서 정동적 변화를 통해 지향하는 윤리적 존재화가 어떤 변화일지, 순자 성악설의 논리 구조와 '정안례情安禮'를 중심으로 모색한다. 끝으로 이런 정동적 변화와 윤리적 존재화가 모빌리티와 다양성의 현대사회에서 어떤 의미를 가지며 어떻게 효과적 제안이 될 수 있을지 모빌리티 패러다임에 입각하여 살펴보겠다.

정동과 '정동'을 둘러싼 토론

정동情動·affect은 흥미로우면서 논쟁적인 개념이다. 다수의 연구자들이 말하는 것처럼, 해외에서 '정동적 전환'은 이미 1990년대에 일어났지만, 한국에서는 아직 '정동'이라는 개념 혹은 용어를 낯설어한다. 그간 '정동'에 대한 비판은 주로 개념 그 자체에 대해서, '정동'이라는 번역어에 대해서, 그리고 그 용법에 대해서 이루어져 왔다. 새로운 패러다임은 강하든 약하든 전통적 틀의 거부와 반발을 겪기 마련이기에, 이러한 '검증'이 유달리 '정동'에 대해 특별히 부과되는 것은 아닐 것이다. 국내 정동 연구의 갈래를 갈음하기 위해 그간의 토론들을 간략히 약술하는 것은 이 글에서 다룰 '정동'의 맥락을 짚는데 도움이 될 것이다.

정동 연구는 이브 세즈윅Eve Sedgwick · 애덤 프랭크Adam Frank와 브라이언 마수미Brian Massumi에 의해 그 방향성이 양분되었다(김종갑, 2019).[2]

---

2 김종갑, 〈정동의 의미와 가능성〉, 《영어권문화연구》 12(1), 2019, 5~6쪽.

그레고리 시그워스Gregory J. Seigworth와 멜리사 그레그Melissa Gregg는 이들이 주도하는 정동 연구의 두 경향을 "실번 톰킨스Silvan Tomkins의 미분적 정동의 심리생리학과 질 들뢰즈Gilles Deleuze의 스피노자식 신체능력의 행동학"으로 구분한다. 이에 이어 멜리사 그레그와 그레고리 시그워스는 이후 정동 연구의 경향을 여덟 갈래로 제시한다.[3] 하지만 이들의 작업이 매우 잘 정돈된 구분은 아니다. 오히려 박현선(2016)의 세 갈래 구분이 더욱 명료한데, 그가 제시하는 정동 연구의 세 흐름은 다음과 같다.

① "과학, 기술, 신경 이론과 연접한 초-미시적 정동 이론"
② "감정과 문화의 사회학"
③ "몸과 세계, 미디어, 이미지 간의 관계를 정동적 관계로서 사유하는 철학적, 미적, 윤리적 입장들 … 스피노자에게서 온 '정동'의 개념을 전면화하는 흐름"[4]

세 번째 흐름에 언급된 것처럼, 정동 연구의 한 흐름은 스피노자에서 기원한다. 정확히는 스피노자와 니체에 대한 강의에서 들뢰즈가 부활시키고, 그것을 다시 브라이언 마수미가 중요한 개념으로 변화시켰다. 그러므로 '정동이란 무엇인가' 하는 물음은 마수미와 들뢰즈, 스피노자로 소급해 가며 대답된다.

이 과정에서 '과연 그것이 들뢰즈 혹은 스피노자의 본의였는가?'

---

3 멜리사 그레그 · 그레고리 시그워스 외, 《정동 이론》, 최성희 · 김지영 · 박혜정 옮김, 서울: 갈무리, 2005, 22~28쪽.
4 박현선, 〈정동의 이론적 갈래들과 미적 기능에 대하여〉, 《문화과학》 86, 2016, 62~64쪽.

라는 질문이 제기된 것은 자연스럽고 당연해 보인다. 진태원(2016)의 〈정동인가 정서인가?: 스피노자 철학에 대한 초보적 논의〉와 최원(2016)의 〈'정동 이론' 비판: 알튀세르의 이데올로기론과의 쟁점을 중심으로〉가 제기한 쟁점도 이것이다. 이들의 비판은 'affect'와 'affection'을 '정동'과 '정서'로 구분한 자율평론의 번역에 초점이 맞춰져 있다.

《비물질노동과 다중》을 번역한 자율평론번역모임(2014)은 정동affect을 정서·감정·감응affection과 구분하며 다음과 같이 그 이유를 설명한다.

> 이 책의 키워드 중의 하나는 '정동情動'이라는 용어이다. … 정신분석학이나 심리학에서 사용되는 '정동'이라는 용어를 잠재성의 술어인 affectus=affect와 현실성의 술어인 affectio=affection을 구분하지 않고는 스피노자, 니체, 베르그송, 들뢰즈, 네그리 등에 의해 발전되어 온 잠재성virtuality의 사유를 이해할 수 없고 또 새로운 개념 창조에 커다란 어려움을 겪게 된다는 판단 때문이다. … 우리는 무엇보다도 '정동'을 '비재현적 사유양식'으로, '확장적인 행동의 힘', '자유의, 존재론적 개방의, 전방위적 확산의 힘'으로 이해한다.[5]

자율평론이 '정동'을 새로운 번역어로 도입하기 이전에 들뢰즈의 affect의 번역어는 다양했다. 《천개의 고원》에서는 '변용', 《제국》에서는 '정서', 《시네마1》에서는 '감화', 《영화·1》에서는 '정감', 《질 들

---

[5] 질 들뢰즈 외, 《비물질노동과 다중》, 서창현·김상운·자율평론번역모임, 서울: 갈무리, 2005, 14~15쪽.

뢰즈》에서는 '감응' 등이다.[6] 이 외에 '정동'으로 번역한 책들로는 아르노 빌라니Arnaud Villani와 로베르 싸소Robert Sasso가 편집하고 신지영이 옮긴 《들뢰즈 개념어 사전Le Vocabulaire de Gilles Deleuze》이 있다. '정동' 항목에 대한 규정은 아래와 같다.

(정동은) 감화affection와 쌍을 이루고 동시에 대조를 이루는 용어. 감화는 개별자에게 영향을 미치는 과정, 이 과정의 결과 또는 감정적인 상태라는 관습적인 의미를 가진다. [이에 반하여] 정동은 감화들로부터 블록에 의하여 추출된 것이다. 지각작용들perceptions로부터 지각percept의 블록을 추출하는 것과 마찬가지로, 이 추출 작용을 실행하는 것이 바로 예술의 역할이다. 이렇게 추출된 정동은 개별적이거나 인격적인 모든 측면을 잃어버린다.[7]

마찬가지로 자율주의 연구자인 신지영은 affect와 affection을 '정동'과 '감화'로 대비한다. 조강석(2016)은 자율평론의 정동과 정서 구분을 지지하면서 "정서는 봉인하고 정동은 이행한다"는 해석을 인용한다.[8] 이에 대해 진태원은 조강석이 인용한 '봉인한다'의 해석은 들뢰즈에게는 '포함한다'의 평이한 의미였던 'envelope'를 오역한 것이며, 이것은 "국내 문학계의 affectio와 affectus에 대한 수용과 이해가 지닌 문제점을 아주 집약적으로 드러내 주고 있다"고 비판한다.[9]

---

6 아르노 빌라니 · 로베르 싸소 편저, 《들뢰즈 개념어 사전》, 신지영 옮김, 서울: 갈무리, 2012, 348쪽의 역주.
7 아르노 빌라니 · 로베르 싸소 편저, 《들뢰즈 개념어 사전》, 348~349쪽.
8 조강석, 〈정동적 동요와 시 이미지〉, 《현대시학》 560, 2016.
9 진태원, 〈정동인가 정서인가?: 스피노자 철학에 대한 초보적 논의〉, 《현대시학》 563,

조강석이 인용한 설명은 질 들뢰즈의 〈정동이란 무엇인가〉에서, 정동으로 번역되는 affect의 라틴어 어원 격인 affectio와 affectus를 설명하는 부분에 대한 번역이다.[10] 진태원은 들뢰즈가 설명하는 스피노자의 《에티카》의 라틴어본과 프랑스어본, 영어본 등을 교차비교하며 envelope가 '봉인하다', '덮다'가 아닌 involve와 유사한 '포함하다'로 해석되어야 한다고 주장한다.

최원은 나아가 affection을 '정서'로 번역한 것도 문제라고 주장한다.[11] 그 역시 진태원과 마찬가지로 '변용'을 적합한 번역어로 취한다. "들뢰즈 자신의 스피노자 강의록을 직접 읽어 보면 들뢰즈는 affection을 어떤 주관적인 감정과 직접 연결시키지 않고 있음을 쉽게 확인할 수 있다"는 것이 그 이유다. 최원은 affect와 affection을 '정동'과 '정서'로 대립시킨 근본적인 원인 제공자는 브라이언 마수미인데, 마수미는 들뢰즈와 가타리Félix Guattari의 《천 개의 고원》을 영역한 번역자이기도 하다. 최원에 따르면 마수미는 들뢰즈의 affection과 affect를 emotion과 affect로 바꾸어 구분하며, 그 까닭은 마수미가 정서의 자율성을 선언함으로써 사회적 구성주의를 비판하고자 했기 때문이다.

김재인(2017)은 이에 대한 자율주의의 대답으로 조정환의 논문을 인용한다.[12] "'정동' 개념이 들뢰즈의 affect 개념을 번역하는 과정에

2016. 37~47쪽.

10 진태원, 〈정동인가 정서인가?: 스피노자 철학에 대한 초보적 논의〉, '이행'에 대한 부분은 32~34쪽, '봉인'에 대한 부분은 36~37쪽.

11 최원, 〈'정동 이론' 비판: 알튀세르의 이데올로기론과의 쟁점을 중심으로〉, 《문화과학》 86, 2016, 82~112쪽.

12 김재인, 〈들뢰즈의 '아펙트' 개념의 쟁점들: 스피노자를 넘어〉, 《안과 밖》 43, 2017, 132~157쪽.

서 만들어진 독창적인 한국어 개념"이라는 것이다. 김재인은 양쪽의 토론을 중재하려고 하는데, 한편으로 마수미, 시그워스 등이 들뢰즈가 명료하게 구분한 affect와 affection을 구별하지 않고 사용하는 것과 상술한 들뢰즈의 구절에 대한 오역에서 국내 자율주의의 논의가 출발했기 때문에 조정환을 비롯한 자율주의의 시도가 실패할 수밖에 없다고 한다. 그러면서 또 한편으로 affect 개념의 기원이 스피노자에만 있는 것이 아니기 때문에, 다시 말해 니체, 윅스퀼Jakob von Uexkull, 베르그송Henri Bergson에도 원천이 있기 때문에 진태원과 최원의 해명 시도도 불충분하다고 말한다.

affect 개념의 기원에 스피노자만이 아니라 니체 등이 있다는 것은 주목할 만한 단서이다. 거기에 프로이트와 라캉Jacques Lacan도 있다는 것을 잊어서는 안 된다. 마수미가 특히 부각한 정동의 자율성에는 "프로이트로부터 시작된 정신분석의 맥락이 포함"되어 있다.[13] 프로이트에게 "정동은 한마디로 고통스럽거나 기분 좋은 모든 감정 상태로, 욕동 에너지와 그 변이들이 가진 양의 질적 표현으로 정의될 수 있다. 즉, 정동은 리비도가 선택한 표상이 촉발하는 여러 감정 반응이다."[14] 다만 프로이트는 정동을 뉴런의 양에 따라 달라지는 물리적 에너지처럼 간주했다. 그는 정신적 작용을 생물학적 신체의 결과로 일괄하려 했지만, 이러한 양적 환원은 질적 차이를 설명할 수 없었다. 그래서 정동은 후기 프로이트에서 폐기되었고, 프로이트적 접근은 구조주의의 대두와 함께 쇠락했다.[15]

---

13 서지형, 〈'전이'와 '정동'에 관한 세 가지 접근: 프로이트, 라캉, 마수미〉, 《프랑스학 연구》 92, 2020.

14 서지형, 〈'전이'와 '정동'에 관한 세 가지 접근: 프로이트, 라캉, 마수미〉, 189쪽.

15 서지형, 〈'전이'와 '정동'에 관한 세 가지 접근: 프로이트, 라캉, 마수미〉, 193~195쪽.

하지만 서지형은 프로이트적 접근에서 "사고와 의지의 지배를 넘어선 자율적인 육체의 가능성을 예감하게 한다"고 말한다.[16] 이는 라캉을 지나 마수미의 구성주의 비판에서 다시 나타난다. 마수미는 언어로 환원될 수 없는, 자율적 본성을 지닌 정동을 통해 구성주의가 은폐하고 퇴락시킨 몸의 지위를 복권시키려 한다. 서지형은 이것이 "생물학적인 차원에서 정서 반응을 설명하려 했던 프로이트의 초기 논의와도 연결"되는 지점이라고 지적한다.

최원 역시 이와 비슷하게 마수미의 저의를 파악한다. 최원은 마수미가 사회적 구성주의를 거부하기 위해 정동을 사유 혹은 정신에서 떼어 내 신체적인 것으로 만들려고, 그래서 "'신체적 관념'이라는 매우 신비스러운 의념notion을 도입한다"고 말한다.[17] 마수미에 대한 태도의 차이를 차치한다면 마수미의 목적에 대한 서지형과 최원의 이해는 비슷하다. 왜냐하면 마수미 그 자신이 그렇게 설명하기 때문이다.[18]

요컨대 마수미가 사회적 구성주의를 비판하기 위해 정동과 정동의 자율성을 자신의 체계 내에서 '새롭게' 위치시켰다면, 이제 그것은 더 이상 들뢰즈의 본래 용법과 같을 수 없는 것이다. 이것은 들뢰즈의 affection: affect이 더 이상 스피노자의 affectio: affectus가 아닌 것과 같다. 조정환(2016)은 정동이 '새로운 한국어 개념'이라고 말한다. 어쩌면 자율평론의 '정동'은 마수미의 'affect'와 또 다른 지점을 가질지 모른다.

들뢰즈와 마수미는 분명히 affect · affectus와 affection · affectio

---

16   서지형, 〈'전이'와 '정동'에 관한 세 가지 접근: 프로이트, 라캉, 마수미〉,194쪽.
17   최원, 〈'정동 이론' 비판: 알튀세르의 이데올로기론과의 쟁점을 중심으로〉, 97~99쪽.
18   B. Massumi, "The autonomy of affect," *Parables for the virtual*, 2002, pp. 38-39.

를 구분한다. 그 번역어들이 '정동'이냐 '정서'냐 하는 문제보다 affection · affectio에 대비하여 affect에 대해 공통적으로 말해지는 것을 추린다면 어떨까. 대체로, 적어도 들뢰즈와 마수미에서, affect는 만남과 접촉을 통한 신체적 · 정신적 변화 혹은 그 에너지이며, 그러나 감정이나 정서, 나아가 이성의 영역보다 더 먼저 발생하는 마음의 움직임이라는 것이다. 정동을 감정에 대응하여 그보다 원초적이고 역동적인 것으로 간주할 때, 이 말은 감정에 앞선 무언가로 정동을 규정하게 한다.

필자는 이 지점에서 순자荀子가 두 맥락으로 사용하는 정情의 구분을 설명할 현대적 언어를 포착했다. 이른바 성性과 정情, 욕欲, 구求로 구체화되어 가는 마음의 발현 과정에 대한 설명에서 저 '정'에 대한 두 가지 서로 다른 진술이 그것이다. 순자는 이것을 통해 지속적으로 윤리적 행위가 가능한 '윤리적 존재화'의 가능성을 타진하는데, 짧은 구절인 '정안례'가 그것이다. 필자는 정동 개념이 이 부분을 더 분명하게 드러내 줄 것으로 기대한다.

순자 성악설의 논리 구조

순자는 맹자孟子와 함께 공자孔子 이후 유가의 두 지도자 중 한 명으로 자리매김되어 왔다. 유학儒學의 목표가 수기치인修己治人이며 내성외왕內聖外王이라는 데에 이견은 없을 것이다. 맹자와 순자를 비롯해 이후에도 유가철학의 목표는 윤리적 존재화였다. 맹자와 순자는 각각 성선설性善說과 성악설性惡說에서 시작해 이를 이뤄 내려 했다.

널리 알려진 것처럼 맹자는 인간에게는 선한 본성이 있고, 이것이 행위로 이어지면 윤리적 행위를 할 수 있다고 주장했다. 성선설은 윤리적 행위의 근거와 동력을 인간의 본성에 내재시킴으로써 윤리적 행위의 근본적 당위, 곧 우리는 '왜' 윤리적으로 행동해야 하는가에 대한 문제 제기를 손쉽게 피해 간다. 왜냐하면 우리는 '본래 윤리적인 존재'이기 때문이다. 하지만 그것은 어떻게 증명될 수 있을까? 맹자 자신은 이른바 유자입정孺子入井의 예를 통해 경험적 증명을 꾀한다.

지금 어떤 사람이 막 어린아이가 우물에 빠지려는 것을 보았다면 모두 깜짝 놀라고 안타까워하며 애통한 마음이 들 것이다. (이것은) 그 어린아이의 부모와 아주 친하기 때문도 아니고 동네 사람들이나 친구들에게 칭찬을 바라서도 아니며, 그 아이가 우는 소리가 싫어서도 아니다. 측은지심惻隱之心, 수오지심羞惡之心, 사양지심辭讓之心, 시비지심是非之心이 없다면 사람이 아니다. 측은지심은 인仁의, 수오지심은 의義의, 사양지심은 예禮의, 시비지심은 지智의 단서(端)이다. 사람에게 사단四端이 있음은 마치 사지四體가 있는 것과 같다.[19]

맹자는 어린아이가 우물에 막 빠지려 하는 위급 상황을 두고 누구나 그 아이를 향한 안타깝고 애통한 감정을 갖게 된다는 가상의 사례를 제시한다. 이때의 안타깝고 애통한 감정, 곧 측은지심惻隱之心은 다른 이유나 사려가 필요치 않다. 오직 그 아이가 처한 위난과 고통에 대한 공감일 뿐이다. 이 측은지심과 함께 수오羞惡·사양辭讓·시비是非의 마음이 이른바 사단四端이다.

---

19 《孟子》〈公孫丑〉, 今人乍見孺子將入於井 皆有怵惕惻隱之心 非所以內交於孺子之父母也 非所以要譽於鄉黨朋友也 非惡其聲而然也 無惻隱之心 非人也 無羞惡之心 非人也 無辭讓之心 非人也 無是非之心 非人也 惻隱之心 仁之端也 羞惡之心 義之端也 辭讓之心 禮之端也 是非之心 智之端也 人之有是四端也 猶其有四體也

'단서'로 옮긴 '단端'은 '끄트머리', '실마리'라는 뜻이다. 무엇의 실마리인가. 인의예지仁義禮智, 사덕四德의 실마리이다. 인의예지는 유가 윤리의 최고 가치이다. 이어 맹자는 사단의 마음은 인지상정人之常情이며, 사단이 없는 이는 사람이 아니라고 단언한다. 사단이 사덕의 끄트머리고 또한 인지상정이라면, 모든 인간은 사덕의 실마리를 '본성'으로 가지고 있다. 이것이 맹자 성선설의 논리적 구조이다.

반면 순자는 인간의 윤리적 행위가 그의 본성에 따라 자연스럽게 수행된다는 믿음을 거부한다. 순자는 맹자의 주장이 여러 가지 문제를 안고 있다고 생각했는데, 특히 그가 중점적으로 비판한 것은 인간의 본성을 윤리적 행위의 근거로 삼는 부분이었다. 왜냐하면 순자는 모든 선한 결과는 인위적인 노력으로 이뤄지는 것이며, 인간의 본성을 좇아서는 쟁탈과 혼란, 궁핍이라는 악한 결과만이 도출된다고 믿었기 때문이다.

《순자荀子》〈예론禮論〉 편의 첫 구절은 순자 사회윤리설의 핵심 구조를 압축적으로 담고 있다. 여기서 순자는 매우 상식적으로 욕망과 윤리적 악의 발생, 그리고 도덕적 규범의 등장 사이의 연관 관계를 설명한다.

예는 어디서 생겨났는가. 말한다. 사람이란 태어나면서부터 욕망이 있다. 욕망하는데 얻지 못하면 추구하지 않을 수 없다. 추구하되 도량度量과 분계分界가 없다면 다투지 않을 수 없다. 다투면 혼란스러워지고, 혼란스러워지면 궁핍해진다. 선대의 위대한 왕들은 그 혼란을 싫어한 까닭에 예의를 제정하여 분계를 짓고 이로써 사람들의 욕망을 부양하고 사람의 추구를 공급했다. 이를 통해 욕망은 반드시 사물에 궁핍하지 않도록 했고, 사물은 욕망에 부족하지 않게 하여 두 가지가 서로에 의

지하여 함께 성장한다. 이것이 예의 기원이다.[20]

　그러므로 인간의 본성은 윤리적 행위의 근거가 될 수 없다. 오히려 악한 결과를 야기하기 쉽다. 그러므로 본성은 악하다는 것이 그를 대표하는 성악설의 내용이다.

　사실 그가 주장하는 성악설은 매우 소박하다. 그의 주장은 성악설이라기보다 다수의 연구자들이 이미 지적한 것처럼,《맹자孟子》에 진술되어 있는 고자告子의 '성무선무불선설性無善無不善說' 혹은 '성식색설性食色說'이라 부르는 것이 그 본의에 더 부합할 것이다. 왜냐하면 그의 성악설이란 사실 인간이 본래 가지고 태어나는 본성이라 할 것은 호리好利와 이목구비耳目口鼻의 욕망에 다름 아니며, 인간이 그 본성을 좇아 자연스럽게 행동하면 쉽게 악으로 귀결된다는 것이기 때문이다.

　사람의 본성(性)이란, 태어나면서부터 (자신에게) 이로운 것을 좋아함이 있으니 이를 좇는 까닭에 쟁탈爭奪이 생겨나고 사양辭讓이 사라진다. 태어나면서부터 (자신에게) 나쁜 것을 미워하니 이를 좇는 까닭에 잔적殘賊이 생기고 충신忠信이 사라진다. 태어나면서부터 이목耳目의 욕구가 있어 성색聲色을 좋아함이 있으니 이를 좇는 까닭에 음란淫亂이 생겨나고 예의禮義와 문리文理가 사라진다. 그렇다면 사람의 본성(性)을 좇고 감정(情)을 따르는 것은 반드시 쟁탈에서 출발하여 범분犯分과 난

---

20 《荀子》〈禮論〉, 禮起於何也 曰 人生而有欲 欲而不得 則不能無求 求而無度量分界 則不能不爭 爭則亂 亂則窮 先王惡其亂也 故制禮義以分之 以養人之欲 給人之求 使欲必不窮乎物 物必不屈於欲 兩者相持而長 是禮之所起也

리亂理에서 합쳐지고 폭력(暴)으로 귀결된다.[21]

이것은 《순자》〈성악性惡〉 편의 설명이다. 본성으로 분류된 것과 악한 결과로 지목하고 있는 것들 사이의 인과관계에 주목할 필요가 있다. 순자는 본성 그 자체를 악한 것으로 지목하지 않는다. 문제는 추구의 정도와 방법이다. 순자는 마음의 판단 능력과 후천적 노력을 통해 얼마든지 윤리적 행위를 수행하고 선한 결과를 도출할 수 있다고 주장한다.

그러므로 욕망이 과하여도 행동이 그에 따르지 않는 것은 마음이 중지시킨 것이다. 마음이 이치에 합당하다고 여긴다면 욕망이 비록 많다 하더라도 질서를 어기겠는가. 욕망이 미치지 않더라도 행동이 과한 것은 마음이 그렇게 시킨 것이다. 이치에 어긋나는 일도 마음이 괜찮다고 한다면 욕망이 비록 부족해도 어찌 혼란에 이르지 않겠는가. 그러므로 질서와 혼란은 마음의 가부에 달려 있는 것이지 감정이 욕망하는 것에 달려 있지 않다.[22]

요堯임금이나 우禹임금이나 태어나길 다 갖추고 태어난 것이 아니다. 옛것을 변화시켜 일어서고 스스로를 갈고 닦아 성취하여, 수신과

---

21 《荀子》〈性惡〉, 今人之性 生而有好利焉 順是 故爭奪生而辭讓亡焉 生而有疾惡焉 順是 故殘賊生而忠信亡焉 生而有耳目之欲 有好聲色焉 順是 故淫亂生而禮義文理亡焉 然則從人之性 順人之情 必出於爭奪 合於犯分亂理而歸於暴

22 《荀子》〈正名〉, 故欲過之而動不及 則心止之也 心之所可中理 則欲雖多 奚傷於治 欲不及 而動過之 心使之也 心之所可失理 則欲雖寡 奚止於亂 故治亂在於心之所可 亡於情之所欲

행동이 지극해지기를 기다린 다음에야 완비된 자들이다. 사람이 태어날 때는 본래 소인이다. 스승도 없고 법도도 없다면 이목의 이익만 좇을 뿐이다.[23]

그러나 과연 이익을 좋아하는 인간의 본성을 거스르면서까지 윤리적 행위를 선택할 수 있을까? 하지만 이 질문은 그 출발점이 잘못 설정되었다. 왜냐하면 순자에게 윤리적 행위는 이익을 추구하는 본성에 반대되는 것이 아니기 때문이다. 아니, 오히려 부합한다.

지금 어떤 사람이 태어나서 한 번도 고기나 쌀밥을 먹어 본 적 없고 오직 콩과 콩잎, 조나 겨 따위만 먹고 산 사람이 있다면, 곧 이것만 있어도 지극히 만족할 것이다. 그러나 갑자기 고기와 쌀밥을 가지고 오는 사람이 있다면 눈을 크게 뜨고 보며 말하길, '이 무슨 괴이한 것이 있나' 할 것이지만, 냄새를 맡아 보니 향기롭고 맛을 보니 감미로우며 먹어 보니 몸에 편하다면 누가 이것(고기와 쌀밥)을 버리고 저것(콩잎과 조)을 취하겠는가. 지금 선왕과 인의의 법도로써 무리 지어 살고 서로 의지하고 길러 주며 꾸미고 안락하고 든든하게 지내도록 한다면, 저 걸왕이나 도척의 방법을 따르는 것과의 차이가 어찌 고기, 쌀밥과 콩잎, 조의 차이에 견주겠는가.[24]

---

23 《荀子》〈榮辱〉, 堯禹者 非生而具者也 夫起於變故 成乎修 修爲待盡而後備者也 人之
　　生故小人 無師無法 則唯利之見耳
24 《荀子》〈榮辱〉, 今使人生而未嘗睹芻豢稻粱也 惟菽藿糟糠之爲睹 則以至足爲在此也
　　俄而粲然有秉芻豢稻粱而至者 則瞲然視之曰 此何怪也 彼臭之而嗛於鼻 嘗之而甘於
　　口 食之而安於體 則莫不棄此而取彼矣 今以夫先王之道 仁義之統 以相羣居 以相持
　　養 以相藩飾 以相安固邪 以夫桀跖之道 是其爲相縣也 幾直夫芻豢稻粱之縣糟糠爾哉

순자는 여러 곳에서 예를 따르고 분계를 지키는 것이, 개인에게도 국가에도 그렇지 않은 것보다 훨씬 윤택하고 안락한 결과를 보장한다고 주장한다.[25] 이익을 좇는 무분별한 추구가 문제라면 관건은 분별이다. 만약 예의를 좇는 것이 더 이익이 됨을 이해한다면 이성을 가진 인간은 당연히 예의를 따르는 삶, 윤리적 행동을 선택할 것이다.

대표적인 예가 바로 이상적인 윤리적 존재라 할 수 있는 '군자君子'이다. 하지만 과연 예를 따르는 삶이 정말로 더 큰 이익을 보장할까? 사람들은 매 순간 제대로 양쪽의 이익을, 때로 더 많은 가짓수의 이익을 제대로 계산할 수 있을까? 눈앞에 확실한 이익을 두고 윤리적 행위를 확신하고 선택할 수 있을까?

이는 공리주의자들에게도 흔히 물어졌던 질문이자, 이기적 존재로 개인을 간주하는 현대의 다수 입장에도 던질 수 있는 질문이다. 이 문제는 순자철학에 대한 여러 비판의 유사한 근거가 되어 왔다.[26] 순자가 이 질문 앞에 놓인 것은 그가 인간을 이기적 존재이면서 윤리적 행위가 가능한 존재로 상정했기 때문인데, 이는 앞서 본 바와 같이 현대의 인식과 유사한 면이 많다. 이 지점에서 순자의 도덕철학은 현대에 다시 재해석될 수 있는 가능성을 담지한다.

---

25 《荀子》〈修身〉, 扁善之度 以治氣養生 則後彭祖 以修身自名 則配堯禹 宜於時通 利以處窮 禮信是也. 凡用血氣志意知慮 由禮則治通 不由禮則勃亂提慢 食飮衣服居處動靜 由禮則和節 不由禮則觸陷生疾 容貌態度進退趨行 由禮則雅 不由禮則夷固僻違 庸衆而野 故人無禮則不生 事無禮則不成 國家無禮則不寧 詩曰 禮儀卒度 笑語卒獲 此之謂也

26 노사광, 서복관, 채인후, 모종삼 이하 다수의 학자들에 의해 제기된 바 있다. 이 비판들에 대해서는 윤태양, 《순자 도덕철학의 구조적 특징과 한계》, 건국대학교 박사학위논문, 2017, 4~8쪽 참고.

정동적 변화와 윤리적 존재화

문제는 이것이다. 만약 이렇게 인간을 움직이는 것이 욕망뿐이고 그것을 조절하는 것이 이성이라면, 이성은 욕망이 전혀 바라지 않는 선택지를 고를 수 있는가? 즉, 애초에 욕망하지 않는 것을 추구하도록 할 수 있는가 하는 것이다. 순자는 가능하다고 대답한다. 단, 정의 수준에서 변화가 일어나야 비로소 성인, 즉 윤리적 존재가 될 수 있다고 말한다. 이를 이해하기 위해서는 '정안례情安禮'의 의미와 순자 철학에서 '정情'의 의미를 분석할 필요가 있다.

예禮란 몸을 올바르게 만드는 방법이다. 스승은 예를 올바르게 만드는 사람들이다. 예가 없다면 무엇으로 몸을 바르게 할 것이며 스승이 없다면 내가 어찌 예가 바로 옳음이 된다는 것을 알 수 있겠는가. 예가 요구하는 바를 당연하게 여긴다면 이것은 감정이 예를 편안히 여기는 것이다. 스승이 말하는 대로 말할 수 있다면 이것은 지려가 스승과 같은 것이다. 감정이 예를 편안하게 여기고, 지려가 스승과 같다면 바로 이들이 성인이다.[27]

정이 예를 편안히 여긴다는 말은 무슨 뜻인가. 상식적인 예를 들어 보자. 예컨대 교통법규는 어떤 인간의 본성에서도 그 근원을 찾을 수 없는 완전히 후천적인 인위적인 규칙이다. 신호등의 빨간불과 초록불에 멈추고 가는 것은 거의 모든 나라의 공통 규칙이지만, 인

---

27 《荀子》〈修身〉, 禮者 所以正身也 師者 所以正禮也 無禮 何以正身 無師 吾安知禮之 爲是也 禮然而然 則是情安禮也 師云而云 則是知若師也 情安禮 知若師 則是聖人也

간의 본성 어디에서도 빨간불과 초록불에 정지와 진행의 연관 관계를 찾을 수 없다. 빨간색과 초록색에서도 정지와 진행의 연관을 찾을 수 없는 것은 마찬가지이다.

하지만 우리는 자연스럽게 빨간불에 멈추고 초록불에 움직인다. 사람이든 자동차든 이 규칙을 따르며, 누군가 이 규칙을 어겼을 때 거의 누구나 얕든지 깊든지 윤리와 관련된 감정적 동요를 느낀다. 이는 마치 맹자의 측은지심을 떠올리게 하지만, 빨간불과 초록불에 맺어진 정지와 진행의 연관 관계가 전혀 후천적인 것임을 기억하자. 그러나 감정은 욕망의 원천이다. 그렇다면 이 감정적 동요는 후천적으로 변화된 것이면서 다시 인간 행위의 기본 동력인 욕망의 원천 차원에서의 동요이다. 이것을 무엇이라 불러야 할까. 이제 '정'의 의미를 분석해 보자.

앞서 본 바와 같이 순자는 본성-감정-욕망-추구(행위)의 구조를 명확히 세우고 있다. 이를 가장 잘 명시한 구절은 〈정명正名〉 편에 있다.

성性은 자연스러운 지향이다. 정情은 성의 실질(내용)이다. 욕欲은 정의 반응(應)이다. 욕망하는 것을 얻을 수 있다고 여긴다면 추구하는 것은 정이 절대로 면치 못하는 것이다.[28]

정은 성과 욕 사이에 있다. 하지만 이 말이 여기에 성이 있고, 저기에 욕이 있어서 그 사이 어딘가 정이 있다는 의미는 아니다. 성을 마치 하나의 물건처럼 간주하는 것은 성리학적 이해 방식이다. 순자

---

28 《荀子》〈正名〉, 性者 天之就也 情者 性之質也 欲者 情之應也 以所欲爲可得而求之 情之所必不免也

에게 '천天'은 인위의 '위僞'에 대립하여 자연, 혹은 자연스러움을 의미한다. 성은 인간이 타고난 자연스러운 여러 속성의 총칭에 불과하다. 그 실제 내용은 모두 '정'이다. 순자가 많은 곳에서 본성(性)과 감정(情)을 같이 쓰거나 병칭하거나 때로 혼용한 것 역시 이러한 맥락이다.

한편 욕은 정의 반응이다. 응은 본래 감感과 함께 쓰이는데, 감은 감정感情이라기보다 감각感覺의 의미로, 대상으로부터 받게 되는 것을 의미한다. 응은 그렇게 받아들여진 것에 대해 마음이 하는 반작용을 의미한다. 그런데 여기서 '정의 반응'이라고 한 것에 주목할 필요가 있다.

욕망이 생기려면 대상이 있어야 한다. 그런데 대상만 있어서는 안 되고 구체적인 욕망이 발현될 수 있도록 하는 밑바탕이 있어야 한다. 예컨대 매운 라면 냄새를 맡고 매운 라면을 먹고 싶거나 먹기 싫은 욕망이 생기려면, 매운 라면에 대한 호오가 선재되어야 한다. 여기서 우리가 '감정'으로 뭉뚱그려 해석한 '정'의 두 차원이 구분된다. 하나는 매운 라면에 대해 생겨난, 인지될 수 있는 반응으로 드러나는 정이고, 다른 하나는 그 반응의 바탕이 되는 드러나지 않던 정이다.

순자는 또한 정을 "성性의, 다시 말해 '타고난 자연스러운' 호好 · 오惡 · 희喜 · 노怒 · 애哀 · 락樂"으로 설명한다.[29] 재미있는 우연은 정동affect 개념을 말했던 스피노자 역시 정동을 호 · 오로 설명하며 들뢰즈 역시 그렇다는 것이다. 정동은 구체적이고 인지될 수 있는 감정과 구분되는 그 바탕의 어떤 에너지, 힘으로 작용하는 것이다. 순자로 말하자면 '성의 실질'이자 '욕의 바탕'인 것이다.

---

29 《荀子》〈正名〉, 性之好 · 惡 · 喜 · 怒 · 哀 · 樂謂之情

이 겹침은 단지 표현에만 그치는 것이 아니다. 정동은 마주침을 통해 주고·받는 변용이다.[30] 앞서 고기와 쌀밥, 콩잎과 조의 대비를 통해 변화하는 호오의 양상이 순자에게서 어떻게 서술되고 있는지 인용한 바 있다. 이 '정의 변화'는 다시 '정안례' 구절에서 반복된다. 우리가 만약 '정'을 드러난 반응으로서 일상적 의미의 '감정'으로만 이해한다면 이 구절들은 제대로 해석될 수 없을 것일 뿐 아니라, 순자철학에서 윤리적 존재화의 근본적인 길인 '정의 변화'를 자칫 오해하거나 과소평가하게 된다.[31]

세계는 점차 좁아지고 있다. 이것은 이미 식상한 말이 되었다. 우리는 이동을 통해 더 많은 다양성을 접하고 있다. 다양함을 받아들이라는 말 역시 식상한 말이 되었다. 그러나 여전히 우리 주변에는 타자에 대한 비윤리적 대우, 차별의 문제가 만연하다. 우리는 어떻게 나와 다른 존재들을 인정하고 받아들이며 나의 윤리적 대상으로 포함시킬 수 있게 될까.

필자는 이러한 윤리적 변화는 우리 안의 좀 더 심층적인 부분에서 근본적인, 말하자면 정동 수준에서의 변화를 통해 이뤄질 수 있다고 기대한다. 이러한 맥락에서 이 글은 우선 정동을 둘러싼 토론을 정리하며 정동 개념의 핵심을 도출하고, 이를 통해 순자철학에서 성인의 길로 제시된 '정안례'가 정동 개념을 통해 설명될 수 있음을 보였다. 즉, 순자철학에 있어 정의 두 차원을 설명하고, 구체적인 드러난

---

30 앞서 본 것처럼 진태원(2016), 최원(2016) 등 다수의 스피노자 및 들뢰즈 연구자들은 '변용'이라는 해석을 선호한다.
31 기존의 순자 연구들이 이러한 오해와 과소평가를 잘 보여 준다.

감정의 바탕인 드러나지 않은 감정을 지칭하는 용어로 '정동'이 선택될 수 있으며, 순자가 말한 '정의 변화' 과정 역시 변용의 과정과 일맥상통한다는 점을 지목했다.

　마지막으로 밝히고 싶은 것이 있다. 정동 개념이 마치 만능 열쇠처럼 사용되고 있다는 지적은 정동 연구자들 사이에서도 제기된 바 있다. 그러나 이 글은 분명하게 '정동' 개념과 순자의 '정' 개념이 보이는 유사성을 우연적인 것으로 한정하고 있다. 필자가 '정동' 개념이 이미 순자철학에 내재되어 있었다는 식의 주장을 하려는 것이 아님을 다시 한 번 밝힐 필요가 있어 보인다. 필자가 보기에 양자의 겹침은 보다 원천적이고 근본적인, 구체화된 감정에 앞서고 기저에 있는 '어떤 것'이 있고, 그에 대한 인지를 양자가 각각 했기 때문인 듯하다.

참고문헌

《孟子》
《荀子》

김재인, 〈들뢰즈의 '아펙트' 개념의 쟁점들: 스피노자를 넘어〉,《안과 밖》43, 영미
　　문학연구회, 2017, 132~157쪽.
김종갑, 〈정동의 의미와 가능성〉,《영어권문화연구》12(1), 동국대학교 영어권문
　　화연구소, 2019, 1~27쪽.
멜리사 그레그 · 그레고리 시그워스,《정동 이론》, 최성희 · 김지영 · 박혜정 옮김,
　　서울: 갈무리, 2005.
박현선, 〈정동의 이론적 갈래들과 미적 기능에 대하여〉,《문화과학》86, 문화과학
　　사, 2016, 59~81쪽.
서지형, 〈'전이'와 '정동'에 관한 세 가지 접근: 프로이트, 라캉, 마수미〉,《프랑스학
　　연구》92, 프랑스학회, 2020, 185~215쪽.
아르노 빌라니 · 로베르 싸소 편저,《들뢰즈 개념어 사전》, 신지영 옮김, 서울: 갈
　　무리, 2012.
윤태양,《《순자 도덕철학의 구조적 특징과 한계》》, 건국대학교 박사학위논문,
　　2017.
조강석, 〈정동적 동요와 시 이미지〉,《현대시학》560, 2016.1, 36~48쪽.
존 어리,《모빌리티》, 강현수 · 이희상 옮김, 파주: 아카넷, 2016.
진태원, 〈정동인가 정서인가?: 스피노자 철학에 대한 초보적 논의〉,《현대시학》
　　563, 20164, 37~47쪽.
질 들뢰즈 외,《비물질노동과 다중》, 서창현 · 김상운 · 자율평론번역모임, 서울:
　　갈무리, 2005.
최원, 〈'정동 이론' 비판: 알튀세르의 이데올로기론과의 쟁점을 중심으로〉,《문화
　　과학》86, 문화과학사, 2016, 82~112쪽.

Massumi, Brian, "The autonomy of affect", *Parables for the virtual*, Duke University Press, 2002.

3부

모빌리티의 정의

아렌트의 '권리를 가질 권리' 개념의 기초적 고찰

임미원

이 글은《법철학연구》Vol. 22, No.1(2019)에 게재된 원고를 수정 및 보완하여 재수록한 것이다.

글로벌 현대사회는 '권리들의 시대', '인권정치의 시대'임에도, 인권의 문제는 여전히 해결되기 어려워 보인다. 20세기 후반 이후에 기존의 질서 관념으로는 설명도 해결도 되지 않는 민족-종교-문화적 다양성이 표출되면서 중세적 정전론正戰論을 연상시키는 국가 또는 비국가적 주체들 간의 갈등이 격화되어 왔다. 전쟁은 전쟁 이후를 예견하는 일정한 룰의 작용 하에서 수행되는 것이 아니라 적과의 어떤 공존 가능성도 남겨 두지 않는, 생활양식의 절대적 절멸의 방식으로 수행되었고, 그 과정에서 생겨나는 대량의 난민과 망명자들은 어떤 행위의 주체도 될 수 없는 타자로서 무권리의 공간에 갇혀 있다. 이 타자들의 등장으로 근대 이후 확인되어 온 보편적 인권과 민주주의의 타당성-확장성도 재차 흔들리고 있다. 인권의 문제에 있어서 기존의 관심이 국가주권 대 보편적 인권의 관점에서 인권침해 국가와 이에 개입하는 주도 국가(이른바 인권 선진국)의 권력 행사의 정당성과 한계 문제에 집중되었다면, 현재의 문제는 오히려 외국인·난민·망명자 등 타자들의 인권을 인정하지 않는, 즉 이들의 권리주체성을 부인하는 이른바 '보다 안전한 국가들'의 국경폐쇄-추방(배제-격리) 정책 앞에서 그 누구도 인권의 근본성을 단호히 주장하지 못하는 자유민주주의 체제-원리의 자기모순 속에서 드러나고 있다. 실제적으로 갈등은 난민, 이민자 등 타자에 관한 국가정책을 둘러싸고 발언하는 배타적 민족주의-보수주의자나 민주주의자들의 자의식 속에서 벌어지고 있는 듯하다.

이렇듯 21세기에도 여전히 인권의 문제는 규범적-정치적 논쟁의 대상이 되고 있다. 한편에서는 인권이념의 보편타당성에 기초하여 21세기의 상황에서 여전한 또는 더욱 절실해진 '인권정치'를 기대하고 요구하는가 하면, 다른 한편에서는 애초에 인권 담론에 내재하는 지배-권력적 속성을 비판하는 가운데 현 시대를 생명권력이 지배하는 예외상태state of exception를 넘어 죽음의 권력에 의한 포위상태 state of siege에 빠진 사망-사멸정치necropolitics의 시대로 규정한다.[1] 인권은 추상적이지만 여전히 보편의 힘을 지닌 규제적 이념인가 하면, 시대적-지정학적 상황 속에서 지배적인 권력-세력 관계의 형성-유지 수단이자 표현일 뿐이다. 억압적 권력에 맞서는 맨인간들의 방어막에서부터 지배적 권력 자체의 도구로까지 인권의 작용에 대한 해석의 스펙트럼은 넓게 펼쳐져 있다.

이로부터 우선 드러나는 바는, 인권이란 고유한 독자적-자기완결적 이념 자체라기보다 정치적-역사적 맥락 속에서 구성되거나 작용한다는 점이고, 다양한 인권 관념에는 그에 부합하는 일정한 정치 관념이 결합되어 있다는 점이다. 이와 관련하여 잉그램J. Ingram은 인권 개념에 전제된 '인권정치'의 세 이미지를 구별해 설명하고 있다.[2] 우선 전통적인 자유주의적 입장에서 인권은 보편주의적 도덕적 열의를 표현하며, 그 실현 차원에서 국가주도적statist 정치 관념과 결합된다.[3] 보편적 인권은 그 보호 또는 실행의 주체로서 효율적인 국가를 필요로 하기에 현실적으로는 국가를 가질 권리, 또는 파괴적이거나 무력한 국가(자국)을 대신하는 더 나은 외부-대체 국가의 개입의 권리와 이어지게 된다. 인권정치—인도주의적 개입 정치politics of

---

1   A. Barder, F. Debrix, "Agonal sovereignty: Rethinking war and politics with Schmitt, Arendt and Foucault", *Philosophy and social criticism* 37(7), 2011, pp. 775-793.

2   J. Ingram, "What is a "Right to have Rights"? Three Images of the Politics of Human Rights", *The American Political Science Review* 102(4), 2008, pp. 401-416.

3   J. Ingram, "What is a "Right to have Rights"? Three Images of the Politics of Human Rights", pp. 403-405.

humanitarianism—강자의 정치 계열이 형성되는 것이다. 이렇게 보편적 도덕원리로서 인권의 무조건적 적용 실현이라는 관점에서 도덕정치의 장에 머물 때, 인권은 평등한 존엄과 자유라는 선언적 목표와 그 인권을 보호 실현하는 우월한 강자의 권력 행사라는 수단 간의 이중성(불일치) 또는 행위-실행자와 수혜자 간의 불일치라는 모순에 빠지게 된다. 보편적 가치로 설정된 인권이 그것의 보호 실현 주체로서 보편적 강자를 불러들임으로써 타율성-권력성의 장에 갇히고 만다.

그에 비해 칸트를 이어받은 하버마스Jürgen Habermas, 벤하비브Seyla Benhabib의 절차주의-합리주의 입장에서는 도덕적 가치의 법적 제도화에 관심을 둔다.[4] 인권정치의 관심사는 인권이라는 보편도덕적 목표의 실현 수단으로서 제재 권력의 행사 및 그 정당화 문제가 아니라, 인권이라는 도덕적 가치의 실현을 위한 법과 제도의 재구성 문제이다. 즉, 도덕적 가치는 보편적 법과 제도 속에서 실정적으로 표현되어야 하며, 정치란 정당화 가능한 법과 제도를 형성-실행하는 과정이다. 21세기의 맥락에서는 글로벌 강자의 (권력 행사의) 논리가 아니라, 세계시민적 관점에서 글로벌 공영역의 형성 및 보편적-절차적 제도화를 지향하는 논리이다.

한편 좀 더 급진적인 민주주의의 입장에서는 이런 공적 제도화에 초점을 맞추는 대신 인권-권리주체의 자율성을 살리는 실천에 보다 큰 의미를 둔다. 보편적 인권의 실현을 위한 국가주도적 권력 행사의 정당화 문제나 인권의 사법화-제도화 문제보다, 인권을 정치적 권리로 의제화하는 주체들의 자율적인 정치행위성을 살리는 것이

---

4 J. Ingram, "What is a "Right to have Rights"? Three Images of the Politics of Human Rights", pp. 405-408.

이들의 관심사이다.[5]

이런 인권 실현의 스펙트럼 하에서 볼 때, 권리 약자(수혜자)를 위한 강자의 개입과 권력 행사라는 리버럴한 관점이나 인권의 보편적-합리적 제도화의 관점에서는 인권을 침해하거나 제도화하지 못하는 국가나 공동체를 대체하는 보편적 공동체(주권적 민족국가 중심의 국제 법질서 또는 글로벌 세계시민주의적 법질서)를 설정하게 되고, 이로부터 권력 실행 및 제도화에 있어 우월한 공동체와 그렇지 못한 공동체 간의 구별 및 위계-서열화를 거치면서, 궁극적으로 인권은 인권을 보호-실현해 줄 더 나은 공동체에 속할 권리를 의미하게 된다. 개인 대 이 개인을 침해하거나 보호하지 못하는 공동체의 관점이 문제의 출발점이고, 개인 대 이 개인을 물리적-제도적으로 보호하는 공동체에 소속될 권리 또는 효율적 국가-공동체를 가질 권리가 문제의 해결책이 된다. 실질적으로는 강자의 논리와 인도주의 이념 사이에서 '강자의 인도주의'가 인권의 가변적-자의적인 토대가 되는 것이다. 이는 근대 시민혁명기에 인간의 권리가 아니라 시민의 권리만이 존재한다고 주장한 버크[Edmund Burke]의 논리 속에 이미 간접적-역설적으로 내포된 바이고, 19세기 후반의 역사적 현실, 즉 국민-영토-주권의 통일성에 기초한 근대 국민국가 체제가 흔들리면서 이른바 강자의 패권적 반(反)인도주의에 의해 보편적 인간의 권리가 무기력한 종말을 맞았던 현실 속에서 확인된 바이다.

이런 인권의 딜레마에 대해 아렌트[Hannah Arendt]는 인권이란 특정한 권리 요구 이전에 그 전제-조건이 되는 틀로서 '권리를 가질 권

---

5   J. Ingram, "What is a "Right to have Rights"? Three Images of the Politics of Human Rights", pp. 408-413.

리right to have rights'를 의미한다고 주장했고, 이로부터 인권으로서의 '권리를 가질 권리'란 조직된 공동체에 속할 권리를 핵심으로 한다는 해석을 낳았다. 물론 아렌트의 인권 개념은 '더 나은 보편국가'에의 소속의 권리라는 이데올로기에 갇혀 있지 않으며, 그 어떤 형태든 조직된 공동체에 소속됨으로써 형성-체험되는 공동성 자체가 인간의 주체적-정치적 실존의 출발점이 된다는 근본 주장을 담고 있다. 권위-권력이 인간의 권리를 지켜 주거나 법과 제도가 인간의 권리를 구성해 내는 것이 아니라, 인간의 권리는 인간 자신의 정치적 수행-성취라는 생각이다. 아렌트의 인권은 자유주의적인 개인의 사적 자유나 국민국가-주권성에 묶여 있지 않으며, 비非지배로서의 이소노미아isonomia적 정치 관념에 기초해 있다. 평등한 구성원으로서 인간들 상호 간에 의견 교환과 행위가 이루어지는 출현의 공간을 만들고 유지하는 것이 정치이며, 어떤 의견의 통일성이나 목표의 단일성에도 제약되지 않는 의견의 다수성-다양성plurality 및 기존의 모든 맥락-조건을 끊고 새롭게 시작하는 자유freedom as new beginning가 되살려진다는 데에 정치의 의미가 있다. 그런 점에서 권리를 가질 권리란 세계 안에 의미 있는 장소, 즉 정치적 행위의 공간을 가질 권리 또는 국가, 도덕, 법률의 제도적 승인에 앞서는 평등한 구성원성에 대한 권리를 의미한다.[6]

---

6 "인권의 근본적인 박탈은 무엇보다 세상에서 거주할 수 있는 장소, 자신의 견해를 의미 있는 견해로, 행위를 효과적 행위로 만드는 그런 장소의 박탈로 표현되고 있다. 어떤 사람이 자신이 태어난 공동체에 소속되는 것이 더 이상 당연한 문제가 아니고 그것에 속하지 않는 것이 더 이상 선택의 문제가 아닐 때, 또는 어떤 사람이 범죄를 저지르는 경우를 제외하고는 다른 사람이 그를 어떻게 취급할지가 그의 행위에 좌우되지 않을 때, 시민의 권리인 자유와 정의보다 훨씬 더 근본적인 것이 위험에 처하게 된다. 인권을 빼앗긴 사람들은 바로 이런 극단적인 궁지에 처해 있는 것이다.

이런 기본 이해 하에 이 글에서는 아렌트의 '권리를 가질 권리' 개념을 두 가지 의미 차원에서, 즉 '칸트적-규범적' 의미 차원과 '정치적' 의미 차원에서 살펴보고자 한다. 이를 통해 포스트모던적 조건 하에서 표출되는 이른바 인권정치human rights politics의 자기모순 내지 이율배반성으로부터 '인간의 권리'가 자기복권될 가능성이 있는지 간접적으로 가늠해 보려 한다.

아렌트의 인권 개념 형성의 배경

역사적으로 유럽 중심의 근대에 형성된 민족-국민국가 체제 및 이들 간의 국제법 질서 하에서는 국가만이 영토-행정-군사적 독점권을 인정받은 유일한 행위자였고, 전쟁 역시 물리력(군사력)을 독점한 국가에 의해서만 수행되는 것이었다. 그러나 19세기 후반 이후 전통적 국가체제의 재편 속에서 민족-국민국가성은 크게 흔들렸고 국가 단위의 영토-행정-군사적 통일성도 급속히 약화되는 한편, 법의 지배나 대의제 민주주의 제도 역시 불신-붕괴의 위기에 직면하였다.

이런 시대적 위기 속에서 '상실된 권리로서의 인권이란 무엇인가'에 대해 사유한 결과가 바로 아렌트의 '권리를 가질 권리' 개념이다. 아렌트에 따르면 인간의 권리를 되살리는 데에는 인간의 선험적 자연권 또는 인간의 내면적 양심에 호소하기보다는 (권리주장의 가능

그들은 자유의 권리가 아니라 행위의 권리를 박탈당했고, 좋아하는 것을 생각할 권리가 아니라 의사를 밝힐 권리를 빼앗겼다. 어떤 경우에 특권이, 대개의 경우에는 불의가, 또 축복과 저주가 우연에 따라 그들에게 할당된다. 그들이 무엇을 하고, 했고, 앞으로 할 것인지에 전혀 상관없이." 한나 아렌트, 《전체주의의 기원 1》, 이진우 · 박미애 옮김, 한길사, 2006, 532~533쪽.

조건으로서) 공적인 정치행위의 공간(공영역)의 복원이 필요하고, 그런 다양한 의견 형성 및 행위의 공간에 접근하기 위한 전제 조건이 바로 '권리를 가질 권리'이다. '권리를 가질 권리'의 의미와 그것이 암시하는 권리의 근본성에 대해 아렌트는 《전체주의의 기원》에서 상세히 밝히고 있다.

이 책에서 아렌트는 근대의 인권선언 및 인권의 이념이 형성된 배경, 그리고 20세기 전후의 시대적 상황 속에서 인권 관념이 어떻게 작용했는지 분석한다. 그에 따르면, 근대의 인권 관념은 시민혁명기에 국가의 절대권력에 맞선 국민주권적 자기지배sovereign self-government 사상을 전제로 하여 발전되었고, 19세기까지 '정치공동체 내'의 문제를 해결하는 역할을 담당했다. 사실상 그것은 이미 정치공동체의 일원으로서 편입된 인간의 정치적 권리 요구이자 시민적 권리 요구였다. 그러나 제1차 세계대전 후 국민국가 체제의 붕괴에 따른 국제질서의 재편 과정 속에서 정치공동체 내에 포함되지 못한 인간군―소수민족, 난민, 무국적자들―이 대량 등장하게 된다. 이들이야말로 모든 정치적 귀속-정체성을 박탈당한 '맨인간human and nothing but human'들로서 인권선언이 이념적으로 주장하는 '인간'의 권리가 보장되어야 하는 존재들이지만, 전후의 국제질서 및 국가법 질서는 바로 이런 자들, 즉 인간으로서의 권리 말고는 어떤 정치적-사회적 권리도 언급할 수 없는 (갖지 못한) 자들, 인권의 보호가 가장 긴급한 자들이 등장한 순간 보편적 인권의 작동을 중지시키고 이들을 공동체 밖으로 영원히 밀어내고 말았다. 제1차 세계대전 종전 후 형성된 민족자결과 인권 중심의 국제질서 내에 바로 인권의 역설이 존재하는 것이다. 민족자결주의의 선언 하에 영토-국민-주권성의 재편이 일어나고 다민족 국가와 소수민족들, 승전국과 패전국 간의 이해관계가 얽히는 가운데, 자국민의 인간적·시민적 권리를 보장하는 각국의 인권 질서 내에 편입되지 못한 자들이 대량으로 등장했을 때, 국가는 더 이상 보편적 법의 지배 및 인권의 실현을 위한 기구가 아니라 민족 또는 지배적 다수 집단의 배타적 이익에 봉사하는 재량의 도구일 뿐이었다.[7] 자연적 인간 현존 자체라는 가정에 근거한 인권 관념은 그 인권을 신봉하는 자들이 '여전히 인간이라는 것 말고는 다른 모든 자격과 특정 관계를 상실한 인간들'과 처음으로 대면한 바로 그 순간 붕괴하였다는 것이 아렌트의 설명이다. 아감벤Giorgio Agamben의 개념으로 표현하면, 호모 사케르Homo sacer적 형상을 지닌 헐벗은 인간에게서 문명 세계는 그 어떤 신성함도 발견하지 못했던 것이다.[8]

"권리를 상실한 사람들의 재난은 그들이 생명, 자유와 행복 추구 또는 법 앞에서의 평등과 의견의 자유—주어진 공동체 안에서 발생하는 문제들을 풀기 위해 고안된 공식들인데—를 빼앗겼다는 것이 아니라 어느 공동체에도 속하지 않는다는 것이다. 그들의 곤경은 그들이 법 앞에서 평등하지 않아서가 아니라 그들을 위한 어떤 법도 존재하지 않기 때문이고, 그들이 탄압을 받아서가 아니라 아무도 그들을 탄압하려 하지 않는다는 데 있다. 단지 긴 과정의 마지막 단계에 가서 비로소 그들의 생명권이 위협을 받는다. 그들이 완전히 '불필요하게' 되고 그들을 '요구'하는 사람이 아무도 없을 때, 그들의 생명은 위험에 처하게 될지도 모른다."[9]

---

7 한나 아렌트, 《전체주의의 기원 1》, 501쪽; S. Benhabib, "Political Geographies in a global World: Arendtian Reflections", *Social Research* 69(2), 2002, p. 546.
8 한나 아렌트, 《전체주의의 기원 1》, 537쪽.
9 한나 아렌트, 《전체주의의 기원 1》, 531쪽.

'권리를 가질 권리'의 개념

아렌트에 따르면 이렇게 편입되지 못한 자들, 공동체로부터 자의적-폭력적으로 배제된 자들에게 가장 필요한 것이 바로 '권리를 가질 권리'이다. 근대적 인권의 몰락을 비판하면서 아렌트가 '권리를 가질 권리' 개념을 제시한 것은, 한편으로는 근대적 국민-주권국가 체제 하에서 인간이자 시민(국민)의 근본적 권리 보장을 뒷받침했던 인권 이념이 이런 국가체제가 붕괴-재편되고 다민족-다문화성을 내포한 국가 및 비非국가들이 등장하면서 '인간이자 시민'에 속하지 않는 자들의 권리 실현에는 무기력-무의미해졌다는 점, 다른 한편으로는 그럼에도 불구하고 이 소수자들의 근본적 권원성을 표현하고 보장해야 한다는 점에 대한 문제 제기이다. 이 권리 개념을 매개로 아렌트는 기존의 인권 관념의 한계, 그리고 인간의 근본적 권리의 형성 조건과 의미 내용을 제시하였다.

이런 아렌트의 '권리를 가질 권리' 개념에 대해서는 다양한 해석이 가능하며, 21세기의 맥락에서 주목할 만한 것은 벤하비브와 발리바르Étienne Balibar의 해석이다.[10]

---

10 '권리를 가질 권리'에 대한 해석은 다양하다. 스테파니 데구이어는 이 권리를 규범적 권리로 보는 벤하비브의 해석과 수행성을 발휘하는performative 권리로 보는 버틀러의 해석이 대표적이라고 설명하고, 이런 해석이 '소속 자체가 소속의 권리를 주장하기 위한 전제 조건이라는 재귀적 순환논리를 해결하지 못한다'고 지적한다. 스테파니 데구이어, 〈권리들을 가질 '권리'〉, 《권리를 가질 권리: 어디에도 속하지 못한 사람들을 위해》, 김승진 옮김, 위즈덤하우스, 2018, 38~68쪽. '권리를 가질 권리'의 여러 함의에 대해서는 박혁, 〈인권의 역설과 '권리를 가질 권리'의 의미: 한나 아렌트의 인권개념에 대한 고찰〉, 《시민사회와 NGO》 13(2), 2015, 149~192쪽을 참조.

벤하비브의 해석

칸트와의 연관성 ── 절차주의 철학자 벤하비브는 아렌트의 '권리를 가질 권리' 개념을 칸트의 실천철학과 연관지어 해석한다.[11] 그에 따르면 '권리를 가질 권리'라는 표현에서 첫 번째 표현된 권리와 두 번째 표현된 권리는 의미 내용에 차이가 있다. 첫 번째 권리는 일정한 공동체 내에서 형성되는 구체적이고 상호적인 권리 의무 관계 속에 자리 잡고 있으며, 역사적으로 점차 확대되어 온 시민적, 정치적 권리들 일반을 가리킨다. 권리의 상대방에게 그 권리에 상응하는 구체적 의무를 발생시키는 이 첫 번째 권리에 비해, 두 번째 권리는 공동체의 일원으로서의 근본 자격이나 권원성에 관한 것이어서 이권리 요구의 상대방-수신자가 누구인지 상대적으로 불명확하다. 이권리를 지닌다는 것은 인간이 어떤 인간공동체의 구성원 지위 및 그에 합당한 대우를 요구할 수 있다는 것이고, 그런 점에서 이 권리는 권리를 가질 자격-지위를 의미한다. 이 두 번째 권리의 난점은 그것이 단지 인간이기만 하면 누구나 지닐 수 있는, 공동체의 일원이 될 자격 또는 권한으로 보이면서도 실제로는 어떤 특정한 공동체의 시민적 정체성을 지니지 못한, 단지 인간이기만 한 자(맨인간)에게는 쉽게 의심-거부된다는 점이다. 이 권리가 인간(인류) 자체에 귀속되는 도덕적 권리에 가깝게 해석될 경우, 즉 개인으로서 인간(인류)공동체의 일원으로서의 지위로 해석될 경우 맨인간들로서도 누릴 수 있는 권리가 되지만, 특정한 시민공동체의 일원이 될 자격 또는 가능조건으로 해석될 경우 맨인간들에게는 쉽게 인정될 수 없는 권리가

---

11 S. Benhabib, "Political Geographies in a global World: Arendtian Reflections", pp. 539-566.

된다. 전자의 관점에서는 그저 인간-인류라는 존재 사실이 권리-권원성을 뒷받침해 주지만, 후자의 관점에서는 구체적인 시민적·정치적 권리가 부여되는 구성원으로서의 자격 인정 여부가 결정적이다. 이 권리 자격을 인정받을 때 비로소 시민적·정치적 권리 요구가 가능해진다는 점에서 마치 시민사회가 발행하는 입장권과 같다.

벤하비브의 해석에 따르면 이 '권리를 가질 권리'를 모든 구별과 차이에 앞서 인간 자체에 귀속되는 것으로 이해할 경우 칸트적 의미에서의 도덕적 성격의 권리와 유사해진다.[12] 칸트가 제시한 보편적 도덕원리로서 정언명령Kategorischer Imperativ의 목적 자체 정식Zweck-an-sich Formel에 따르면 인간(인간성)은 한갓 수단이 아니라 늘 동시에 목적 자체로서 다루어져야 하며, 모든 인간은 인간성(인간임)에 의해 유일하고 시원적인, 자유에 대한 권리를 지닌다.[13] 이 인간성의 권리(근본적 자유의 권리)로부터 (자유의 공존을 위한 가능조건으로서) 시민사회 내지 법적 결합체의 형성에 대한 보편적 요구가 정당화되며, 이 요구는 확정적 법 상태로의 진입에 관한 사회계약의 이념으로 표현된다. 즉, 잠정적 법 상태에서 확정적 법 상태로의 이행에 관한 만인의 합의된 의지라는 선험적 이념으로부터 시민사회 상태(법치 상태)의 필연성이 도출되고, 이 시민사회-법공동체의 출발점에는 인간성의 권리로서의 인간의 근본적 자유가 선험적으로 전제되어 있

---

12 S. Benhabib, "Political Geographies in a global World: Arendtian Reflections", pp. 549-550.
13 "자유(타인의 강제적 자의로부터의 독립성)는 그것이 모든 다른 사람의 자유와 보편법칙에 따라 공존할 수 있는 한, 자신의 인간성에 의해 모든 인간에게 귀속되는, 유일하고 근본적인 권리이다." I. Kant, *Die Metaphysik der Sitten, Rechtslehre*, W. Weischedel(Hg.), Werkausgabe Band VIII, Suhrkamp, 1982, AB45.

다. 아렌트의 '권리를 가질 권리' 개념은 이런 칸트의 법 및 권리 개념에 비추어 재해석될 수 있다. '권리를 가질 권리'를 지닌다는 것은 각 인간이 인간임으로 인해 근본적 권리 요구를 할 수 있고 무엇보다 인격체로서 시민사회 또는 법공동체의 공동구성원성을 요구-주장할 수 있다는 의미이다. '권리를 가질 권리'는 시민사회의 구성원이 될 권리 자격(가능조건) 또는 사법적-시민적 권리를 지닐 자격(가능조건)과 같다. 모든 인격체 내의 인간성의 권리로부터 자유의 보편적 제한-공존의 조건으로서의 시민사회(법치 상태)로의 진입에 대한 상호 합의 내지 상호 구속이 선험적으로 정당화된다는 칸트의 논리는, 인권을 박탈당한 인간에게 가장 절실한 '권리를 가질 권리'란 곧 시민사회의 구성원이 될 수 있는 근본적 권리(자격)를 의미한다고 본 아렌트의 견해와 이어질 수 있다.

다만 그 정당화 방식에 있어서는 차이가 있다. 칸트가 자신의 실천철학 체계에 일관되게 실천이성의 이념을 선험적 정당화 근거로 삼는다면, 아렌트는 자연-본성이나 역사성에 의존하는 정당화 방식을 거부한다. 권리를 가질 권리 또는 공동체의 구성원이 될 권리는 인간의 본성(자연)에 근거하거나 역사적 기원을 가진 것이 아니며, 오직 인간(인류) 자체에 의해 요구되고 보장될 뿐이다. 즉, 인간이 인간에게 요구-주장하고 인정-부여하는 권리로서, 인간으로 태어났고natality 그러므로 시작할 자유가 있다는, 삶과 행위를 시작한다는 사실이 근본 권원성을 뒷받침한다.[14]

"18세기의 인간이 역사로부터 해방되었듯이 20세기의 인간은 자

---

14 특히 '시작으로서의 자유'에 관해서는 한나 아렌트, 《과거와 미래 사이: 정치사상에 관한 여덟 가지 철학연습》, 서유경 옮김, 푸른숲, 2009를 참조.

연으로부터 해방되었다. 역사와 자연은 똑같이 우리에게 낯설게 되었다. 즉, 인간의 본질은 어느 범주를 가지고도 이해될 수 없게 된 것이다. 다른 한편, 18세기 동안 칸트의 용어로 조정 이념에 불과했던 인류는 오늘날 피할 수 없는 사실이 되었다. '인류'가 과거에 자연이나 역사가 맡았던 역할을 맡게 된 이 새로운 상황이 의미하는 바는 이런 맥락에서 권리를 가질 수 있는 권리 또는 인류에 속할 수 있는 모든 개인의 권리가 인류 자체로부터 보장받아야 한다는 것이다. 이런 일이 가능할지는 결코 분명치 않다."[15]

이렇게 인류(로서의 인간)가 인류(로서의 인간)에게 요구하고 인정하는 권리로서의 인권이라는 아렌트의 견해로부터 다시 벤하비브는 칸트의 세계시민 상태 및 영구평화의 이상과의 연관성을 이끌어 낸다. 칸트에 따르면 공법의 세 영역—국가법ius civitas, 국제법ius gentium, 세계시민법ius cosmopoliticum—에는 영구평화라는 목적 실현을 위해 필요한 각각의 제도적 전제들이 있으며, 그것은 개별 국가의 '공화주의'적 시민헌법, 자유국가들의 '연방주의'적 국제법 관계, '보편적 우호성'에 기초한 세계시민법이다. 즉, 선험적으로 합치된 만인의 의지라는 이념에 의해 자연 상태로부터 시민적-확정적 법 상태로의 이행이 가능하고, 개별적인 공화주의적 주권국가들로부터 소극적 국가연합(국제연맹)체를 거쳐 평화로운 교류 차원의 방문권을 보장하는 세계시민법을 통해 세계시민적 헌법 상태-영구평화의 상태에 근접해 간다는 구상이다. 특히 칸트는 만인에 의한 전 지구의 공유성 및 법 침해의 전 지구적 전파성을 근거로 하여, 모든 인간들은 보편적 세계시민으로서 평화적으로 상호 교류할 수밖에 없다고 설명했

---

15 한나 아렌트, 《전체주의의 기원 1》, 535~536쪽.

다.[16] 느슨한 세계시민적 상태일지라도 모든 인간은 적대시되거나 배제됨 없이 공동체 안에 머물러 교류할 수 있어야 한다는 것이다. 이를 뒷받침하도록 세계시민 상태의 인간들은 상호 간에 보편적 환대hospitality의 권리를 지닌다.

"세계시민법은 보편적 호혜성의 조건으로 제한되어야 한다."[17]

이 권리는 거주의 권리와는 다른 방문 교류의 권리 차원이고, (보편적 인류로서의) 인간의 권리와 (정치적 구성원으로서의) 시민의 권리 사이의 경계-접합적 권리 또는 특정 정치체의 구성원과 외부자 간의 관계를 규율하는 권리라고 할 수 있다.[18] 칸트에 따르면, 거주의 권리는 대상 국가의 주권자가 제공하는 특권이나 호의적 계약에 의한 것인 반면, 방문 교류의 권리는 해당 주권자에게 평화로운 체류를 허용할 의무를 부과한다. 그럼에도 이런 방문의 권리 차원의 보편적 환대의 권리는 사실상 세계시민법적 차원에서 작용하는 도덕적 구속력 이상의 보장 수단을 지니지 못한다. 전 인류의 세계시민적 질서 상태로부터 영구적 평화와 보편적 인권의 실현 가능성을 그려 낸 칸트의 세계시민법적 구상은 아렌트의 '권리를 가질 권리' 개념, 즉 맨인간으로서 (인류)공동체에 속할 권리로서의 인권 개념을 이끌어 내는 데에 절반의 토대를 제공해 준다. 한편으로는 주권국가 및 그 구성원들 간의 수직-수평적 관계의 영역 바깥으로 밀려나

---

16 I. Kant, *Die Metaphysik der Sitten, Rechtslehre*, AB81; AB83; A229; I. Kant, *Zum ewigen Frieden*, H.F. Klemme(Hg.), Meiner Verlag, 1992, B46.

17 I. Kant, *Zum ewigen Frieden*, B40; I. Kant, *Die Metaphysik der Sitten, Rechtslehre*, §62, A229, B4259; S. Benhabib, "Political Geographies in a global World: Arendtian Reflections", pp. 551-554.

18 S. Benhabib, "Political Geographies in a global World: Arendtian Reflections", p. 552.

머무는 외부자들은 비非시민, 무無권리자, '아무도 아닌 자'가 아니라 세계시민으로서 보편적 환대의 권리를 지닌다는 점이 분명하지만, 다른 한편으로는 평화적이고 일시적인 방문 교류를 넘어서는 영구적 거주 체류의 권리는 주권자의 호의라는 우연에 의존한다는 점, 그리고 역사적 실행-현실의 맥락에서 근본적으로 폭력과 전쟁으로부터 민족들을 보호하는 것은 세계시민법이 아니라 자연이라는 점, 즉 모든 민족들이 서로 통합되는 것은 자연에 의해서, 다시 말해 상호 교역 정신을 일깨우는 이기성(자기이익)을 통해서이며, 그런 점에서 '자연에 의한 영구평화의 보장, 결국은 자기이익에 기초한 평화적 교류의 가능성'에 의존하고 그에 머문다는 점 때문이다.[19] 이런 자연과 본성에 의한 보장 이외에 제도적 보장의 차원에서 칸트의 세계시민적 상태는 개별적 국가주권에 대한 제한이 필요하고 가능함을 전제하지만, 개별 주권을 통제하는 보편적 세계시민 정부를 상정하지는 않는다. 주권의 경계 안팎에서 보편적으로 합의되고 작동하는 제도화된 룰의 지배 상태가 극단적 갈등-전쟁 상태를 막고 영구평화로의 진전을 뒷받침한다는 것 이상으로 국가주권의 행사와 세계시민적 권리 요구 간의 규율 관계가 제시되지는 않았다. 아렌트의 경우는 인류의 일원으로서 인간의 근본적 권리(권리를 가질 권리)에 적대적인 개별 국가주권성과 인간의 정치체제의 다양성을 가로막는 세계정부성 모두를 비판하면서, 인간의 권리에 기초한 다양성, 자율성, 비지배의 정치를 대안적으로 묘사하였다.[20] 벤하비브로서

---

19 I. Kant, *Zum ewigen Frieden*, B65, p. 81.

20 국민-주권국가성에 비판적인 아렌트의 사유와 관련하여, 과연 아렌트의 인권 관념과 민족-국민-주권국가 체제는 수렴 불가능한, 상호 적대적인 것인가라는 의문이 제기된다. 이 점에 대해서는 다음의 문헌을 참조하기 바란다. E. Balibar, "(De)

는 주권 대 인권의 문제에서 주권을 일방적으로 불신하기보다는 인종-민족적 정체성을 대신하는 반성적인 집단 정체성reflexive collective identity의 형성 및 그에 기초한 시민적 민족주의civic nationalism의 가능성을 다소 낙관적으로 전망한다. 인권침해국에 대한 인도주의적 개입, 인류(인간성)에 반하는 범죄의 소추, 대량의 초국가적 이주에 대한 공동 규율 등 최근의 현상은, 국제법적 권리international rights를 넘어선 세계시민적 권리cosmopolitan rights 차원에서 국가주권을 규율할 수 있고 특히 인류가 주체가 되어 새로운 도덕적 사실new moral fact을 형성해 가고 있음을 보여 준다는 것이다.[21] 벤하비브는 칸트를 매개로 하여 근본적으로 인권이란 기존의 권리 목록-상태를 새롭게 재규정하는 집단적 실천을 포함하는 "민주적 반추democratic iteration"에 의해 형성된다는 입장, 그러면서도 인권 규범(권리를 가질 권리)의 효력은 민주적 반추에 달려 있기보다는 독립된 규범적 근거, 즉 의사소통의 토대-전제가 되는 맥락초월적인 근거에 달려 있다는 입장이고, 그런 점에서 근본적으로는 '권리를 가질 권리'에 대한 규범적 해석을 취했다고 할 수 있다.[22]

Constructing the Human as Human Institution: A Reflection on the Coherence of Hannah Arendt's Practical Philosophy", *Social Research* 74(3), 2007, pp. 727-738; M. Canovan, "Is there an Arendtian case for the nation-state?", *Contemporary Politics* 5(2), 1999, pp. 103-119; 세일라 벤하비브, 《타자의 권리: 외국인, 거류민 그리고 시민》, 이상훈 옮김, 철학과현실사, 2008; 김민수, 〈한나 아렌트의 〈전체주의의 기원〉에 나타나는 근대 민족국가와 인간의 권리문제: 제도와 권리의 이율배반을 중심으로〉, 《사총》 93, 2018, 285~317쪽.

21 S. Benhabib, "Political Geographies in a global World: Arendtian Reflections", pp. 556-564.

22 세일라 벤하비브, 《타자의 권리: 외국인, 거류민 그리고 시민》, 2008; A. Gündoğdu, *Rightlessness in an age of rights, Hannah Arendt and the Contemporary Struggles of Migrants*, Oxford, 2015, pp. 185-186.

실존적 칸트? —— 아렌트의 '권리를 가질 권리'는 한편으로는 그 권리의 근본성에 있어서 칸트적이지만, 권리의 정당화에 있어서는 선험-초월적 이념에 의한 정당화 대신 인류 자체라는 자기근거성에 의존한다. 그런 점에서 칸트적이면서도 탈형이상학-탈계몽주의적인 입장이라고 할 수 있다. 이런 아렌트의 인권 관념은 칸트적 관점의 실존화로 볼 수 있을 듯하다.

아렌트가 '권리를 가질 권리'의 준거-조건으로 삼은 인간-인류 자체는 칸트의 목적 자체성(목적 자체로서의 인간)보다 규범성을 낮춘 순수한 인간 자체성에 가까우며, 이성과 진보의 이상을 추구하는 계몽주의의 관점과도 거리가 있어 보인다. '권리를 가질 권리'의 내용은 시민사회 및 법공동체(확정적 법 상태)로의 공동 진입에 대한 요구 이전에 인간으로서의 실존적 공존에 대한 요구라고 할 수 있다. 아렌트로서는 아마도 인간들 간에 (그들이 인간인 한) 최초의 합의가 가능하다면 그것은 '서로의 권리를 확정적으로 인정하기로 함'보다는 '서로를 인간으로 인정하기로 함', 그리고 '바로 인간이기 때문에 인류 집단(어딘가)에 속하는 구성원이 될 자격을 인정하기로 함'일 것이다. 그 집단성을 시민사회 또는 법공동체로 규정하는 것은 자칫 문명과 계몽의 관점을 이입한 것일 수 있기에 '권리를 가질 권리'란 단지 출생했다는 사실로 인해 맨인간에게 주어져야 하는 것이고, 어떤 종류이든 공동체에 속할 수 있는 권리, 공동체의 구성원이 될 권리라고 표현될 수 있을 뿐이다. 아마도 홉스Thomas Hobbes의 관점에서라면 인간들 최초의 합의는 '각자가 생존을 위해 가능-필요한 모든 것을 할 수 있음', 즉 만물에 대한 자연권에서 출발하여 '극한 생존투쟁을 포기하고 공동의 권력에 복종-공존하기로 함'(평화와 복종의 자연법)일 것이다. 아렌트의 관점에서 볼 때, 인간 실존에 중요한 것은 인간들 간의 폭력-물리력의 위임-독점 가능성보다 공동체의 형성-소속 가능성이고, 그것이 20세기의 맨인간들에게는 가장 충족되기 어려운 조건이었다.[23] 그런 점에서 '권리를 가질 권리'는 시민적 법 공동체의 시민 자격에 대한(시민 자격을 향한) 권리 이전에 인간(인류)공동체의 구성원 자격에 대한 요구-주장에 가깝다. 이 권리 개념을 근대와 계몽에 묶어 둘수록 이 권리는 문턱을 지니게 되고, 포함-포용보다는 구별-배제의 논리와 이어질 수 있다. 시민사회가 발행하는 시민사회로의 입장권이 아니라 인류공동체가 인정하는(지켜주는) 인간사회(인류)에의 소속-성원권으로 해석될 때 '권리를 가질 권리'는 모든 인간(인류)을 수신자로 하는, 맨인간들의 생존-존재 요청으로서 해석될 수 있고, 그 권리의 침해는 인류의 생존 요청 또는 인간성 자체에 반하는 행위로 규정될 수 있다. 근대의 계몽주의적-시민적 권리 요청에 앞선 실존적 존재 요청으로 이해하는 것은 적어도 아렌트의 20세기 세계 인식에 부합하는 듯하다.

물론 이렇게 맨인간들이 귀속되는 인간-인류공동체가 그 어떤 세분화된 특성-징표를 갖지 않는 집단-공동존재성으로 이해될 때, '권리를 가질 권리'의 의미내용은 전부 아니면 전무의 것이 될 수 있다.

---

[23] "전 세계적으로 새로운 정치 상황이 출현하면서 수백만 명의 사람들이 권리를 가질 수 있는 권리(그것은 어떤 사람이 그의 행위와 의견에 의해 평가를 받을 수 있는 하나의 구조 안에서 살고 있다는 것을 의미한다), 그리고 어떤 종류의 조직된 공동체에 속할 수 있는 권리를 잃고 다시 얻을 수 없게 되면서, 우리는 비로소 그런 권리가 존재한다는 사실을 깨닫게 되었다. 문제는 이런 재난이 문명이 부족하거나 미개하거나 또는 단순한 폭정으로 인해 발생한 것이 아니라, 그 반대로 이 재난이 복구될 수 없다는 데 있다. 그것은 지구상에 이제 '미개한' 장소가 존재하지 않고, 원하든 원치 않든 우리가 이제 하나의 세계에서 살기 시작했기 때문이다. 완전하게 조직된 인류와 더불어 고향과 정치 지위의 상실은 인류로부터 배제되는 것과 동일하게 되었다." 한나 아렌트, 《전체주의의 기원 1》, 533쪽.

한편으로는 인간-인류공동체에의 소속 가능성(구성원 자격)이 구별-배제 없이 주어짐으로써 비로소 모든 인간에게 인간적 존재 실현(인간화)의 가능성이 열린다고 볼 수 있지만, 다른 한편으로 이 권리는 '생명체로 태어나 생존함', '아무도 아닌 자는 아님'에 대한 확인 이상의 의미를 갖지 못한다. 인간-인류공동체에 소속될 수 있는 자격의 부여가 단지 탄생성-자연존재성의 인정일 뿐이라면, 이 인간-인류공동체라는 공간은 이미 탄생하여 생존하는 인간에게는 의미내용(효용) 없는 둘레-공간에 불과하다. 그런 점에서 '권리를 가질 권리'는 자연존재성을 넘어서는 인간화의 가능성 또는 '아직 아무도 아닌 자'가 스스로 '의미 있는 어떤 자'가 되어 갈 가능성을 잠재적으로 내포-지향하는 것일 수밖에 없다.

발리바르의 해석: 정치에 대한 권리

자연적 본성에서 정치성으로 ── 근대 시민혁명기의 인권선언 이후 인간의 불가침성 및 규범적 주체성에 대한 으뜸 논거로 작용해 왔던 보편적 인권 관념이 19세기 후반 이후 이론적-실천적 자기모순을 드러냈을 때, 아렌트는 '더 이상 기존의 인권 담론으로는 안 됨'을 역설하였다. 그의 분석에 따르면, 전체주의 체험 이후 인권이란 무엇인가에 대한 재사유가 필요했지만, 20세기의 세계는 18세기 인권선언의 반복에 불과한 1948년의 인권선언Universal Declaration of Human Rights에 머물렀고, 그것은 '국민국가와 인권의 동시적인 종말'이라는 역사적-정치적 현실을 간과한 것이었다. 아렌트의 인권에 대한 분석은 무엇보다 근대의 자연법적 인권 관념에 대한 비판을 매개로 한다.《전체주의의 기원》에서 아렌트는 정치적 보수주의의 입장에서 보편적 자연권으로서의 인권 관념을 비판했던 버크의 주장,

즉 영국인의 권리가 있을 뿐 인간의 권리란 없다는 주장에 주목한다. 아렌트가 자기 시대의 정치 현실과 연관지어 이해했던, 버크류의 자연법적 인권 비판의 요지는, '권리'란 무엇보다 규범적 요구이고, 모든 효력 있는 규범적 요구는 법적 재가(입법)를 수반하는 정치적 결정을 전제하므로, 인간의 권리는 특정한 정치-법공동체(국가)를 전제이자 한계로 한다는 것이다. 특정 정치공동체(국가)의 법적 결정(입법)에 의해서만 권리가 존재할 수 있다는 점에서 국가-법적 맥락을 초월해 있는 자연적 인간의 권리란 불가능-무의미한 주장일 뿐이다. 이런 근대 인권 형성기의 비판으로부터 아렌트가 공감-인식한 것은 근대의 보편적 인권 관념은 자연권이라는 그 선험-보편적 근거 제시에도 불구하고, 근대 국민국가(주권성), 주권국가로서의 영토적 한계(국경-영토성), 주권국가의 구성원(국민)이라는 조건 하에서만, 즉, 주권-영토-국민의 통일성을 전제해서만 실현-주장 가능한 요구라는 점이었다. 인간의 근본적-보편적 권리를 정당화하기 위해 선험적-보편적 자연법이라는 거대한 이념적 근거에 의지하더라도 사실상 이미 특정한 정치적-법적 공동체에 속해 있는 인간만이 그런 근본적인 권리의 주체가 될 수 있다는 한계-역설이 존재한다. 귀속되는 권리가 근본적일수록, 불가양의 절대적이고 강한 권리일수록 국가적-법적 (보호 또는 배제의) 장벽을 전제하며, 그 장벽 안쪽의 자에게만 권리주체성이 인정된다. 선험적-보편적인 자연-본성이 아니라 특정 시대의 특정 국가-입법이 인간을 권리주체로 만들고 보호하는 것이어서, 국민국가의 형성기에 인간의 근본적 권리주체성을 이론적-실천적으로 정당화해 주었던 자연법-자연권 이론은 국민국가의 쇠퇴기에 이르러 이런 권리주체성을 더 이상 보호해주지 못했다. 즉, 국민국가의 쇠퇴와 함께 특정 국가의 국민 자격(국적)을 지니지 못한 인간들이 국민국가의 영토-국경 외부로 밀려났을 때, 자연적-보편적 맨인간의 권리로서의 인권 관념은 결정적으로 무기력-무의미해졌다.[24]

아렌트는 이런 인권의 위기 현상에 대해 '맨인간의 권리로서의 인권이란 없다'라고 단언하는 한편, 그럼에도 이런 국가(주권), 영토(국경), 국민-시민성(국적)에 기초한 인권-기본권과는 다른 차원의 근본적 권리귀속성을 포기하지 않았다. 그 잠정적인 해결은 적어도 다시 선先국가성으로 돌아가는 방식, 즉 국가에 우선하는 자연적-도덕적 성격의 권리 내지는 권리주체성을 이끌어 내는 방식은 아니다. 오히려 특정한 정치적-법적인 소속-지위성을 떠나서는 그 어떤 근본적 권리(인권)나 권리주체성도 존재-실현 불가능하다는 인식을 통해 정치적 출발점으로서의 인권, 또는 최초의 정치적 소속-지위 획득 가능성으로서의 인권을 구상하였고, 그런 근본적 권리성을 '권리를 가질 권리'로 표현하였다.

정치적 권리로서의 인권 —— 인간의 근본적 · 정치적 권리에 관한 구상으로서 이해할 때, 아렌트의 인권 개념은 몇 가지 특징을 갖는다. 우선 아렌트의 관점에서 권리란 근본적으로 자연인으로서의 인간에게 귀속되는 것이 아니라 이미 특정 공동체를 전제로 그 구성

---

24 "… 국민의 권리 상실은 어떤 경우에든 인권의 상실을 수반했다. … 인권의 복구는 국민적 권리의 확립이나 복구를 통해서만 이루어질 수 있다. 인권 개념은 인류라는 것이 존재한다는 가정에 근거를 두고 있는데, 인권을 믿는다고 고백한 사람들이 인간이라는 사실 외에는 모든 다른 자질과 특수한 관계들을 잃어버린 사람들과 마주치는 순간, 인권 개념은 파괴되었다. 세상은 인간이라는 추상적이고 적나라한 사실에서 신성한 것을 전혀 발견하지 못했다." 한나 아렌트, 《전체주의의 기원 1》, 537쪽.

원으로서의 인간이 상호 간에 요구-주장할 수 있는 바이다. 즉, 특정 공동체의 유지 및 구성원의 공존 방법에 관한 정치적인 결정의 과정 및 결과로서 형성-실현된다. 그런 점에서 인간의 근본적 권리는 자연적-선험적인 근거를 갖는 것이 아니라 정치적 실행성을 전제-내포한다. 이런 사실과는 달리 인간의 자연적-보편적 권리를 선언한 근대의 인권선언은 사실상 특정 공동체의 정치적-법적 결정을 전제하는 권리를 자연적 인간에게 무전제-무조건적으로 부여함으로써 '자연인'의 '실정적' 권리라는 모순적 선언에 머물고 말았다. 인권(근본적 권리)을 정치적-법적 맥락에 의존하는 일차적-실정적인 지위-능력(의 획득 가능성)으로 이해하는 대신 선정치적-자연적 맥락 속에 자리 잡은 내재적-초월적인 지위-속성으로 이해함에 따라, 인권은 정치적 결정의 영역(정치적 실행의 차원)으로부터 자연의 영역으로 옮겨 갔고, 결과적으로 정치적인 것이 자연적인 것으로 환원-격하되고 말았다. 정치적 결정의 원리를 자연적 인권의 이름(형식)으로 표명하는 것은 정치의 자연화와 같으며, 결국 정치적-법적 인간화의 문제를 자연적 인간의 문제로 비非정치화시킨 것이다.[25] 이렇게 공동체의 정치적 근본 토대의 문제를 손쉽게 생략해 버림으로써 귀결된 것이 바로 20세기 인권의 무기력한 종말이었다. 아렌트의 관점에서는 서로 같지 않은(불평등한) 자연적 인간들을 정치공동체의 평등한 구성원으로 만드는 것이 정치의 과제이자 인권의 난제이며, 그 해결은 인간의 자연적 본성을 환기시키는 것이 아니라 인간의 정치적 조건을 재구성하는 방식이어야 했다. 아렌트에게 있어 인간의 권

---

25 Ch. Menke, "The "Aporias of Human Rights" and the "One Human Right": Regarding the Coherence of Hannah Arendt's Argument", *Social Research* 74(3), 2007, p. 745.

리(인권)에 관한 근본 전제는 '모든 권리는 정치적 권리이다'라는 것이고 권리는 정치공동체성을 근본 조건으로 하는 것이기에, 인간에게 절실히 필요한 기본적-일차적 권리(인권)는 공동체에 (정치적 구성원으로서) 속할 권리이다. 즉, 구성원으로서 누리는 권리들은 애초에 구성원이 될 권리자격을 지닌 자에게만 허용된다는 점에서 정치공동체성을 누리지 못하는 자들, 정치공동체 바깥으로 배제된 자들에게는 구성원으로서 누리는 권리 이전에 구성원이 될 권리(자격-지위)가 필수적이다. 그것은 최초로 정치공동체에 속할 권리, 비로소 정치공동체의 구성원이 될 권리이고, 아렌트의 '권리를 가질 권리'가 의미하는 바이다.

이 권리는 공동체의 구성원으로서 평등한 기본적 권리들을 누리기 위한 가능조건과 같으며, 근대적 인권 관념의 결정적 한계에 빠져들지 않은 관념이다. 즉, 한편으로는 인권을 보편-선험적인 자연-본성에 근거한 자연인의 권리로 설명함으로써 사실상 어떤 실천적-실정적-정치적 의미도 지니지 못하게 되는 자연권적 한계, 또 다른 한편으로는 인간의 권리귀속성의 전제로서 근대국가적 맥락을 설정함으로써 사실상 영토-국민-주권성에 부합하는 인간(구성원)만이 권리의 귀속주체가 되는 국민국가적 한계를 각각 극복한 것이 아렌트의 인권 구상이다. 선험적 자연법(자연 상태)의 맥락과 영토-국민-주권성(국민국가 상태)의 맥락에서 벗어나, 맨인간들이 평등하게 누려야 할 최초의 근본적 권리는 정치적 공동체의 능동적 구성원이 될 권리, 정치에 대한 권리(정치적-공적 인간이 될 권리)라는 것이다.[26]

---

26 버밍햄에 따르면, 바로 이런 아렌트의 '권리를 가질 권리' 관념이 발리바르가 주장했던 '정치에 대한 보편적 권리universal right to politics'요구에 대해 규범적 기초

발리바르의 '정치에 대한 보편적 권리' —— 인권을 특히 '정치에 대한 권리'로서 재해석한 정치철학자가 발리바르이다.[27] 그에 따르면 아렌트의 정치 관념은 근대의 인간과 제도에 관한 딜레마와 역설에 기초해 있으며, 이를 보여 주는 두 논거가 '권리를 가질 권리' 개념과 '이소노미아isonomia' 개념이다. 민족-국민국가 체제 하에서의 인간과 시민의 권리, 그리고 정치적 이상으로서의 데모크라티아demokratia와 이소노미아의 관계에 주목한 발리바르는 아렌트의 '권리를 가질 권리'에 전제된 제도적 형상(이상)이 바로 이소노미아이고, 그 핵심은 평등한 자유equal liberty라고 보았다. '권리를 가질 권리'에 대한 그의 해설에 따르면, 이념상 인간의 권리는 시민의 권리와는 독립적이며 더 근본적이다. 역사적으로 근대 국민국가 체제에서 인간의 권리는 국가권력 및 시민의 권리에 대한 정당화 근거였고, 인간의 권리는 시민 이전에(시민의 권리와는 독립적으로) 단지 인류 공동체에 속하는 자들의 존엄의 기초로 인식되었다. 그러나 근대 후기에 국민국가-시민권의 체계가 흔들리면서 인권은 붕괴되었고, 이는 인권이 오히려 국민국가와 시민권에 의존해 있다는 역설을 보여 준다. 아울러 권리란 개별 주체들이 독립적-배타적으로 지니는 성질-특성이라기보다, 일정한 공동의 세계를 구성하는 개인들이 서로에게 부여-인정하는 관계적인 성질임이 드러난다. 근대 국민국가로

를 제공해 준다. P. Birmingham, "The An-Archic Event of Natality and the "Right to Have Rights"", *Social Research* 74(3), 2007, p. 774.

[27] 발리바르의 정치 관념 및 아렌트와의 연관성에 대한 상세한 분석으로는 다음의 논문들을 참조. 진태원, 〈무정부주의적 시민성?: 한나 아렌트, 자크 랑시에르, 에티엔 발리바르〉, 《서강인문논총》 37, 2013, 47~85쪽; 전혜림, 〈인간과 시민, 자유와 평등 사이: 아렌트와 발리바르의 인권과 시민권의 정치〉, 《철학논집》 47, 2016, 123~150쪽.

부터 배제, 추방된 난민, 무국적자들은 이 공동체의 구성원 자격을 박탈당한 자들이면서 이전에 누렸던 권리(자격)들을 부인당한 자들이다. 더 이상 어떤 공동 세계에도 소속되지 못하는 인간들은 상호적으로 관계를 형성할 구성원성을 잃었다는 점에서 권리(서로 인정하는 성질 자격) 자체에 대한 접근-형성 가능성이 차단된 자들 내지는 권리 형성-보유의 전제 조건(공동체 소속성)을 갖추지 못한 자들이다. 이들이 근본적으로 빼앗긴 것은 권리 이전에 '권리를 가질 권리'(권리의 가능조건)이고, 이 권리에 대한 요구 자체는 제도적-실정적인 근거-토대를 갖지 않는다. 즉, 국가-제도공동체를 전제하지 않는다. 그런 점에서 인간-인류공동체라는 가장 단순한 존재 가정에 기반하여 주장될 수밖에 없는 권리이고, 역사적으로는 근대 국민국가라는 제도공동체에 의존하여 우연히 인정되었던 권리이자 바로 그 체제에 의해 부인된 권리이다. 또한 그렇게 부인됨으로써 비로소 독립적으로 드러나고 요구된 권리이기도 하다.[28] 이런 관점 하에서는 누군가로부터 시민의 권리를 완벽히 박탈하는 유일한 방법은 그를 시민공동체로부터 배제하는 것이고, 되돌아올 수 없게끔 인류공동체라는 관념 자체까지 삭제하는 것이다.

이렇게 아렌트의 인권 관념에는 인간, 권리, 정치-제도공동체 간의 상호성과 이율배반이 내포되어 있다. 발리바르에 따르면 아렌트의 견해는 공동체만이 권리를 만들어 낸다는 의미는 아니지만, 정

---

28 E. Balibar, "(De)Constructing the Human as Human Institution: A Reflection on the Coherence of Hannah Arendt's Practical Philosophy", pp. 732-733. 발리바르는 '시민의 권리가 제거되거나 파괴되면 인권 역시 파괴되고 마는' 역설을 "아렌트의 정리 Arendt's theorem"라고 표현했다: 진태원, 〈무정부주의적 시민성?: 한나 아렌트, 자크 랑시에르, 에티엔 발리바르〉, 68쪽.

치-제도공동체로부터 분리된 상태에서 인간은 자연적 성질을 가질 뿐 어떤 특정한 권리 자격(구성원 상호 간에 인정하는 성질 자격)도 갖지 못한다는 것이다. 즉, 행위의 상호성을 뒷받침하는 정치-제도공동체로부터 분리될 때, 인간주체란 존재하지 않는다. 정치-제도공동체가 (구성원 상호 간의) 권리 형성을 뒷받침하고, 이 권리가 인간주체의 형성과 결합되어 있다는 점에서 발리바르는 "인간humans이란 단지 자신의 권리들이다"라고 말한다.[29] 그러나 바로 이 권리 및 인간주체 형성의 장인 공동체가 오히려 권리 체계를 무너뜨리고 그럼으로써 인간을 파괴할 수 있음을 근대 국민국가 체제가 보여 주었고, 이것이 제도공동체-권리-인간 간의 관계에서의 이율배반성이다. 이율배반에 빠져들면서도 결국 이로부터 벗어나는 것은 권리 형성의 가능조건 차원에서 정치-제도공동체의 구성 및 참여의 가능성에 달려 있으며, 그것이 바로 정치-제도공동체의 공동 구성 및 참여에 대한 권리(정치에 대한 권리)라는 차원에서 아렌트의 '권리를 가질 권리'가 필요한 이유이다.

이와 더불어 아렌트의 정치 개념을 뒷받침하는 또 다른 논거가 이소노미아(비非지배non-archè)이다.[30] 이소노미아적 공동체의 개인들은

---

29 "Humans simply are their rights": E. Balibar, "(De)Constructing the Human as Human Institution: A Reflection on the Coherence of Hannah Arendt's Practical Philosophy", p. 734.

30 E. Balibar, "(De)Constructing the Human as Human Institution: A Reflection on the Coherence of Hannah Arendt's Practical Philosophy", pp. 734-736. 무엇보다 정치를 다원적-공존인 자유 행위로 이해하는 아렌트의 관점에서는 인간들이 자유롭고자 할 때 (획득해야 할 것이 아니라) '반드시 포기해야 할 것'이 바로 주권-권력이다. 이렇게 비권력-비지배로서의 정치이자 자기목적적-순수목적pure ends의 정치를 지향하는 가운데 아렌트는 일관되게 '인간화되기 위해, 비非인간이 되지 않기 위해 정치화될 것'을 요구한다: 한나 아렌트, 《과거와 미래 사이: 정치사상에 관한 여덟 가지 철학연습》, 서유경 옮김, 푸른숲, 2009, 225쪽. 이소노미아 개념에 대해서

어떤 배제나 유보-전제 없이 공영역 내에서 발언하고 새로 시작할 권리를 상호 인정할 수 있다는 점에서 '권리를 가질 권리'가 충족된 상태이다. 즉, 이소노미아란 권리를 가질 권리(권리를 요구할 권리)에 전제된 제도적 형상(이상)과 같다. 자연적 불평등(차이) 상태의 인간들은 이소노미아적 공동체에서 비로소 권력이나 권위, 지배, 불평등에서 벗어나 공영역에서의 평등과 자유에 접근할 수 있다. 제도가 인간들의 공적-정치적 평등을 만들지만, 그 제도는 비지배적 지배성을 행사할 뿐 평등과 자유의 실정적 보장을 제공하지는 않는다. 자유로운 동의의 조건을 만들어 내는 수평적 결합체이기에 평등과 자유의 형성 실현에는 늘 우연성, 위험, 비결정성이 동반되고, 불복종과 저항의 가능성까지 포함된다. 이런 이율배반성을 내포하는 이소노미아적 공동체에서만이 권리를 가질 권리가 실재할 수 있고, 구성원 자격을 박탈-제한당하지 않는 인간주체들(의 관계)이 형성될 수 있다.

이런 관점에 따르면, 인간들 상호 간의 관계 형성의 최초 가능성(가능조건)에 관한 정치적 자의식의 표현이 '권리를 가질 권리'이고, 권리를 가질 권리가 유보-제한 없이 가능한 공동체 질서가 이소노미아이며, 생각할 수 있는 완벽한 최대의 이소노미아적 공동체는 인류공동체일 것이다. 이런 이소노미아적 지배 상태에서 구성원들이 지니는 '권리를 가질 권리'의 핵심은 무엇보다 평등한 자유equal liberty이다. 이렇게 '권리를 가질 권리'를 평등한 자유에 대한 권리로 해석할 때, 이 권리는 시민권의 민주주의적 기초 내지는 헌법적 구성constitution of the constitution을 의미하게 되며, 근대의 두 정치 원리, 즉 인간을 기본적 권리의 주체로 설정한 칸트의 원리와 인간을 민주주

는 김현철, 〈이소노미아〉, 《법철학연구》 21(1), 2018, 81~110쪽을 참조.

의적 주권자로 설정한 루소의 원리를 동시에 넘어설 수 있게 된다. 달리 표현하면, 권리를 가질 권리의 구체적 핵심을 '평등한 자유'로 이해할 때, 이 권리를 지니는 것은 칸트식으로는 기본권의 주체가 될 권리를 지니는 것이면서, 루소식으로는 일반의지의 형성에 참여할 권리를 지니는 것이다. 즉, 모든 인간을 기본권의 주체인 동시에 정치공동체의 민주주의적 주권자로 만들어 주는 '인간이자 시민의 권리human civic rights'를 의미하게 된다.[31] 루소가 일반의지의 공화국의 인민주권 이념에 기초하여 '공화국의 시민'과 '인간'을 구별할 수밖에 없었다면, 칸트는 추상적 개인주의 또는 세계시민주의의 차원에서 권력을 제한-통제하는 다중의 개인성에 머물러 있었다. 그런 점에서 평등한 자유의 원리를 내포한 '권리를 가질 권리'의 구상은 이중의 한계, 즉 일반의지에 기초한 민족적-주권적 공동체의 외부를 미처 고려하지 못한 루소의 한계와 인간성humanity의 권리로부터 정치적 권리로 미처 나아가지 못한 칸트의 한계를 동시에 극복하려는 프로젝트 내지는 정치적 공동 행위 속에서 집합적-상호적인 권리의 성취에 이를 가능성을 모두에게 열어 놓으려는, '정치에 대한 보편적 권리'의 프로젝트로 볼 수 있다.

아렌트의 인권 구상의 난제들

아렌트의 '권리를 가질 권리' 개념은 무엇보다 권리의 정당화 차원에서 난점을 갖는다. 이 근본적 권리의 근거는 무엇인가라는 문제

---

31 E. Balibar, "Is a philosophy of Human Civic Rights possible? New Reflections on Equaliberty", *The South Atlantic Quarterly* 103(2/3), 2004, pp. 311-322.

앞에서 다시 아렌트의 사유 맥락으로 돌아가 본다면, 아렌트는 인권에 관한 근대적 담론, 즉 인위적인 국가-국민성을 초월한 자연-본성에 근거하여 인간에게는 보편적이고 평등한 존엄-권리가 귀속된다는 담론에 비판적이었다. 제한된 특정 국가-시민성을 떠날 때, 인간은 최초의 자연-본성으로 돌아가 자유롭고 평등하며 존엄한 존재로서의 권리-자격을 지니는 것이 아니다. 국가-국민 주권성의 바깥에서 인간은 비非국민, 비非시민인 동시에 비非인간일 뿐이다. 모든 인간을 자연권적-보편적 인권의 귀속주체로 전제했던 인권의 정당화 논리가 사실상 국민국가의 구성원이 아닌 자들, 국민-주권국가라는 구체적 수신자를 갖지 못한 맨인간들에게는 무용한 것이었기에, 아렌트가 역설한 새로운 인권 패러다임은 국민국가 보호 체계 바깥의 인간들을 보편적 자연인이라고 범주화시켜 이들 고유의 자연-본성적 권리를 주장하는 방식이 아니라, 이들에게 국민국가 체계 내로 진입-참여할 권리를 부여하는 방식이었다. 이런 최초의 진입 자격-능력에 대한 요구가 곧 구성원이 될 권리로서의 인권이며, 이를 통해 구성원으로서의 기본적 권리들에 대한 접근이 가능하다는 점에서 '권리를 가질 권리', '권리를 요구할 권리'라고 표현하였다. 여기서 아렌트의 관심은 인권이라는 근본적 권리주장의 근거를 마련하는 것보다는 인권이라는 근본적 권리주장에 내포된 인간의 실존적-경험적 근본조건성을 밝히는 것이었다. 그것은 인간 누구나 출생한다는 사실(출생성)이다. 출생성은 우연성, 무한한 비가망성infinite improbability을 동반하며 새로운 시작 가능성을 뒷받침한다. 새롭게 시작할 가능성이 있다는 것은 태어난 자만이, 태어난 자로서 자유를 지닌다는 의미이고, 그런 자유로 인해 늘 새롭게 자기를 표현하고 행위할 수 있다는 의미이다. 인간의 근본적 권리는 이런 인간의 실존적-경험적 근본 조건(출생성) 및 특징들(자유, 시작함, 함께 말하고 행위함)과 연관된 근본 요구로서, 사실상 이런 근본 특징들을 드러내 주는 공동의 제도적 공간(에의 진입-소속)에 대한 요구와 같다. 이 근본적 권리는 주권-국민국가적 한계를 벗어나 있지만 선험적 자연권의 논리(자연-본성에 의해 선험적-보편적 권리를 부여받은 자)에 의존하지 않는다. 어쨌든 이 세계에 태어났기 때문에 자유롭게 시작-행위할 수 있도록 공적-정치적 공간에 진입하고 머물려는, 이 세계에 태어나 존재하는 모든 자들을 상정한다. 이런 요구는 근본적으로 공적 인간화가 그 누구에게도 차단-거부되어서는 안 된다는 의미이고, 사실상 모든 인간의 정치공동체 귀속성 또는 전 인류의 정치공동체화 가능성을 암시한다. 인권의 선험적 근거를 제시하는 대신 인간-인류의 현존 자체에 의거하는 방식, 즉 인간으로 태어나 인류의 일원이라는 경험적-실존적 존재 조건으로부터 권리-정치-행위의 필요성과 의미를 도출하는 방식인 것이다.

이런 정당화 근거의 (불충분성) 문제에 이어 아렌트의 권리 구상은 그 실현-보장의 차원에서 또 다른 난점을 갖는다. (최초로) 공동체에 속할 권리로서의 인권은 인간의 출생성과 시작으로서의 자유라는 인간 공통의 실존 상태로부터 그 근본성을 이끌어 내지만, 바로 그런 만큼 인권(권리를 가질 권리, 공동체에 속할 권리)의 실현을 뒷받침해 주는 또 다른 차원의 보장의 심급이 필요할 수밖에 없다. 그런 점에서 '전 인류의 정치공동체화' 또는 '정치적 인류공동체성'이라는 관념은 보편-선험적인 자연이라는 정당화 근거를 대신하는 경험-역사적 보장의 심급이 아닌가 질문해 볼 수 있다. 아렌트에게서 인간의 정치화 가능성에 대한 (자연법적이지 않은) 보편적 보장은 인간의 '정치적 본성'이라는 최초의 자연 상태로의 소급-환원이 아니라, 정치적 인류공동체의 형성 내지 전 인류의 정치공동체적 진화라는 최후의 역사 상태를 선취함으로써 해결되는 듯이 보이기 때문이다. '권리를 위한 권리'를 곧 정치적 공동체에 속할 권리로 이해한다면, 이 권리는 한편으로는 (인간의 자연-본성적 요구는 아니되) 인간의 정치적 공존의 전제 조건 내지는 최초의 토대-출발점이면서, 다른 한편으로는 '정치공동체로서의 인류공동체'라는 궁극적 실현 상태를 잠재적 조건으로 삼는다. 이런 역사적 선취-보장의 문제로부터, 결국 아렌트에게는 '인류'라는 관념이 인권을 뒷받침하는 궁극의 토대이자 아포리아로 남는 듯하다. '인류' 관념에서 또한 칸트적-규범적 해석과 정치적 해석은 만나고 경계 지어진다. 보편적 세계시민공동체 또는 실존적 인류공동체에 가까운 것이 칸트적-규범적 해석의 관점이라면, 이소노미아적-정치적 인류공동체로 이해하는 것이 발리바르적-정치적 해석의 관점일 것이다.

이렇듯 아렌트의 '권리를 가질 권리' 개념은 근대적 인권의 이율배반-자기모순에 대한 근본적인 비판이자 새로운 정치성 및 새로운 권리성에 대한 진지한 요구이다. 벤하비브가 칸트적-규범적 관점에서 접근하여 '권리를 가질 권리'란 무엇보다 세계시민성 및 인류성에 기초한 공동체에 속할 권리라고 해석했다면, 발리바르는 정치적-수행적 관점에서 접근하여 평등한 자유를 본질로 하는 정치에 대한 권리로 재구성하였다. 인권의 궁극적 기초 또는 지향은 무엇인가라는 의문에 대해 보편적 인류공동체로까지 나아갈 수 있는 세계시민성에 대한 합의-의지 또는 이소노미아를 지향하는 정치적 공동주체성-정치화에 대한 의지로 각각 환원되는, 그럼에도 서로 수렴불가능하지는 않은 해석들이라고 할 수 있다. 아렌트로서는 '인간화를 위해, 비⽚인간이 되지 않기 위해' '공동체의 구성원이 될 것'과 '정치화될 것'을 요구한 것이다.

완결적이기보다는 늘 새로운 이해의 가능성을 열어 주는 그의 '권리를 가질 권리'로서의 인권 개념은 포스트모던적 현대의 상황에서 의미 있는 몇몇 특징을 지닌다. 우선 아렌트가 지향하는 바는 권리의 국제화라기보다는 권리의 다양화-다원화라고 할 수 있다. 즉, 주권국가성이나 세계정부성에 의존하여 권리의 국제적-제도적 승인을 추구하는 것이 아니라, 다원적 공동체의 구성원들이 정치적 공동 행위를 통해 이루어 가는 집합적-상호적인 성취로서의 다양한 권리를 옹호한다.

또한 아렌트의 관심은 인간의 권리에 대한 보편적 정당화 근거보다는 인간의 권리를 형성하는 토대 내지 조건을 향해 있다. 인권의 근거 문제에서 인권 형성-보장의 조건 문제로 관점을 전환한 것이다. 인권 문제의 본질은 인간의 보편적-자연적 본성을 찾아내는 일이 아니라 인권 형성의 토대 조건을 갖추는 일, 즉 인간들 간에 상호적인 관계 자체가 형성될 수 있는 정치적 공간-공동체성과 그것을 구성하는 집합적-정치적 행위자성을 갖추는 일이다. 바로 이런 공동체성과 행위자성을 갖추는 데에 필요한 최초의 것이 공동체에 속할 권리이다. 공동체에의 소속은 권리 형성의 가능조건인 동시에 가장 근본적인 권리(인권)라는 생각에서 아렌트는 '권리를 가질 권리'라고 표현하였다. 권리를 가질 권리는 주권적-제도적 권력의 승인 이전에 주장되는 권리이고, 맨인간들로서 공동체의 행위자-구성원성을 갖춰 가는 정치적 실행 속에서 성취될 뿐이다. 그런 점에서 '권리를 가질 권리' 개념은 정치의 근본적 권리성('정치는 인간의 근본적 권리이다')과 권리의 정치-행위성('권리는 정치적 실행-성취이다')을 동시에 환기시켜 준다.

이렇게 권리-정치의 연관성 및 정치의 근본성의 관점에서 전개되는 아렌트의 정치 및 인권 개념은 사회-경제적인 것에는 부정적 내지 소극적이다. 역사적으로 부르주아 시민계급의 사적-경제적 이해와 욕구가 '정치적 지배를 열망하지 않으면서 경제적 지배를 성취하고자 하는' 관심으로 이어지면서 사적 국가 및 폭민체제를 낳았고,[32] 프롤레타리아 노동계급 역시 물질적 생존의 욕구, 노동으로부터의 해방 및 "사물의 관리administration of things"에 갇혀 버림으로써 공적 정치의 영역을 약화-소멸시켰다는 인식 하에, 아렌트는 사회-경제적 (권리의) 문제를 인권과 정치의 의제로부터 제외하려 했다. 생명-생존에 대한 욕구 및 그 물질적 실현은 결코 정치적 자유 형성의 전제도 궁극 목표도 아니며, 사회경제적 생존을 둘러싼 이해관계와 활동들만이 개인적-집단적 관심사가 될 때, 결국 사회경제적인 것이 공적인 의미와 자리를 차지하게 될 뿐이다. 아렌트의 이런 비판적 견해는 적어도 복지국가의 위기가 시작되거나 복지국가의 토대 전환이 모색되는 현재의 사회경제적 조건 하에서는 재해석을 요하는 듯하다. 이는 소유와 노동의 문제를 배제한 민주주의적 (또는 이소노미아적) 정치 과정 또는 소유와 노동의 문제를 생략한 '평등한 자유'의 추구가 진정으로 가능한가, 그리고 소유와 노동의 자기모순 또는 상호 모순은 결국 민주주의의 위기로 귀결될 수밖에 없지 않은가라는

---

32 아렌트의 관점에서 사적私的 국가란, 사적 이익에서 공공선을 끌어내고 사적인 선 (좋음)의 관점에서만 국가를 정당화함으로써 사적 이익을 위해 모든 것을 수락하는 체제를 의미한다. 결국 개인들을 영원히 사적 영역에 가두어 두는 국가이자 개인의 정치적 무용성을 끊임없이 재생산하는 국가이다. 이에 관해서는 김비환, 《축복과 저주의 정치사상. 20세기와 한나 아렌트》, 한길사, 2001, 205쪽, 336쪽.

의문과 이어져 있다. 사회경제적인 의제 자체가 오히려 약화된 정치 공간 및 정치적 주체성을 되살리는 생산적 매개로서 작용할 가능성이 없지는 않아 보인다. 이는 현재의 민주주의의 위기(정치의 위기)를 사회경제적인 것(노동)의 과잉에서가 아니라 오히려 노동의 축소-소멸에서 오는, 이른바 노동민주주의의 위기로 이해할 것인가의 문제와 연관된 것이기도 하다. 아마도 이런 또 다른 사유들로의 열린 가능성이 아렌트의 정치를 늘 새롭게 재사유하게 되는 이유일 것이다.

참고문헌

김민수, 〈한나 아렌트의 〈전체주의의 기원〉에 나타나는 근대 민족국가와 인간의 권리문제: 제도와 권리의 이율배반을 중심으로〉, 《사총》 93, 고려대학교 역사연구소, 2018, 285~318쪽.

김비환, 《축복과 저주의 정치사상: 20세기와 한나 아렌트》, 한길사, 2001.

김현철, 〈이소노미아〉, 《법철학연구》 21(1), 한국법철학회, 2018, 81~110쪽.

박혁, 〈인권의 역설과 '권리를 가질 권리'의 의미: 한나 아렌트의 인권개념에 대한 고찰〉, 《시민사회와 NGO》 13(2), 한양대학교 제3섹터연구소, 2015, 149~192쪽.

세일라 벤하비브, 《타자의 권리: 외국인, 거류민 그리고 시민》, 이상훈 옮김, 철학과현실사, 2008.

스테파니 데구이어 외, 《권리를 가질 권리: 어디에도 속하지 못한 사람들을 위해》, 김승진 옮김, 위즈덤 하우스, 2018.

전혜림, 〈인간과 시민, 자유와 평등 사이: 아렌트와 발리바르의 인권과 시민권의 정치〉, 《철학논집》 47, 서강대학교 철학연구소, 2016, 123~150쪽.

진태원, 〈무정부주의적 시민성?: 한나 아렌트, 자크 랑시에르, 에티엔 발리바르〉, 《서강인문논총》 37, 서강대학교 인문과학연구소, 2013, 47~85쪽.

한나 아렌트, 《전체주의의 기원 1》, 이진우 · 박미애 옮김, 한길사, 2006.

_____, 《정치의 약속》, 김선욱 옮김, 푸른숲, 2007.

_____, 《과거와 미래 사이: 정치사상에 관한 여덟 가지 철학연습》, 서유경 옮김, 푸른숲, 2009.

_____, 《인간의 조건》, 이진우 · 태정호 옮김, 한길사, 2009.

Balibar, Étienne, "(De)Constructing the Human as Human Institution: A Reflection on the Coherence of Hannah Arendt's Practical Philosophy", *Social Research* 74(3), 2007.

_____, "Is a philosophy of Human Civic Rights possible? New Reflections on Equaliberty", *The South Atlantic Quarterly* 103(2/3), 2004.

_____, "What is a Politics of the Rights of Man?", *Masses, Classes and Ideas*, New York, 1994.

Barder, Alexander, D., Debrix, François, "Agonal sovereignty: Rethinking war and politics with Schmitt, Arendt and Foucault", *Philosophy and social criticism* 37(7), 2011.

Benhabib, Seyla, "Judgment and the Moral Foundations of Politics in Arendt's Thought", *Political Theory* 16(1), 1988.

_____, "Political Geographies in a global World: Arendtian Reflections", *Social Research* 69(2), 2002.

_____, "The Embatteled Public Sphere. Hannah Arendt, Juergen Habermas and Beyond", *Theoria* 90, 1997.

Birmingham, Peg, "The An-Archic Event of Natality and the "Right to Have Rights", *Social Research* 74(3), 2007.

Canovan, Margaret, "Is there an Arendtian case for the nation-state?", *Contemporary Politics* 5(2), 1999.

_____, "The Contradictions of Hannah Arendt's Political Thought", *Political Theory* 6(1), 1978.

Douzinas, Costas, "The Paradoxes of Human Rights", *Constellations* 20(1), 2013.

Frazer, Elizabeth, "Hannah Arendt: The risks of the public realm", *Critical Review of International Social and Political Philosophy* 12(2), 2009.

Gündoğdu, Ayten, *Rightlessness in an age of rights, Hannah Arendt and the Contemporary Struggles of Migrants*, Oxford, 2015.

Ingram, James, D., "What is a "Right to have Rights"? Three Images of the Politics of Human Rights", *The American Political Science Review* 102(4), 2008.

Isaac, Jeffrey, C., "A New Guarantee on Earth: Hannah Arendt on Human Dignity and the Politics of Human Rights", *The American political Science Review* 90(1), 1996.

Kant, Immanuel, *Die Metaphysik der Sitten, Rechtslehre*, W. Weischedel(Hg.),

Werkausgabe Band VIII, Suhrkamp, 1982.

_____, *Zum ewigen Frieden*, H. F. Klemme(Hg.), Meiner Verlag, 1992.

Kistner, Ulrike, "A Politics of human rights: The right to rights as universal right to politics?", *Acta Academica* 46(3), 2014.

Lefort, Claude, "Thinking with and against Hannah Arendt", *Social Research* 69(2), 2002.

Menke, Christoph, "The "Aporias of Human Rights" and the "One Human Right": Regarding the Coherence of Hannah Arendt's Argument", *Social Research* 74(3), 2007.

Rancière, Jacques, "Who is the Subject of the Rights of Man?", *The South Atlantic Quarterly* 103(2/3), 2004.

Volk, Christian, "From Nomos to Lex: Hannah Arendt on Law, Politics, and Order", *Leiden Journal of International Law* 23, 2010.

벤야민, 지젝, 아감벤의 폭력 개념과
세계화 시대의 인정투쟁

문성훈

이 글은 한국하이데거학회, 《현대유럽철학연구》 제43호(2016)에 게재된 원고를
수정 및 보완하여 재수록한 것이다.

세계화 시대에, 세계화로 인해 발생하는 전형적 형태의 폭력은 무엇이고, 이를 극복할 수 있는 대안은 무엇일까? 세계화 시대의 전형적인 폭력이 무엇인지를 규명해 내기 위해서는 세계화라는 시대 변동이 새로운 세계질서를 만들어 내고 있다는 점에 주목할 필요가 있다. 세계화 시대의 폭력은 결국 세계화라는 새로운 세계질서와 관련된 폭력일 수밖에 없기 때문이다. 이렇듯 세계화 시대의 전형적 폭력을 규명함에 있어 세계질서와 폭력과의 연관성을 전제한다면, 무엇보다도 발터 벤야민Walter Benjamin의 〈폭력 비판을 위하여〉에 주목할 수밖에 없다[1]. 왜냐하면 벤야민은 여기서 어떻게 사회질서가 폭력과 연관될 수 있고, 또 이에 대한 극복은 어떻게 가능한지를 독자적 폭력 개념을 통해 보여 주고 있기 때문이다.

그렇다면 세계화는 어떤 새로운 세계질서를 만들어 내고 있고, 이러한 질서에는 어떤 폭력이 내재해 했을까? 흔히 세계화란 "전 세계적 차원에서 경제적, 정치적, 문화적 영역이 하나의 통합된 네트워크를 형성"하면서 국민국가의 경계가 약화되는 현상을 말하며,[2] 이는 자본과 상품의 국경 없는 이동이 야기한 필연적 결과이다. 물론 세계화 과정이 아무런 대립과 갈등 없이 진행된 것은 아니다. 세계화는 "전 세계적 차원에서 민주주의, 사회정의 그리고 문화적 정체성을 둘러싼 새로운 갈등"을 야기하고 있으며[3], 이로 인해 기존의 세계화에 대해 대안적 세계화를 주장하는 저항운동 역시 세계화 시대의 한 축을 이루고 있다. 이런 점에서 세계화란 서로 다른 세계질서를 수립하

1 발터 벤야민, 《역사의 개념에 대하여, 폭력비판을 위하여, 초현실주의 외》, 최성만 옮김, 도서출판 길, 2008.
2 문성훈, 《인정의 시대: 현대사회 변동과 5대 인정》, 사월의 책, 2015, 413쪽.
3 문성훈, 《인정의 시대: 현대사회 변동과 5대 인정》, 444쪽.

기 위한 대립과 갈등이 점철된 역동적 과정이라 할 수 있다.

본 글에서는 이러한 역동적 과정을 '국적적 인정질서'와 '세계시민적 인정질서' 간의 대립으로 해석하면서, 여기에 벤야민의 폭력 개념을 적용하려고 한다. 즉, 세계화는 자본과 상품의 자유로운 이동을 위해 국민국가적 경계를 무너뜨리면서 전 세계를 하나의 통합된 네트워크로 만들고 있지만, 자본과 상품이 아닌 인간에 대해서는 오히려 국경을 강화함으로써 국적 중심의 국민국가적 인정질서를 수호하려 한다는 것이다. 그리고 바로 이 때문에, 한편으로 세계화는 새로운 질서를 만들려는 '법 정립적 폭력'을 행사하면서도, 동시에 기존의 질서를 유지하려는 '법 보존적 폭력'을 행사한다. 그렇다면 이에 대한 저항운동은 어떻게 이해될 수 있을까? 이 글에서는 '법 정립적 폭력', '법 보존적 폭력'과 마찬가지로 벤야민의 폭력 개념의 핵심을 이루고 있는 '신적 폭력'을 통해 이를 해명하려고 한다. 즉, 기존의 세계화에 대한 저항은 국적적 인정질서가 아닌, 칸트적 의미에서의 세계시민적 인정질서를 형성하려는 인정투쟁이며, 이는 국민국가에 기초한 법과 폭력의 필연적 결합을 해체시키려는 '신적 폭력'과 다름없다는 것이다. 이런 점에서 필자는 세계시민적 인정질서를 단지 대항적 '질서'로 해석하는 것이 아니라, 벤야민이 말하는 '새로운 역사 시대'로 해석하려고 한다.

물론 이러한 해석은 벤야민 자신에게는 낯선 것일 뿐만 아니라, 그의 폭력 개념을 그가 갖고 있지 않던 새로운 이론적 틀과 연결시킴을 의미한다. 벤야민의 폭력 개념은 시대적 의미에서 세계화나, 이론적 의미에서 인정 개념 자체와는 무관한 것이기 때문이다. 그럼에도 지금까지의 벤야민의 폭력 개념에 대한 전향적 수용 과정을 분석해 보면 이런 해석은 낯선 것도 아니고, 오히려 기존 해석의 한계를 넘어설 수 있는 대안적 의미를 지닐 수 있다. 지젝Slavoj Žižek은 세계화 시대에 내재된 전형적 폭력을 '난민'에게서 발견하면서 이를 극복하기 위한 저항을 헤겔의 '인정투쟁'과 연결시키는 지점에까지 도달했으며, 아감벤Giorgio Agamben 역시 무국적적 존재인 난민을 통해 국민 중심의 근대국가가 갖는 폭력적 질서에서 벗어날 수 있는 새로운 정치공동체를 사유하려 한다. 물론 지젝이나 아감벤은 모두 벤야민이 말하는 사회질서와 폭력의 필연적 연관성을 수용할 뿐만 아니라 이것의 극복 가능성에 경도되어 있다는 공통점을 갖지만, 지젝은 난민의 저항을 인정투쟁과 연결시킬 뿐 그것이 어떤 대안적 세계질서를 의미하는지를 밝히는 데까지 나아가지 못했으며, 아감벤은 폭력 없는 사회질서를 새로운 정치공동체에 대한 사유로까지 발전시키고 있지만 이를 추동하는 현실적 투쟁이 무엇인지를 규명하는 데에는 관심을 기울이지 않았다. 이런 점에서 벤야민의 폭력 개념에 근거하여 세계화 시대의 전형적 폭력을 규명할 뿐만 아니라 이를 극복하기 위한 저항을 인정투쟁으로 해석한다는 것은, 이 두 가지 해석을 수용하면서도 각각의 한계를 넘어선 것이다.

이 글은 이와 같은 주장을 정당화하기 위해 세 가지 단계를 밟을 것이다. 첫째, 벤야민이 법질서와 폭력과의 연관성을 주장하기 위해 도입한 폭력 개념과 이를 해체할 수 있는 대안적 개념이 무엇인지 그 개념적 의미를 밝힐 것이다. 둘째, 벤야민의 폭력 개념을 수용하면서도 이를 오늘날의 맥락에 맞게 재해석한 지젝과 아감벤의 입장과 논쟁하면서 그것이 갖는 장점과 한계를 밝힐 것이다. 셋째, 지젝과 아감벤의 입장을 통합하면서 벤야민의 신적 폭력 개념을 칸트의 세계시민사회 이념에 근거하여 세계화 시대의 인정투쟁으로 해석할 것이다.

벤야민의 폭력 개념: 법 보존적, 법 정립적, 신적 폭력

홉스Thomas Hobbes식의 자연 상태 개념을 전제한다면, 사회질서란 자연 상태에서 발생하는 만인에 대한 만인의 투쟁 상태를 종식시킴으로써 등장하며, 이 투쟁 상태를 종식시키는 방법이 바로 법 제정이란 점에서 사회질서란 법질서와 동의어이다. 이렇게 본다면 법질서란 자연 상태라는 폭력 상태를 종식시킨 평화 상태라 할 수 있으며, 법이란 폭력의 반대말이 된다. 그러나 벤야민은 이렇게 법과 폭력을 대립시키지 않는다. 벤야민은 사회질서를 형성하는 법 내지 법질서 자체의 본질적 특징을 폭력으로 규정하고 있기 때문이다. 이러한 시각은 법질서를 정의의 실현이라고 보는 관점과도 다른 것이다. 왜냐하면 벤야민은 법의 목적을 정의 실현이 아니라, 법 자체를 지키는 데 있다고 보기 때문이다. 따라서 법은 결국 법을 지키고 보존하기 위해 폭력을 행사하며, 여기에 바로 폭력과 사회질서 사이의 필연적 연관성이 존재하게 된다.

벤야민은 왜 이런 입장을 취하게 되었을까? 우선 벤야민에 따르면, 법이 폭력을 통해 자신을 지키려는 것은, 그렇지 않을 경우 사회 구성원 각자가 자신의 목적을 달성하기 위해 폭력을 사용할 수 있기 때문이다. 이런 점에서 법을 수호한다는 것은 개인들이 갖고 있는 모든 강제력을 법이 독점한다는 뜻이며, 역으로 개개인은 항상 폭력을 통해 법질서를 전복할 위험 요소로 간주된다. 이런 전제 하에 행사되는 폭력이 바로 벤야민이 말하는 '법 보존적rechtserhaltend 폭력'이다.[4] 물론 법이 폭력을 사용하는 이유가 단지 법을 지키기 위함이 아

---

[4] 발터 벤야민, 《역사의 개념에 대하여, 폭력비판을 위하여, 초현실주의 외》, 91쪽.

니라, 법을 지킴으로써 개개인이 폭력을 사용할 때 발생하는 혼란과 갈등을 막아 내는 데 있다고 말할 수도 있다. 그러나 이렇게 말한다고 해서 법이 사회정의를 위해 폭력을 사용한다고 해석할 순 없다. 왜냐하면 법이 폭력적으로 법질서를 수호함으로써 혼란과 갈등을 막는다 하더라도 이 법질서가 정의로운 질서라는 법은 어디에도 없으며, 불의한 사회질서를 수호하기 위해 폭력이 행사되는 경우도 얼마든지 생각해 볼 수 있기 때문이다. 이런 점에서 법질서는 정의로운 사회에서든 불의한 사회에서든 항상 법질서 자체를 보존하기 위해 폭력을 행사하며, 이는 법질서의 정당성 여부와 무관하게 행사된다. 따라서 이제 법이 사회정의를 수호하기 위해 폭력을 행사하는 것이 아니라, 법질서를 보존하는 것 자체가 사회정의가 된다.

이렇게 법이 법질서를 수호하기 위해 행사하는 폭력을 법 보존적 폭력으로 규정한다면, 반대로 법질서를 파괴하려는, 내지 그 근간을 흔드는 폭력은 어떻게 이해될 수 있을까? 앞서 지적했듯이 이는 법이 폭력을 독점함으로써 무력화시키려는 폭력이기도 하고, 바로 법 보존적 폭력이 행사되는 대상이기도 하다. 물론 법 보존적 폭력이 이것이 지키려는 법질서를 통해 승인된 것이라면, 기존의 법질서를 위협하는 폭력은 기존의 법질서를 통해 승인된 것이 아니라는 점에서 불법적 폭력으로 규정될 수 있으며, 더 나아가 이는 단지 기존의 법질서에 반할 뿐만 아니라 바로 이런 점에서 새로운 법질서 형성의 동기 혹은 계기가 된다는 점에서 법 정립적이다. 따라서 벤야민은 '법 보존적 폭력'에 대한 대응 개념으로 이제 '법 정립적rechtsetzend 폭력'을 말한다.[5]

---

5 발터 벤야민, 《역사의 개념에 대하여, 폭력비판을 위하여, 초현실주의 외》, 90쪽.

물론 벤야민은 이러한 두 가지 유형의 폭력에 대한 개념적 설명에 그치지 않는다. 그는 이를 예시적으로 설명함으로써 한 걸음 더 나아가 법질서 자체가 폭력과 대항 폭력 간의 갈등 관계에 있음을 가시화시킨다. 우선 벤야민은 현대 국가가 법질서를 보존하기 위해 법 보존적 폭력을 사용하고 있음을 보여 주기 위해 군대라는 대표적 폭력집단을 사례로 든다.[6] 왜냐하면 법질서를 뒤흔드는 모든 종류의 개인적, 혹은 집단적 폭력에 대응하기 위한 대항 폭력의 마지막 보루가 바로 군대이기 때문이다. 이런 점에서 군대는 폭력을 통해 기존의 법질서를 폭력으로부터 수호하려는 법 보존적 폭력의 대표적 사례가 된다.

이에 반해 벤야민은 법 정립적 폭력의 대표적 사례로 큰 범죄자, 혁명적 총파업, 전쟁의 사례를 제시한다. 물론 큰 범죄자가 법 정립적 폭력이란 특징을 갖는 경우는, 이들이 기존의 법질서에 대해 파괴적인 태도를 보임으로써 마찬가지로 이에 대한 반감을 갖고 있는 대중의 경탄을 일으키는 제한적 경우일 뿐이다.[7] 그러나 혁명적 총파업이 법 정립적 폭력인 이유는 명백하다. 혁명적 총파업은 기존의 법질서에서 허용된 파업권을 통해 추진되지만, 결국 기존의 법질서를 전복하려는 것이기 때문이다. 이런 점에서 혁명적 총파업에 대항하여 기존 법질서는 비상조치 등 법 보존적 폭력을 행사하게 된다.[8] 그리고 전쟁이란 필연적으로 승자의 권리를 승인하도록 하고, 이 권리란 분명 평화라는 이름 하에 새로운 법을 필요로 한다는 점에서

---

6 발터 벤야민, 《역사의 개념에 대하여, 폭력비판을 위하여, 초현실주의 외》, 91쪽.
7 발터 벤야민, 《역사의 개념에 대하여, 폭력비판을 위하여, 초현실주의 외》, 86쪽.
8 발터 벤야민, 《역사의 개념에 대하여, 폭력비판을 위하여, 초현실주의 외》, 86~88쪽.

전쟁은 법 정립적 폭력의 성격을 갖는다.[9]

물론 법 보존적 폭력과 법 정립적 폭력은 개념적 구분일 뿐, 실제의 경우 이 둘이 확연히 분리되는 것은 아니다. 왜냐하면 이 두 가지 폭력의 계기는 종종 하나의 폭력에 내재된 이중적 성격으로 나타나기도 하기 때문이다. 벤야민이 이러한 경우에 해당하는 전형적 사례로 든 것은 경찰이 행사하는 폭력이다. 경찰은 법의 목적을 달성하기 위해 강제력을 행사함으로써 법 보존적 기능을 수행하지만, 법적 목적 달성과 무관한 상황에서도 이 강제력을 행사함으로써 스스로 질서를 만드는 법 정립적 기능 역시 수행하기 때문이다.[10]

벤야민은 이렇게 법질서와 결합된 폭력을 두 가지로 구분하면서 폭력이 법을 지키기 위한 것이든, 아니면 법을 만들기 위한 것이든 항상 법질서와 결합되어 있음을 보여 준다. 그러나 벤야민의 폭력 개념은 단지 여기서 끝나지 않는다. 벤야민은 법질서와 폭력 간의 필연적 결합을 전제하면서 이를 통해 사회변동의 역동적 과정을 설명한다. 물론 이는 법질서의 변동이 사회변동을 의미함을 전제한 것이다. 즉, 벤야민에 따르면 법 보존적 폭력과 법 정립적 폭력은 하나의 폭력에 내재된 이중성으로 나타나기도 하지만, 상호 대항 폭력의 성격을 갖기도 한다. 법 보존적 폭력은 이와 대립해 있는 법 정립적 폭력을 제압할 때만 법을 보존할 수 있으며, 법 정립적 폭력은 마찬가지로 자신과 대립해 있는 법 보존적 폭력을 제압할 때 관철될 수 있기 때문이다. 이런 점에서 법 정립적 폭력과 법 보존적 폭력은 상호 대항적 폭력 관계를 형성하면서 한쪽이 새로운 도전의 성격을 갖

---

9   발터 벤야민, 《역사의 개념에 대하여, 폭력비판을 위하여, 초현실주의 외》, 89~90쪽.
10 발터 벤야민, 《역사의 개념에 대하여, 폭력비판을 위하여, 초현실주의 외》, 95~96쪽.

는다면 다른 한쪽은 기존의 것의 방어라는 성격을 갖는다.[11] 따라서 법질서 변동에 토대를 둔 사회변동이란 바로 이 두 가지 폭력 간의 '변증법적 부침' 속에서 진행된다고 할 수 있다.[12]

그렇다면 법 정립적 폭력과 법 보존적 폭력 간의 대립은 지속적으로 반복되는 것일까? 따라서 사회질서란 영원히 폭력적인 것일까? 두 가지 폭력 개념 사이의 지속적 순환을 전제한다면, 기존 법질서에 도전하는 폭력이 발생하고, 이러한 폭력이 승리를 거두면 새로운 법질서가 형성된다. 그러나 이러한 법질서 역시 자신을 지키고 보존하기 위해서는 폭력을 행사할 수밖에 없다. 이렇게 법 정립적 폭력과 법 보존적 폭력이 지속적으로 교체되는 것이 법질서의 변동 과정이라면, 사회란 질서유지를 위해 영원히 폭력적일 수밖에 없다. 그런데 흥미롭게도 벤야민은 법 정립적 폭력과 법 보존적 폭력 사이의 대립 관계를 넘어선, 즉 법 정립과 보존 사이의 '변증법적 부침'에서 벗어난 '신적 폭력'이라는 제3의 폭력 개념을 제시한다.[13]

신적 폭력은 과연 무엇을 말하는 것일까? 일차적으로 신적 폭력은 법 정립적 폭력도 아니고 법 보존적 폭력도 아니다. 이런 점에서 신적 폭력은 법을 만들거나 유지하는 것과 무관하며, 따라서 법질서 자체를 초월해 있다. 또한 법질서는 근본적으로 허락과 금지의 영역을 나눔으로써 합법과 불법의 영역을 규정한다는 점에서 법을 정립하거나 보존한다는 것은 이렇게 행위의 경계를 정한다는 것과 마찬가지이다. 따라서 법질서를 초월해 있는 신적 폭력은 이러한 경계

---

11 발터 벤야민, 《역사의 개념에 대하여, 폭력비판을 위하여, 초현실주의 외》, 115쪽.
12 발터 벤야민, 《역사의 개념에 대하여, 폭력비판을 위하여, 초현실주의 외》, 115쪽.
13 발터 벤야민, 《역사의 개념에 대하여, 폭력비판을 위하여, 초현실주의 외》, 111쪽.

자체도 초월한 것이며,[14] 이렇게 법 정립의 부재 속에서 행사되는 신적 폭력은 결국 현존하는 모든 법질서와 이에 따른 경계 설정을 무화시키고 파괴한다.

이렇게 신적 폭력이 법질서와 무관한 것일 뿐만 아니라 이에 대해 파괴적이라면, 신적 폭력은 과연 무엇을 위해 등장한 것일까? 벤야민은 이 지점에서 '발현적 폭력'이라는 독특한 폭력 개념을 제시한다. 앞서 말한 두 가지 폭력, 즉 법 정립적 폭력과 법 보존적 폭력은 법과 폭력 사이의 목적-수단 관계를 형성한다. 왜냐하면 폭력은 그것이 법을 정립하기 위해서든, 아니면 보존하기 위해서든 법이라는 목적의 수단 역할을 담당하고 있기 때문이다. 이에 반해 발현적 폭력이란 이런 식의 목적-수단 관계를 벗어난 것이다. 이 폭력은 어떤 목적 달성을 위한 수단이 아니며, '분노'처럼 아무런 목적도 전제하지 않은 폭발적 행위가 보여 주듯, 그 자체로 완결된 하나의 행위이자 하나의 '발현Manifestation'이기 때문이다.[15]

그렇다면 발현으로서의 폭력에서 발현된 것은 무엇일까? 물론 벤야민이 이러한 발현적 폭력의 사례로 든 것에는 신적 폭력만이 아니라 신화적 폭력도 있다. 그러나 벤야민은 이 두 가지 폭력 사이의 차이를 각기 발현된 것의 차이로 설명한다. 즉, 운명을 거역한 인간을 징벌하는 그리스신화의 신, 다시 말해 인간의 운명을 결정하는 다신교적 신의 분노에서 알 수 있듯이, 신화적 폭력이 신의 권력 자체의 발현이라면 신적 폭력은 유대교적 신, 다시 말해 모든 목적의 정당성을 결정하는 유일신적 신이 행사하는 폭력에서 드러나듯 그 자체

---

14 발터 벤야민, 《역사의 개념에 대하여, 폭력비판을 위하여, 초현실주의 외》, 111쪽.
15 발터 벤야민, 《역사의 개념에 대하여, 폭력비판을 위하여, 초현실주의 외》, 106쪽.

로 정의의 발현이라는 것이다.[16]

그런데 이렇게 본다면 신화적 폭력은 발현적 폭력이면서 동시에 '법 정립적 폭력과 가장 가까운 것으로, 아니 그와 동일한 것'이 된다.[17] 왜냐하면 신화적 폭력이 인간의 운명을 관장하는 신적 권력의 발현이라면, 그것은 인간의 운명을 손아귀에 넣기 위해 세속적 법보다 더 많은 법을 정립하게 되기 때문이다. 즉, 다신교적 신의 권력은 인간에 대한 폭력으로 표현될 뿐만 아니라, 인간을 구속하는 법 정립으로도 발현된다는 것이다. 이에 반해 신적 폭력은 법과의 연관성에서 벗어나 있다는 점에서 권력의 발현인 법에 대해 '파괴적'이며 죄를 부과하는 것이 아니라 '죄를 면해 주고',[18] 또한 신적 폭력은 바로 발현적 폭력이란 점에서 어떤 외적 목적 달성을 위한 수단적 역할을 담당하지도 않는다. 신적 폭력이 어떤 불의에 대한 징벌로 나타난다 하더라도 그것은 정의라는 외적 목적을 실현하려는 수단이 아니라, 그 자체가 바로 정의를 수행하는 것이기 때문이다. 사실 이러한 주장은 그렇게 이해하기 어려운 것은 아니다. 만약 유일신적 신을 모든 정당성의 근원이자 그 어떤 목적에도 종속되지 않은 최종 목적으로 이해한다면, 신의 행동 자체는 그 어떤 것이든 정의의 발현이자 그 자체가 바로 목적이라고 말할 수 있기 때문이다.

그러나 벤야민이 신적 폭력을 말하는 이유는 유일신적 신의 특성을 해명하기 위한 것이 아니라, 특정한 세속적 폭력의 유형을 오히려 신적 특성을 통해 해명하려는 데 있다. 왜냐하면 벤야민은 신적

---

16 발터 벤야민, 《역사의 개념에 대하여, 폭력비판을 위하여, 초현실주의 외》, 108~109쪽.
17 발터 벤야민, 《역사의 개념에 대하여, 폭력비판을 위하여, 초현실주의 외》, 108쪽.
18 발터 벤야민, 《역사의 개념에 대하여, 폭력비판을 위하여, 초현실주의 외》, 111쪽.

폭력이라는 성서적 사건을 '프롤레타리아 총파업'이나, '교육적 폭력'이라는 세속적 사건에 적용할 뿐 아니라, 이를 통해 '새로운 역사 시대'의 도래를 열망하고 있기 때문이다.[19] 즉, 프롤레타리아 총파업은 모든 종류의 법규범 정립을 배격한다는 점에서 법 정립적이 아니라 무정부주의적이며, 사회개혁을 위한 것도 특정 계급을 위한 것도 아니라는 점에서 일종의 분노의 발현인 '단순한 봉기Revolte'라는 것이다.[20] 프롤레타리아 총파업은 노동조건의 외면적 수정을 위해 국가권력 강화나 쟁취를 목적으로 하지 않으며, 이른바 정의로운 노동이라 규정될 수 있는 '강요되지 않은 노동'만을 하려는, 따라서 강요된 노동을 거부하려는 단 하나의 결심이 발현된 것이기 때문이다.[21] 이런 점에서 프롤레타리아 총파업은 법질서에 기초한 국가권력을 무화시킬 뿐만 아니라 이에 대해 파괴적이며, 결국 이것이 실현된다면 이는 이미 법질서에 기초한 국가를 무화시킨 셈이 된다.

이런 프롤레타리아 총파업과 비교할 때 교육적 폭력은 정치적 영역이라기보다 사적 영역에 속한다고 볼 수 있지만, 이를 신적 폭력이란 규정할 수 있는 이유는 유사하다. 부모나 교사가 훈육자로서 학생에게 체벌을 가할 때, 이는 학생들의 잘못에 대한 분노의 표출이란 점에서 발현적 폭력에 속한다. 그러나 이런 체벌은 비록 학생들의 신체에 가해지는 폭력으로 규정될지라도, 그것이 학생들이 잘되기를 바라는 마음에서 수행된 것이라면, 이는 단지 잘못에 대한 처벌이 아니라 학생들을 잘못에서 벗어나게 해 주는 훈육의 의미를

---

19   발터 벤야민, 《역사의 개념에 대하여, 폭력비판을 위하여, 초현실주의 외》, 116쪽.
20   발터 벤야민, 《역사의 개념에 대하여, 폭력비판을 위하여, 초현실주의 외》, 103쪽.
21   발터 벤야민, 《역사의 개념에 대하여, 폭력비판을 위하여, 초현실주의 외》, 103쪽.

갖는다. 따라서 훈육자들의 분노는 정의감이 표출된 분노, 즉 '호의적 정의의 순수한 표현'이라 할 수 있다.[22] 이런 교육적 폭력이 법질서에 대해 파괴적 혹은 이를 무화시키는 폭력이란 점은 반대의 경우, 즉 법이 체벌을 규율하는 경우를 생각해 볼 때 금방 알 수 있다. 벤야민의 시각에서 볼 때 체벌의 법제화는 개인의 손에 폭력을 넘겨주지 않고 이를 국가가 독점하기 위함이며, 이는 결국 학생들에 대한 훈육이 아니라 법질서의 보존을 위해 수행된다. 따라서 훈육자가 교육적 폭력에 대한 법적 규율과 무관하게 이를 행사한다면, 이는 법질서를 무화시키는 것이나 마찬가지이며, 법질서에 기초한 국가권력 역시 여기서는 아무런 영향력을 갖지 못한다.

그렇다면 프롤레타리아 혁명이나 교육적 폭력과 같은 세속적 사건을 통해 알 수 있는 새로운 역사 시대란 어떤 시대를 말할까? 벤야민이 신적 폭력 개념을 도입한 것이 법 보존적 폭력과 법 정립적 폭력 사이의 반복적 순환을 넘어서기 위함이라는 데 주목한다면, 신적 폭력을 통해 발현된 정의이자, 이를 통해 도래할 새로운 시대란 법질서와 폭력의 필연적 결합에서 벗어난 비폭력 상태를 의미해야 할 것이다. 이런 점에서 벤야민은 폭력 비판 논문에서 의사소통을 '진심의 문화'에 기초한 '합의의 기술'로 규정하면서, 이를 통해 상충된 이해관계를 비폭력적으로 조정함으로써 평화적 합의에 도달할 수 있음을 반복적으로 강조한다.[23] 즉, 비단 사적 관계에서만이 아니라 외교적 관계나 정치적 영역에서도 법적 개입 없이 의사소통을 통해

---

[22] Axel Honneth, "Eine geschichtsphilosophische Rettung des Sakralen. Zur Benjamins "Kritik der Gewalt," ders., *Pathologien der Vernunft*, Suhrkamp, 2007. p. 154.

[23] 발터 벤야민, 《역사의 개념에 대하여, 폭력비판을 위하여, 초현실주의 외》, 98~101쪽.

258 _ 모빌리티 존재에서 가치로

갈등이 조정되는 비폭력 상태가 가능하다는 것이다. 왜냐하면 갈등 당사자들이 의사소통을 통해 자신들의 이해관계를 포괄하는 좀 더 고차원적인 '공동의 이해관계'를 찾아낸다면 평화적 갈등 해결이 이루어질 수 있기 때문이다.[24] 그러나 반대로 교육적 폭력의 법제화에서 나타나듯, 이런 영역에 법이 침투함으로써 갈등 당사자 간의 의사소통을 배제한다면, 이제 이들 사이의 상충된 이해관계는 오히려 법 보존 자체를 위해 폭력적으로 해결된다. 따라서 법질서는 폭력의 독점을 통해 개인의 수중에서 폭력만을 빼앗은 것이 아니라, 비폭력적 갈등 조정의 가능성 역시 빼앗게 된다. 이런 점을 염두에 둔다면 결국 신적 폭력을 통해 등장하게 될 새로운 역사 시대란 폭력적 법질서에서 벗어나 있다는 점에서 비폭력 사회일 뿐만 아니라, 폭력과 법의 필연적 결합에 기초한 국가권력이 탈정립화됨으로써 의사소통을 통한 갈등 해결이 가능한 사회라 할 수 있다.[25]

지젝과 아감벤의 벤야민 해석

이렇게 보면 벤야민의 신적 개념이 무엇을 의미하는지 분명한 것 같지만, 이와 관련해서 해명되어야 할 문제가 있다. 벤야민은 신적 폭력이 법질서를 무화시킨다고 서술하고 있지만, 이것이 폭력에 기초한 법질서를 부정하려는 것인지, 아니면 어떤 형태든 법질서 자체를 부정하려는 것인지, 더구나 벤야민이 신적 폭력을 통한 국가권력의 탈정립을 주장하지만 이것이 폭력적 법질서에 기초한 국가를 철

---

24 발터 벤야민, 《역사의 개념에 대하여, 폭력비판을 위하여, 초현실주의 외》, 101쪽.
25 발터 벤야민, 《역사의 개념에 대하여, 폭력비판을 위하여, 초현실주의 외》, 116쪽.

폐한다는 것인지, 아니면 어떤 형태든 국가 자체를 철폐한다는 것인지 쉽게 단정 지을 수 없기 때문이다. 단적으로 말해서 과연 의사소통을 통해 갈등이 평화적으로 해결되는 사회는 아무런 법도, 그 어떤 형태의 국가도 필요 없는 사회일까? 더구나 벤야민의 신적 개념이 갖는 실천적 의미와 관련해서 보면 오늘날 세계화 시대의 신적 폭력은 과연 무엇일 수 있을까 하는 현실적 질문이 제기될 수 있다. 물론 이에 대해서는 벤야민 자신에게서 그 대답을 찾을 순 없으며, 이는 벤야민이 말하는 신적 폭력을 오늘날의 조건에서 재해석하는 문제일 것이다. 그러나 이런 문제에 적절히 대답할 수 없다면 벤야민의 폭력 개념은 지나간 시대의 유물에 불과할 뿐, 오늘날 아무런 이론적 잠재력을 가질 수 없다.

아마도 벤야민의 폭력 개념에 대한 기존의 해석을 살펴보면 이러한 의문에 대한 해결의 실마리를 찾을 수 있을지도 모른다. 지젝은 《폭력이란 무엇인가?》에서 신자유주의적 자본주의가 전 세계로 확산된 21세기 상황에서 자본주의적 세계질서 자체에 내재한 구조적 폭력을 폭로할 뿐만 아니라, 이를 그 근본에서부터 부정하는 새로운 시대의 창출 가능성을 벤야민의 '신적 폭력'에서 찾고 있다.[26] 그리고 이와 유사하게 아감벤 역시 《예외상태》에서 신적 폭력을 통해 법과 폭력 사이의 연관성을 끊어 낼 수 있는 '진정으로 정치적인 행위'의 가능성을 언급하고 있다. 즉, 아감벤은 '순수한 법'의 상태가 이뤄지기 위해서는 신적 폭력이라는 '순수한 폭력'이 필요하다고 본다는 것이다.[27] 이러한 벤야민 해석이 본 글이 제기한 두 가지 문제와

---

26 슬라보예 지젝, 《폭력이란 무엇인가》, 정일권·김희진·이현우 옮김, 난장이, 2011.

27 조르조 아감벤, 《예외상태》, 김항 옮김, 새물결, 2009.

관련이 있다면, 이는 지젝의 입장이 오늘날의 상황에서 신적 폭력이 무엇으로 해석될 수 있는가에 대한 실마리를 제공하고 있고, 아감벤의 주장을 통해서는 신적 폭력을 통해 등장하는 새로운 사회의 윤곽을 그려 볼 수 있기 때문이다.

1) 우선 지젝의 입장을 살펴보면, 그는 폭력을 주관적 폭력과 객관적 폭력으로, 그리고 객관적 폭력은 다시 상징적 폭력과 구조적 폭력으로 구분한다.[28] 그러나 이러한 폭력 개념이 벤야민과는 별개의 폭력 이해를 전제한 것은 아니다. 물론 주관적 폭력이란 폭력 범죄나 테러 행위처럼 특정 대상을 향해 직접적으로 행사되는 가시적 폭력을 말하고, 상징적 폭력이란 언어 행위 자체에 내재된 폭력을 말하지만, 구조적 폭력이란 벤야민이 말하는 법질서와 폭력의 필연적 결합처럼 사회구조 자체에 내재된 폭력을 말하기 때문이다. 이런 점에서 지젝은 벤야민의 폭력 개념을 계승하고 있지만, 벤야민과는 달리 사회질서와 폭력의 결합을 단지 개념적으로 설명하는 것이 아니라, 실제로 오늘날 무엇이 폭력적 사회구조인지를 보여 준다. 단적으로 말해서 지젝에 따르면 폭력적 사회질서란 다름 아닌 오늘날 전 세계적으로 확대된 자본주의 질서라는 것이다. 왜냐하면 자본주의사회의 물질적 생산과 사회적 상호작용을 결정하는 자본의 자기증식 논리는 오로지 수익성만을 추구함으로써 이에 장애가 되는 모든 것을 파괴하기 때문이다. 즉, '자기증식하는 자본의 형이상학적 춤사위'가 자본주의사회를 구조적 차원에서 폭력적으로 만든다는

---

28   슬라보예 지젝, 《폭력이란 무엇인가》, 24쪽.

것이다.[29]

이러한 구조적 폭력 개념을 벤야민이 말하는 법 보존적 폭력과 법 정립적 폭력과 연결시키는 것은 어려운 일이 아닐 것이다. 구조적 폭력성에 기초한 자본주의가 관철되고 유지될 뿐만 아니라, 전 세계적으로 확장되는 과정 자체가 폭력적이기 때문이다. 즉, 세계화된 자본주의는 자신의 법질서를 만드는 과정에서도, 그리고 이를 보존하는 과정에서도 지속적으로 폭력을 행사한다는 것이다. 지젝에게 이러한 폭력 행사의 징표가 되는 것은 서구 사회로 물밀듯이 밀려오는 '난민'들이다. 난민의 존재는 한편으로 자본주의적 세계화가 폭력적으로 관철됨을 보여 줄 뿐만 아니라, 다른 한편으로 자본주의적 세계화가 폭력적으로 보존되고 있음을 보여 주기 때문이다.

지젝에 따르면 세계화된 자본주의는 전 세계를 두 개의 계급으로 나누어 놓고 있다. '내부 영역에서 보호받는 계급과 그 보호권 밖에 있는 계급'으로 말이다.[30] 난민이란 바로 세계화된 자본주의의 보호 밖에 있는 사람들로서, 이들이 겉보기에는 전쟁과 굶주림을 피해 서구 사회로 밀려온 것 같지만, 사실은 세계화된 자본주의가 수익 확대를 통한 자본의 자기증식을 관철시키기 위해 전 세계로 침투한 결과라는 것이 지젝이 입장이다. 왜냐하면 아프리카와 중동에서 밀려오는 난민들은 전쟁을 피해 온 것이지만, 이 전쟁의 원인이 석유 통제권이나 천연자원 채굴을 둘러싼 글로벌 자본 간의 각축전에 있으며, 이들에게 굶주림을 준 식량위기 역시 글로벌 자본이 추진하는

---

29 슬라보예 지젝, 《폭력이란 무엇인가》, 40쪽.
30 슬라보예 지젝, 《새로운 계급투쟁》, 김희상 옮김, 자음과모음, 2015, 10쪽.

농업의 세계화에서 비롯된 것이기 때문이다.[31] 또한 다른 한편 세계화된 자본주의는 자기모순적 경향을 드러내면서 난민을 적대시한다. 자본주의적 세계화가 가능했던 것은 국경의 장벽을 없애면서 자본과 상품을 전 세계로 유통시켰기 때문이다. 그러나 아이러니하게도 자본주의적 세계화는 여전히 국경이라는 장벽을 지키려 할 뿐만 아니라, 이를 더욱 강화하려고 한다. 자본주의적 세계화는 자본과 상품과는 달리 인간의 국경 없는 이동은 가로막고 있기 때문이다. 이런 점에서 자본주의적 세계화는 필연적으로 난민을 발생시키고 있으면서도, 이들을 수용하지 않으려는 역설적 모습을 보이고 있다. 이러한 상황을 종합해 보면, 자본주의적 세계화는 전쟁과 같은 극한적인 폭력 상황을 통해 자본의 자기증식이 가능한 탈국경적 질서를 '정립'하고 있으며, 역설적이게도 국경을 무화시키려는 난민들에게 적대성을 보임으로써 여전히 국경적 질서를 '보존'하려고 한다. 이런 점에서 자본주의적 세계화는 법 정립과 보존을 위해 이중적 폭력을 행사한다고 할 수 있다.

그렇다면 벤야민이 말하는 '신적 폭력'은 오늘날 지젝에게 어떤 것일까? 지젝에게 신적 폭력은 이미 역사상 다양한 형태로 존재했다. 즉, 18세기 프랑스대혁명 당시 자코뱅의 공포정치 때 벌어진 혁명적 테러와 20세기 초 러시아혁명 당시 적위군이 행사한 테러,[32] 2004년

---

31 지젝은 이와 관련된 사례로 미국의 이라크 침공으로 인한 '이슬람국가IS'의 등장, 시리아 레바논의 공권력 붕괴, 리비아에 대한 유럽의 개입, 중앙아프리카 내전, 콩고 내전, 제3세계의 식량위기 등을 들고 있다. 슬라보예 지젝, 《새로운 계급투쟁》, 53~77쪽.
32 슬라보예 지젝, 《폭력이란 무엇인가》, 270쪽.

아이티의 혁명가 아리스티드가 주도한 민중 폭력,[33] 그리고 여기에 더해 2005년 파리 근교에서 일어난 무슬림들의 폭력시위[34] 등이 그것이다. 그런데 왜 이런 일련의 폭력 사건들이 '신적 폭력'으로 이해될 수 있을까? 이들 사이에는 어떤 공통점이 있을까? 지젝에 따르면, 이러한 폭력은 한 사회의 구성원이면서도 아무것도 아닌 존재로 취급당한 사람들, 혹은 구조화된 사회적 공간 바깥에 있는 자들이 그간 누적된 원한을 분출하는 사건으로서, 이것은 바로 신의 목소리로 간주될 수 있는 '백성의 소리'이다.[35] 그리고 이런 사건은 부도덕한 것이 아니라 오히려 초도덕적이란 점에서 기존의 법질서를 훼손하는 것도 보존하는 것도 아니며 이를 무력화시킨다. 왜냐하면 이러한 폭력은 이들에게 자행된 폭력과 착취에 대한 응답이며, 이들이 바로 사회적으로 아무런 인정도 받지 못했다는 점에서 이들은 비폭력과 법준수의 의무로부터도 자유롭기 때문이다.[36] 이렇게 볼 때 지젝은 그어떤 목적도 전제하지 않는 발현적 폭력이자 법질서 자체를 무화시키는 초법적 폭력, 그리고 백성의 소리가 신의 소리라는 전제 하에서 일련의 역사적 사건들을 신적 폭력으로 규정하기를 주저하지 않는다.

　그런데 흥미로운 사실은 지젝이 바로 이 지점에서 헤겔의 인정투쟁 개념을 도입한다는 점이다. 즉, 지젝에게 신적 폭력은 단적으로

33　슬라보예 지젝, 〈민주주의에서 신적 폭력으로〉, 아감벤 외, 《민주주의는 죽었는가?》, 김상운 · 양창렬 · 홍철기 옮김, 난장, 2010, 187쪽.

34　슬라보예 지젝, 《새로운 계급투쟁》, 46쪽.

35　슬라보예 지젝, 《폭력이란 무엇인가》, 277쪽; 슬라보예 지젝, 〈민주주의에서 신적 폭력으로〉, 조르조 190쪽.

36　슬라보예 지젝, 〈민주주의에서 신적 폭력으로〉, 89쪽.

말해서 사회적으로 인정받지 못한 사람들, 즉 사회로부터 권리와 존엄성을 박탈당한 사람들의 봉기라는 것이다.[37] 따라서 이제 지젝이 세계화 시대의 구조적 폭력의 징표로 본 난민들은 사회적으로 인정받지 못한 사람들이 되며, 인간의 이동에 대해서만 장벽을 세우고 자유로운 인간의 이동을 불법화시키는 지금의 세계화에 맞서 난민들이 전 세계로 이동한다면, 그것은 세계화된 자본주의의 폭력적 질서를 무화시킬 뿐만 아니라 자신들도 사회적으로 인정받기 위한 초법적 인정투쟁이자 동시에 신적 폭력이 된다.

그렇다면 사회적 인정과 관련하여 난민들은 무엇으로부터 배제된 것이며, 이들의 인정투쟁은 과연 무엇을 인정받기 위한 것일까? 지젝의 논의는 신적 폭력과 인정투쟁과의 연관성을 지적하는 것으로 끝날 뿐, 이에 대한 논의는 더 이상 진행되지 않는다. 더구나 지젝은 비록 제한적 형태의 인정투쟁이지만 이에 대해 회의적 태도를 보일 뿐만 아니라, 신적 폭력에 대해서까지도 회의적 태도를 보이게 된다. 즉 지젝에 따르면, 아무런 '의미 있는 유토피아 프로젝트'도 전제하지 않은 채,[38] 오직 자신들의 존재만을 '인정'해 달라는 식의 인정투쟁 혹은 분노의 표출 역시 벤야민이 말하는 신적 폭력에 해당되지만, 여기에는 어떠한 고결함도 어떠한 해방의 기운도 존재하지 않는다는 것이다.[39] 그런데 세계화로 인해 난민들이 발생하고, 이들이 전 세계로 이동하면서 국경을 중심으로 한 국법질서를 무력화시킨다면 과연 여기에도 그 어떤 고결함이나 해방의 기운도 존재하지 않는

---

37 슬라보예 지젝, 〈민주주의에서 신적 폭력으로〉, 189쪽.
38 슬라보예 지젝, 《새로운 계급투쟁》, 48쪽.
39 슬라보예 지젝, 《새로운 계급투쟁》, 51쪽.

것일까? 과연 이들의 이동 속에서는 아무런 유토피아적 프로젝트도 발견할 수 없는 것일까?

2) 이러한 문제 제기 하에서 지젝의 논의에 아감벤이 연결될 수 있는 이유는, 아감벤이 지젝과 마찬가지로 벤야민의 폭력 개념을 수용하면서도 단지 신적 폭력만을 강조하는 것이 아니라, 이를 통해 도래할 새로운 사회에 대한 비전을 제시하고 있기 때문이다. 우선 아감벤이 법과 폭력의 필연적 결합이라는 벤야민의 입장을 따르고 있음은 그의 핵심 개념인 '예외상태'를 통해 알 수 있다. 왜냐하면 1933년 히틀러가 공포한 긴급조치법에서부터 9 · 11 테러 이후 2001년 가결된 미국 애국법이나 각종 군사명령에 이르기까지 예외상태란 국가권력을 통해 법이 중지된 상태이지만, 바로 법을 통해 규정된다는 점에서 역설적이게도 법의 이름으로 법이 허용하지 않는 온갖 폭력이 자행될 수 있는 상태이기 때문이다. 이런 점에서 예외상태는 법을 만든 주권권력이 표현되는 곳일 뿐만 아니라, '폭력이 법으로 이행하고 또 법이 폭력으로 이행'하는 지점이다.[40] 따라서 이제 주권권력을 중심으로 한 '폭력과 법의 조응관계'가 형성되지만,[41] 법의 폭력성이 단지 예외상태에서만 나타나는 것은 아니다. 아감벤은 마찬가지로 벤야민을 인용하며, 오늘날 예외상태가 '상례'가 되고 있음을 주장하고 있기 때문이다. 따라서 그에게 법의 폭력성은 단지 예외상태 속에서 일시적으로 나타나는 것이 아니라, 일종의

---

40 조르조 아감벤, 《호모 사케르》, 박진우 옮김, 새물결, 2008, 86쪽.
41 조르조 아감벤, 《호모 사케르》, 92쪽.

'법질서를 구성하는 패러다임으로서의 본성'에 해당된다.[42]

그렇다면 예외상태에서는 왜 법을 통한 폭력이 가능할까? 이것은 예외상태 속에서 국가권력이 인간을 단지 살아 있을 뿐인 '벌거벗은 생명'으로 취급하기 때문이다. 즉, 법이 중지된 예외상태 속에서 인간은 모든 법적 지위가 말소된 사실상 아무것도 아닌 존재이기 때문에 그 어떤 폭력도 가능하다는 것이다. 이런 점에서 나치의 유대인 학살이나 관타나모 포로수용소에서 자행된 만행들은 이들이 법적으로 아무런 의미도 없는 존재이기 때문에 가능했다고 말할 수 있다. 아감벤이 벌거벗은 생명의 기원으로 제시한 이른바 '호모 사케르Homo sacer'처럼 이들은 죽여도 죄가 되지 않기 때문이다.[43] 그런데 이렇게 예외상태와 벌거벗은 생명과의 연관성을 전제한다면 근대국가가 행사하는 '생명권력'은 근대적 법질서 자체에 폭력성이 내재되어 있음을 보여 준다. 아감벤이 설명하고 있듯이,[44] 푸코Michel Foucault는 생명권력 개념을 통해 근대에 이르러 인간의 생명 자체가 국가권력의 메커니즘 속으로 포섭되어 가는 과정을 분석해 냄으로써 자본주의가 필요로 하는 '순종하는 신체'의 산출 과정을 밝혀냈다. 즉, 아감벤식으로 말하면 근대국가는 인간을 다름 아닌 단지 살아 있는 존재, 즉 벌거벗은 생명으로 취급함으로써 근대성에 도달했다는 것이다. 아감벤에 따르면 이러한 생명권력은 비단 푸코가 분석했던 병원이나 감옥만이 아니라 20세기에 등장한 강제수용소나 전체주의국가 자체에서 전형적으로 나타나고 있으며, 더 나아가 이는 근대 정

---

42 조르조 아감벤, 《예외상태》, 23쪽.
43 조르조 아감벤, 《호모 사케르》, 156쪽.
44 조르조 아감벤, 《호모 사케르》, 36~39쪽.

치를 지배하고 있는 은밀한 토대라는 것이다. 이렇게 본다면 근대국가의 법질서는 생명권력을 통해 사실상 모든 사람들을 '잠재적인 호모 사케르'로 간주하고 있다는 점에서 폭력적이다.[45]

그러면 이러한 근대적 법질서의 폭력성에서 벗어날 수 있는 길은 어디에 있을까? 아감벤은 단지 근대적 법질서와 폭력 사이의 필연적 연관성을 주장하는 벤야민의 입장만을 계승한 것이 아니다. 그는 폭력과 법 사이의 연계망을 끊어 낼 수 있는 가능성, 예외상태를 통해 인간을 단지 벌거벗은 생명으로만 취급하는 법과 생명권력의 연결을 끊을 수 있는 가능성, 다시 말해 벤야민이 말하는 신적 폭력의 가능성 역시 수용한다.[46] 왜냐하면 호모 사케르는 모든 법적 지위가 박탈되었다는 점에서 폭력의 대상이 되지만, 바로 이러한 탈脫-법적 지위 때문에 법과 폭력의 결합에서 벗어날 가능성 역시 갖고 있기 때문이다. 즉, 호모 사케르는 법이 만들어 낸 모든 인위적인 정체성이 제거된 인간, 따라서 오직 순수한 인간 자체일 뿐이며, 호모 사케르가 자신에게 가해지는 폭력의 극복을 위해 자신의 법적 지위를 회복하는 것이 아니라 역으로 자신에게 가해지는 폭력에 맞서 자신이 오직 인간일 뿐이라는 점을 주장한다면, 이는 예외상태와 정상상태를 구분하여 폭력을 행사하는 법질서, 법적 지위를 부여하고 박탈하며 폭력을 행사하는 법질서 자체를 무력화시킨다는 것이다. 이런 점에서 아감벤에게 호모 사케르는 법적 영역에서 가장 비천한 존재로 취급되지만, 동시에 이를 넘어설 수 있는 가장 존귀한 존재이다.[47]

---

45 조르조 아감벤, 《호모 사케르》, 179쪽.
46 조르조 아감벤, 《예외상태》, 166쪽. 여기서 아감벤은 벤야민의 신적 폭력을 아무런 목적도 전제하지 않는 순수한 폭력으로 표현하고 있다.
47 양창렬, 〈조르조 아감벤. K〉, 홍태영 외, 《현대정치철학의 모험》, 난장, 2010, 214쪽.

그렇다면 오직 인간으로서 존재한다는 것은 어떤 점에서 법과 폭력의 결합을 넘어선 새로운 사회의 비전을 보여 줄 수 있으며, 세계화 시대의 구조적 폭력을 보여 주는 '난민'은 이와 어떤 관계에 있을까? 아감벤은 지젝과 마찬가지로 '난민'의 존재 속에서 신적 폭력의 가능성을 보고 있지만, 지젝과는 달리 '난민'의 존재를 통해 앞으로 도래할 새로운 공동체를 사유하려 할 뿐만 아니라, 이를 토대로 우리 시대의 정치철학이 재구축되어야 함을 역설한다.[48] 왜냐하면 난민에는 근대국가에서 법과 폭력을 필연적으로 결합시킨 '국가-국민-영토라는 오래된 삼위일체'를 해체시키는 의미 있는 유토피아 프로그램이 함축되어 있기 때문이다.[49]

　우선 난민은 아감벤에게 나치의 강제수용소에 수용된 유대인이나 관타나모 수감자들처럼 호모 사케르 중의 하나이다. 그런데 난민이 이들과 다른 것은 아마도 그 직접성에 있을 것이다. 즉, 여타의 사람들은 모든 법적 지위를 박탈당한 후 비로소 호모 사케르가 되지만, 난민은 등장하자마자 호모 사케르라는 것이다. 왜 그럴까? 그 이유는 바로 난민이 근대국가에서 모든 법적 지위의 최종적 근거인 **국적을 갖고 있는 자가 아닌**, 즉 무국적자이기 때문이다. 근대 이후 전 세계에서 국가가 아닌 영역은 없다. 그리고 인간은 태어나자마자 어느 국가든 한 국가의 국민이 되며, 이에 따라 법적 지위가 부여된다. 하지만 난민은 본래의 국적을 버렸지만 아직 아무 국적도 취득하지 않았다는 점에서 그 어느 국가의 국민도 아니고, 이 때문에 법적 의미에서 난민은 여성도 남성도, 미성년자고 성년자도, 그 누구

48　조르조 아감벤, 《목적 없는 수단》, 김상운 · 양창렬 옮김, 난장, 2009, 25~26쪽.
49　조르조 아감벤, 《목적 없는 수단》, 54쪽; 슬라보예 지젝, 《새로운 계급투쟁》, 48쪽.

의 부모도 자식도 아닌 그저 아무것도 아닌 존재일 뿐이다. 근대국가의 모든 법적 규정은 바로 국적성에서 출발하며, 이 때문에 법이 중지된 예외상태에서 폭력적으로 발휘되는 국가의 권력은 예외상태에 존재하는 모든 호모 사케르의 무국적성을 전제한다. 즉, 예외상태에서 법이 중지되고 이들이 모든 법적 보호에서 벗어난다는 것은 바로 법 적용의 최종 근거인 국민이라는 법적 지위를 상실했기 때문에 가능하다는 것이다. 따라서 나치 치하에서 유대인들이 수용소에서 학살당할 때 이들은 우선적으로 국적을 박탈당하며, 관타나모에 수감된 사람은 그 어느 나라의 시민권도 갖지 않은 존재로 취급된다. 그래서 이들은 포로도 피고인도 될 수 없는 그저 벌거벗은 생명인 것이다.

그러나 이와 반대로 근대국가의 주권권력은 바로 국적을 가진 국민을 토대로 형성되며, 근대국가의 법질서 내에서 인간은 탄생과 더불어 바로 국적을 가진 국민이 되고, 이를 토대로 국가가 보장하는 법적 지위를 갖게 된다. 따라서 인간과 국민은 항상 동일시되고 있으며, 이 둘 사이의 간극은 존재하지 않는다. 그리고 흔히 인권이란 신성하고 양도 불가능한 것으로서 인간이라는 존재 자체가 실존한다는 가정에 기초하고 있지만, 인간과 국민이 구별되지 않는다는 이유 때문에 인권이란 사실상 근대국가가 보장하는 국민의 권리일 뿐이다. 그런데 근대국가에서 국민을 토대로 형성된 주권권력이 행사될 뿐만 아니라, 국민으로서의 법적 지위가 보장되는 공간은 국경 안으로 제한된다. 즉, 근대국가는 국경 안에 있는 국민들을 구성원으로 할 뿐이다. 이런 점에서 난민은 근대국가의 법적 질서 속에서는 본국 송환이나 귀화 이외에 '있는 그대로의 인간이 누릴 수 있는 안정적인 지위'를 가질 수 없으며, 바로 이런 점에서 난민의 존재는 근대국가의 법적 질서를 흔들어 놓을 뿐만 아니라, 난민은 국경에 상관없이 전 세계로 이동한다는 점에서 국경이라는 법질서 적용 영역 자체를 위협한다. 따라서 난민의 존재는 국가-국민-영토의 필연적 결합이 만들어 낸 예외상태일 뿐만 아니라, 이를 무화시킨다. 더구나 세계화가 이루어진 오늘날 난민의 존재가 지젝이 지적하고 있듯이 세계화된 자본주의 구조 자체에 기인한다면, 난민의 존재는 단순한 예외상태가 아니라 이미 상시적 상태가 된다. 따라서 난민의 존재는 국가-국민-영토에 기초한 근대 국민국가적 세계질서를 무화시키며, 새로운 세계질서를 요구한다고 할 수 있다.

그렇다면 국가-국민-영토에서 아무런 의미도 갖지 않는 순수한 인간 자체로서의 난민은 왜, 그리고 어떤 새로운 사회 비전을 함축하고 있을까? 이를 해명하기 위해 아감벤은 국민과 대비되는 '인민' 개념을 도입한다. 아감벤에 따르면 우선 인민이란 단지 인간을 가리키는 것이 아니라 한편으로 '가난한 자, 사회적 혜택을 받지 못한 자, 배제된 자'를 의미하며, 다른 한편 인민이란 이와는 반대로 한 국가의 주권권력을 구성하는 '정치적 주체'를 의미한다.[50] 아감벤에게 이러한 이중적 의미를 갖는 인민 개념이 중요한 이유는 바로 이를 통해 근대국가의 폭력성이 작동하기 때문이다. 즉 근대국가의 법질서는 모든 인간이 동등한 정치적 주체이자 주권자임을 주장하지만, 항상 예외상태를 만들어 냄으로써 배제된 자를 산출하고, 오히려 이 때문에 발생한 인민의 분열을 해소하기 위해 배제된 자들을 파괴하려 한다는 것이다. 따라서 근대국가의 법질서가 갖는 폭력성을 극복하기 위해서는 애초에 인민의 분열 자체를 극복해야 하지만, 그 방

---

50 조르조 아감벤, 《목적 없는 수단》, 38~39쪽.

법이 배제된 자를 없애고 모든 사람을 정치적 주권자로 만든다는 것을 뜻하지는 않을 것이다. 왜냐하면 근대국가의 법질서 내에서 배제된 자들과 반대되는 정치적 주체들은 인간 자체를 뜻하는 것이 아니라 항상 한 국가의 국민을 의미하기 때문이다. 이런 점에서 인민의 분열을 극복한다는 것은 배제된 자로서의 인민도 이에 대해 폭력을 행사하는 정치적 주체로서의 인민도 사라져야 한다는 것을 의미한다. 난민이 중요성을 갖는 것은 바로 이 지점에서이다. 난민은 비록 예외상태 속하는 호모 사케르지만, 바로 이 때문에 그 어떤 법적 규정에서도 벗어난 단지 인간일 뿐이기 때문이다. 따라서 아감벤에게 난민이란 진정으로 '오늘날 생각할 수 있는 인민의 유일한 형상'인지 모른다.[51]

그렇다면 국가-국민-영토의 결합을 해체시키는 세계화 시대의 난민이 보여 주는 새로운 사회 비전은 어떤 것일까? 인민 개념 자체에서 도출될 수 있는 것은 인민의 분열이 사라지면서 모든 인간이 근대국가의 국민적 정체성에서 벗어나 단지 인간이라는 점에서 하나의 인민이 되는 것을 의미한다고 할 수 있다. 아감벤 역시 이를 국민과 영토에 대한 대안적 사례를 통해 구체화하고 있다. 즉, 한편으로 비국민으로 존재하는 난민을 귀화시키는 것도 아니고 송환하는 것도 아니라 이들을 비국적적 '거류민'으로 인정하는 것, 그리고 다른 한편 국가는 자신의 영토를 소유물처럼 자신에게 귀속시키는 것이 아니라, 이에 대한 초국가적 활용을 허용함으로써 그 비영토성을 인정하는 것이 그것이다.[52] 이를 종합해 보면 아마도 아감벤에서 발

---

51 조르조 아감벤, 《목적 없는 수단》, 25~26쪽.
52 조르조 아감벤, 《목적 없는 수단》, 34~37쪽.

견할 수 있는 새로운 사회 비전이란 국민이 아니라 거류민, 그리고 영토성이 아니라 비영토성으로 구성된 세계질서를 의미할 것이다.

칸트의 세계시민사회 이념과 세계화 시대의 인정투쟁

벤야민의 폭력 개념과 이를 계승한 지젝과 아감벤의 입장에 대한 지금까지의 논의를 종합해 보면, 세계화 시대의 전형적인 폭력이 무엇이고 이를 극복할 수 있는 대안은 무엇인가에 대한 대답을 얻을 수 있다. 즉, 세계화 시대의 전형적 폭력은 바로 난민을 발생시키는 구조적 폭력이며, 이를 극복할 수 있는 대안은 비국적적 거류민을 인정하는 비영토적 세계질서라는 것이다. 그렇다면 이러한 세계질서는 현존하는 국민국가와 이에 기초한 모든 법질서가 소멸된 새로운 질서를 의미하는 것일까? 아니면 여전히 국민국가는 존재하고, 오히려 이를 토대로 한 새로운 세계질서를 의미할까?

이런 문제에 대한 지젝이나 아감벤의 입장은 분명하지 않다. 다만 이들의 몇 가지 언급에 주목해 보면, 이들은 후자의 입장에 접근하고 있는 것처럼 보인다. 먼저 국가에 대한 지젝의 입장을 살펴보면, 그가 주장하는 것은 국가의 소멸은 아니다. 지젝에 따르면 신적 폭력, 특히 사회적 인정으로부터 배제된 민중들이 행사하는 신적 폭력은 '국가권력의 과잉을 겨냥하고, 그 기초를 위협'하지만,[53] 이는 국가권력을 장악하거나 이로부터 벗어나려는 것은 아니다. 왜냐하면 이럴 경우 국가권력은 여전히 '거기에' 존재하기 때문이다. 이런 점에서 지젝이 주장하는 것은 '국가권력을 변형시키고 그 기능 방식과

---

53 슬라보예 지젝, 〈민주주의에서 신적 폭력으로〉, 190쪽.

토대와의 관계를 근본적으로 바꾸는' 것이다.[54] 물론 이것은 지배계급이 없는 국가를 말하며, 이를 위해서 지젝은 정치적 대표의 최소화와 민중의 정치 참여 확대, 그리고 민주주의 절차만이 아니라 민주주의 절차의 사용 방식이 모든 민중을 위한 것이어야 함을 주장한다.[55] 이런 점에서 지젝에게 신적 폭력을 통해 도래할 새로운 사회는 국가 없는 사회가 아니라, 국가권력의 기능 방식이 변화된 사회라 할 수 있으며, 이를 난민의 존재와 연결시킨다면 국가권력의 사용 방식은 무국적적 거류민의 지위를 인정할 뿐만 아니라, 이들을 위해 국민국가적 영토의 비영토성을 인정하는 데 있을 것이다.

이에 비해 국가에 대한 아감벤의 입장은 그가 도입한 거류민과 비영토성 개념 자체에 내포되어 있다고 말할 수 있다. 왜냐하면 이 두 가지 개념은 모두 국가 없는 상태가 아니라, 사실상 국민국가적 질서가 존재한다는 전제 하에서 도입된 것이기 때문이다. 즉, 난민에게 비국적적 거류민으로서의 지위를 인정하고 이들에게 일정한 권리를 부여하는 것은 이들이 체류하고 있는 국가국가적 법질서이며, 국민국가적 영토의 비영토화를 보장하는 것도 국민국가적 법질서라는 것이다. 이런 점에서 아감벤이 거류민과 비영토성 개념을 도입하면서 주장하는 것은, 이를 통해 국민국가적 법질서에 구멍을 내고 이를 변형시킴으로써[56] '폭력과 법의 연결을 도처에서 분쇄'하는 것이다. 물론 그 목표는 어떠한 주권권력이나 법도 영향을 미치지 못하는 '행복한 삶'이다.[57] 이런 점에서 아감벤에게 중요한 것은 법을

---

54 슬라보예 지젝, 〈민주주의에서 신적 폭력으로〉, 191쪽.
55 슬라보예 지젝, 〈민주주의에서 신적 폭력으로〉, 192~196쪽.
56 조르조 아감벤, 《목적 없는 수단》, 37쪽.
57 조르조 아감벤, 《목적 없는 수단》, 124~125쪽.

어떻게 사용하는가 하는 점이지, 법 자체의 철폐는 아니다. 즉, 신적 폭력이 순수한 폭력이듯이, 이를 통해 등장할 새로운 사회에서 법은 '순수한 법'이 되어야 한다는 것이다.[58]

지젝과 아감벤의 입장을 종합해 보면, 새로운 세계질서는 기존의 국민국가적 세계질서가 거류민과 비영토성을 인정하는 방식으로 법의 기능 방식을 바꾸는 데 있다고 할 수 있다. 그러나 사실 이는 충분한 답이 아니다. 우리는 거류민과 비영토성 인정이 어떠한 법질서를 통해 가능한가를 다시 질문할 수 있기 때문이다. 아마도 이러한 문제에 대해서는 칸트의 세계시민사회 이념이 나름대로 충분한 대답을 줄 수 있을 것이다. 칸트는 국민국가적 세계질서가 갈등과 전쟁으로 치달을 수밖에 없다는 현실 진단 하에 이를 극복할 수 있는 새로운 세계질서를 구상하면서 세계시민권이란 새로운 법질서를 도입하고 있기 때문이다. 우선 칸트에게 기존의 시민사회란 한 국가의 구성원에게만 보편적 권리를 부여하는 국민국가적 법질서를 통해 형성된다. 이런 점에서 시민사회란 사실상 국민국가와 동일하다. 그러나 세계시민사회란 세계국가를 전제한 것이 아니며, 세계시민사회를 가능하게 하는 법질서란 국가-국민-영토에 기초한 국민국가적 법질서도 아니다. 이를 가능하게 하는 것은 아감벤식으로 말해서, 국적과 무관하게 이른바 모든 인민에게 동등한 권리를 부여하는 것이다. 즉, 모든 인간이 세계시민으로서 동등한 권리를 부여받을 때 세계시민사회가 형성된다는 것이다. 따라서 세계시민사회란 세계시민권이란 동등한 권리를 통해 인민이 서로 교류하는 생활공간이 되지만, 이는 개별 국가 영역에 귀속되는 것도 아니고 그렇다

---

58   조르조 아감벤, 《예외상태》, 166쪽.

고 세계국가를 전제한 것이 아니다. 즉, 세계시민사회는 국민국가적 영토를 비영토화할 뿐 그 어떤 영토도 전제하지 않는다는 것이다. 그렇다면 세계시민의 권리는 누가 보장하는가? 칸트가 구상하고 있는 세계시민권은 다름 아닌 개별적 국민국가들 간의 조약을 통해 보장된다. 이런 점에서 칸트에게서 발견할 수 있는 새로운 세계질서란 국민국가들이 존재하면서도, 이 국민국가들이 국적과 무관하게 모든 인민에게 세계시민권을 보장함으로써 어떠한 국민국가적 영토에도 귀속되지 않는 세계시민사회라는 새로운 공동체를 형성하는 것을 말한다.[59]

이렇게 난민에서 시작된 세계화 시대의 폭력 논의가 세계시민사회라는 대안적 공동체까지 발전한다면, 이제 난민의 등장에 대해 지젝처럼 회의적 태도를 가질 필요는 없다. 난민의 등장 속에서 의미 있는 유토피아 프로젝트를 발견할 수 있다면, 이들의 등장을 단지 자신들의 존재만을 인정해 달라는 식의 추상적 요구로 이해할 필요는 없기 때문이다. 아감벤식으로 말하면 이들의 인정요구는 바로 무국적적 거류민으로서의 인정이며, 바로 이런 점에서 이들은 국가-국민-영토에 기초한 국민국가적 인정질서를 뒤흔들어 놓고 있다. 그리고 칸트에 근거해서 말한다면, 거류민과 비영토성이란 세계시민권이라는 보편적 권리에 기초한 세계시민사회라는 새로운 공동체 내에서 가능하다. 따라서 인간과 국민이 동일시되는 국적적 인정질서에서 배제된 난민들은 국적과 무관한 세계시민적 인정질서라는 새로운 인정질서를 형성할 때 법과 폭력의 결합에서 벗어날 수 있을

---

59 칸트의 세계시민사회이념에 대해서는 다음을 참조. 문성훈, 《인정의 시대》, 사월의 책, 2015, 439~444쪽.

것이다. 그렇다면 이제 난민들의 국경 없는 이동은 단지 국민국가적 법질서를 무화시키는 것이 아니라, 국적적 인정질서를 세계시민적 인정질서로 대체하려는 세계화 시대의 인정투쟁이 된다.

2015년 가을 세 살짜리 사내 아이가 터키의 해변에서 숨진 채로 발견되면서 전 세계에 충격을 주었다. 시리아 난민이었다. 이 일로 유럽 전역에서는 난민 문제를 둘러싸고 격론이 벌어졌다. 하지만 난민 문제는 어제오늘의 일이 아니다. 이미 오래전부터 유럽과 미국의 국경을 넘어가려는 이주자들은 자신들 앞에 세워진 높은 철책과 싸우고 있었다. 그리고 이른바 살 만한 나라에는 합법적 이주자를 비롯하여 불법체류자들이 넘쳐난다. 합법이든 불법이든 국경을 넘어선 이주는 세계화 시대에 상례가 되었다. 과연 이들을 본국으로 추방하거나 이들에게 합법적 체류, 혹은 새 국적을 주는 것 이외에 다른 방법이 없을까? 이런 국민국가적 해법이 과연 세계화 시대에 적합한 것일까? 전 세계에 자본과 상품의 자유로운 이동을 강제하면서 인간의 자유로운 이동은 과연 가로막을 수 있을까? 전 세계가 하나의 공동체를 이루며 사는 것을 세계화로 이해한다면, 이제 국민국가적 장벽을 넘어 세계시민권에 기초한 세계시민사회를 건설해야 하는 것은 아닐까? 벤야민에서 지젝, 아감벤으로 이어지는 폭력 논의를 칸트의 세계시민사회 이념과 연결시킨다면 이는 신자유주의적 세계화에 맞서 대안적 유토피아 비전을 상상하는 데 충분한 밑거름이 될 것이다.

참고문헌

김현, 〈폭력 그리고 진리의 정치, 벤야민과 지젝의 신적 폭력에 대한 논의를 중심으로〉, 《민주주의와 인권》 14(2), 2014, 5~41쪽.
문성훈, 《인정의 시대: 현대사회 변동과 5대 인정》, 사월의책, 2015.
발터 벤야민, 《역사의 개념에 대하여, 폭력비판을 위하여, 초현실주의 외》, 최성만 옮김, 길, 2008.

슬라보예 지젝, 〈민주주의에서 신의 폭력으로〉, 아감벤 외, 《민주주의는 죽었는가?》, 난장, 2010.
_____, 《폭력이란 무엇인가》, 정일권 외 옮김, 난장이, 2011.
_____, 《새로운 계급투쟁》, 김희상 옮김, 자음과모음, 2016.
이문영, 〈폭력 개념에 대한 고찰: 갈퉁, 벤야민, 아렌트, 지젝을 중심으로〉, 《역사비평》 106, 2014, 323~356쪽.
조르조 아감벤, 《호모 사케르》, 박진우 옮김, 새물결, 2008.
_____, 《목적 없는 수단》, 김상운 · 양창렬 옮김, 난장, 2009.
_____, 《예외상태》, 김항 옮김, 새물결, 2009.
홍철기, 〈아감벤의 예외상태 비판: 《호모 사케르》와 《예외상태》〉, 《오늘의 문예비평》 60, 2006, 195~216쪽.
홍태영 외, 《현대 정치철학의 모험》, 난장, 2010.

Honneth, Axel, "Eine geschichtsphilosophische Rettung des Sakralen. Zur Benjamins "Kritik der Gewalt," ders., *Pathologien der Vernunft*, Suhrkamp, 2007.

모빌리티의 정동과 문화의 자리

: 떠남과 만남, 그리고 정중동靜中動

최성희

이 글은 《코기토》 90(2020)에 게재된 원고를 수정 및 보완하여 재수록한 것이다.

들어가며

'모빌리티mobility'[1]라는 말을 이론적 개념으로 사용하기 시작한 사람은 존 어리John Urry이다. 그는 2000년에 출간한 《사회를 넘어선 사회학: 21세기를 위한 모빌리티Sociology beyond Societies: Mobilities for Twenty-First Century》를 통해 현대사회를 특징짓는 움직임에 '모빌리티'라는 이름을 부여하였다. 그리고 2006년부터 미미 셸러Mimi Sheller와 함께 이전의 사회학과 달리 동적인 것을 중심으로 사회를 이해하는 '모빌리티 패러다임'을 주창한다. 이들이 주장하는 이른바 '모빌리티 전환mobility turn'이란 이러한 패러다임에 기반하여 사회를 정적이고 구조적인 것으로 볼 것이 아니라, 동적이고 유동적인 것으로 보는 것이며, 이를 위해 기존의 학문 영역도 움직여야 한다는 것이다.[2] 모빌리티, 즉 이동성에 접근하는 방식에는 여러 갈래가 있다. 대략적으로 떠올릴 수 있는 것은 공간적 모빌리티, 기술적 모빌리티, 사회적 모빌리티이다. 여기에 나는 정동affect의 관점에서 모빌리티를 바라보는 정동적 모빌리티를 추가하려 하는데, 이는 다른 모빌리티들과는 조금 다른 차원에서 접근할 필요가 있다. 왜냐하면, 모든 모빌리티가 정동과 결부되고, 모든 정동이 그 자체로 모빌리티이기 때문이다.

이 글에서 '정동'이란 말의 의미는 기본적으로 물리적, 객관적 차

---

[1] 이 말은 문맥에 따라 '이동성'으로 번역하기로 한다. 가령, 이동성의 스펙트럼에서 한 끝점으로 움직임의 정도가 극히 낮은 상태를 '부동성immobility'으로 칭하며, 이를 이동성의 범주 안에 두면서 'mobility/immobility'를 함께 병기하는 경우가 있다. 이런 경우, 말의 조합을 위하여 '이동성/부동성'으로 옮긴다.

[2] 이희상, 《존 어리, 모빌리티》, 서울: 커뮤니케이션북스, 2016, p. vii.

원에서 정서를 조망하는 스피노자-들뢰즈 철학의 계보를 따라 사용된다. 최근 들어, 감정 또는 정서와 달리 'affect'를 특화시켜 독립적인 개념으로 운용한 주된 흐름은 1990년대 중반부터 북미권의 학자들을 중심으로 일어났다.[3] 인문학에서 정동 연구의 지배적인 흐름은 심리생리학적인 미분적 정동에 접근하는 실번 톰킨스Silvan Tomkins와, 질 들뢰즈Gilles Deleuze의 스피노자 해석을 따라 신체행동학적으로 접근하는 브라이언 마수미Brian Massumi를 주축으로 형성되어 왔다. 17세기에 스피노자는 당시 데카르트의 심신 이원론이 정신이 감정/정서에 대하여 완전한 지배권을 행사하는 과정임을 비판하고, 정서 작용들을 어떤 판단도 개입하지 않고 자연의 일부로 바라볼 필요가 있다고 역설하면서 기하학적 태도로 그것을 관찰한다. 감정 또는 정서를 자연적 작용의 일부로서, 객관적인 것으로, 그리고 전개인적인pre-individual 것으로 취급한 것이다. 들뢰즈의 〈1978년 1월 24일 스피노자 강의Les Cours de Gilles Deleuze: Spinoza〉는 이러한 스피노자의 지론을 강조하며, 영어에서 'emotion'으로 혼용 번역되는 스피노자의 'affectus'에 대해 'affect'라는 용어를 특화해서 사용할 것을 주장한다. 이 텍스트는 현재 논의되는 '정동 이론'의 시발점이라 할 정도로 큰 영향을 끼쳤다. 이런 맥락의 연장선상에서, 북미의 정동 이론 흐름의

---

3 이 흐름은 1995년 이브 세즈윅Eve K. Sedgwick과 애덤 프랭크Adam Frank의 논문 〈사이버네틱 접힘에서의 수치: 실번 톰킨스 읽기"Shame in the Cybernetic Fold: Reading Silvan Tomkins"〉와 브라이언 마수미Brian Massumi의 〈정동의 자율성"The Autonomy of Affect"〉을 기점으로 탄력을 받게 된다. J. Gregory Seigworth, Gregg Melissa, "An Inventory of Shimmers," *The Affect Theory Reader*, Durham and London: Duke UP, 2010, p. 5. (연구) 내용과 (글쓰기) 형식 양면에서 '정동'을 연구하고 행하는 이런 연구 풍토는 기존의 이성 중심, 내용 중심의 연구에 대해 반발(특히, 초기에는 페미니즘 진영에서)하는 연구자들의 문제의식과 맞물리면서 그 세력을 더해 가고 있다.

중간 결산물이라 할 수 있는 《정동 이론The Affect Theory Reader》의 서문에서 편자들인 그레그Melissa Gregg와 시그워스Gregory J. Seigworth는 정동이란 "힘 또는 마주침의 힘들force or forces of encounter"[4]과 동의어라고 정의한다. 이 힘force이란 말은 정서 작용의 물리적 객관성, 운동성, 우연성, 방향성 등과 결부된다. 이 글에서 '정동'이라는 말을 사용할 때는 이러한 성질들을 염두에 두고 사용한다는 점을 미리 밝힌다.

'모빌리티'라는 말을 긍정적으로 받아들일 것인지, 의심쩍은 눈초리로 부정적으로 받아들일 것인지는 각자가 이 말과 함께 연상하는 대상이 무엇이냐에 따라 달라질 것이다. 혹자는 모빌리티라는 말에 편리한 전자기기를 장착한 날렵한 움직임을 떠올린다. 이와 관련지어 다국적 기업의 자본이 세계적으로 확장되는 추세를 떠올리는 사람도 있을 것이다. 좀 더 사회정의와 약한 타자들의 문제에 예민한 사람이라면 불법이주민들과 난민들의 이동성과 국가의 법으로 보호받지 못하는 그들의 처지를 먼저 떠올릴 것이다. 이처럼 모빌리티라는 말이 결합하는 대상은 고도의 기술, 자본, 그리고 배제된 타자들 등 그 스펙트럼이 매우 넓다.

모빌리티에 대한 우리의 태도는 단지 모빌리티는 긍정적인가, 아니면 부정적인가 하는 이분법에 따라 결정될 수 없다. 마치 자연의 변화가 긍정적인가, 부정적인가라고 판단할 수 없는 것과 마찬가지다. 그러나 모빌리티는 분명 자연의 변화보다 더 복잡한 움직임이다.[5] 모빌리티는 기술과 교통의 발달에 따라 '자연스럽게' 증가하기

---

4 Seigworth and Gregg, "An Inventory of Shimmers," p. 2. 번역은 멜리사 그레그 · 그레고리 시그워스 엮음, 《정동 이론》, 최성희 · 김지영 외 옮김, 서울: 갈무리, 2014. 참조.
5 물론 사회에서 운용되는 '자연'이 그리 단순한 개념이 아니라는 데 공을 들이는 이

도 하지만 국가 및 자본 등에 의해 인위적으로 유발 또는 저해되기도 한다. 물리적 모빌리티의 증대로 인해 강화되는 사회적 모빌리티(유동성), 이른바 '시대의 변화'에 대처하는 자세도 사람마다 다르다.

'모빌리티 시대'라고 해도 과언이 아닐 정도로 이동의 세계화가 진행되는 지구화 시대에 모빌리티의 정동을 이야기하는 이유는, 이동의 강약과 성격에 따라 우리에게 세계가 어떻게 다가오는지, 어떤 의미를 지니는지가 달라지기 때문이다. 그리고 이동/머무름과 관련된 정동을 들여다봄으로써 현 시대의 모빌리티를 인문학에서는 어떻게 접근해야 할지에 대한 실마리를 얻을 수 있기를 기대한다. 제임스 조이스James Joyce의 단편 〈작은 구름A Little Cloud〉은 모빌리티와 정동의 결절이 잘 드러나는 작품으로, 이 탐구의 출발점으로 삼기에 적절해 보인다.

챈들러의 눈물

조이스의 《더블린 사람들Dubliners》은 더블린에 사는 사람들의 정주뿐만 아니라 떠남, 혹은 떠남에 대한 열망과 망설임을 함께 담고 있는 작품집이다. 여기서 그려지는 많은 인물들의 정주는 하릴없는 흔들림을 보여 준다. 우리는 그 이유를 우선 조이스가 살았던 시기와 소설들이 쓰여진 1904~1907년[6] 사이의 아일랜드 상황을 돌아보면서 짐작할 수 있을 것이다. 이 시기는 1800년대 중반 대기근 이후 악

들이 있다. 예를 들어, 생명권력을 다루는 미셸 푸코Michel Foucault나 브라이언 마수미가 《존재권력Ontopower》에서 개진하는 내용이 그런 경우에 해당한다.

6 조이스의 이 소설집에는 총 15편의 단편이 실려 있으며, 그중에서 〈작은 구름〉은 열네 번째로 쓰여진 작품이다.

화되어 끊일 새 없이 분쟁이 일어났던 영국과의 싸움이 잠시 소강상태로 접어든 때였다. 아일랜드는 약 1890~1910년 사이 20여 년간 "평온한" 시기를 보냈다.[7] 또한 이 시기는 아일랜드 사람들에게 차츰 '떠남'이 개인의 선택의 문제가 되기 시작하던 시점이기도 하다. 반세기 전만 해도 사정은 달랐다. 1850년대의 감자 기근으로 일어난 대규모의 집단이주로 당시 아일랜드 인구의 2분의 1에서 3분의 1 정도가 영국으로, 유럽으로, 북미로 이주하였다고 전해진다. 그 이주는 생사의 갈림길에서 이루어진, 별로 선택의 여지가 없는 '집단적 내몰림'과 다를 바 없었다. 그러나 조이스가 살던 시기에는 이주의 성격이 이전과는 조금 다른 차원에서 진행된다. 이제 각 개인은 자기의 소망과 판단에 따라 다른 지역, 다른 나라로의 이주를 선택하기 시작했다.

〈작은 구름A Little Cloud〉(1906)에 나오는 챈들러도 그런 사회적 분위기에 처해 있는 인물이다. 겉으로 보기에 챈들러는 더블린에서 직장을 다니며 갓 결혼하여 아이도 낳은지라 나름 안정된 정착을 하고 있는 사람으로 비친다. 그런 그이지만 더블린을 떠나 런던에 정착한 옛 친구 갤러허를 만나면서 그런 안정됨이 흔들리는 걸 볼 수 있다. 챈들러의 흔들림을 따라가다 보면 당시 아일랜드인들에게 떠남이 어떤 의미였는지, 그 떠남과 결부되는 정동이 어떻게 발생하는지, 그리고 어떻게 누적되는지가 섬세하게 그려진다.

한마디로, 이 작품에서 챈들러는 더블린에 머무는 자이고, 갤러허는 떠난 자이다. 갤러허는 8년 전에 더블린을 떠났다가 런던에서 성

---

7   마이클 매카시 모로, 《아일랜드의 세기》, 조준희 옮김, 박지향 감수, 북폴리오, 2007, 14쪽.

공한 기자로서 고향에 잠시 들른다. 그런데 우리는 이 작품에서 더블린에서 정주하고 있는 챈들러의 정서가 갤러허를 만나면서 정주에서 떠남으로 점점 옮겨 가는 것을 보게 된다. 현재 법률사무소의 사무원으로 일하고 있는 챈들러는 진정으로 시적인 것을 실현하는 시인이 되고 싶어 한다. 그는 진지하게 "자신의 영혼이 시인의 시심에 해당하는지 그 무게를 달아 보곤 했다."[8] 그리고 언젠가 비평가들로부터 '켈트적인 정조'를 표현하는 켈트파 시인으로 인정받는 기대를 간직하고 있다. 이런 그의 모습은 당시 아일랜드에 퍼진 문예부흥운동[9]의 기조를 그가 따르고 있다는 것을 보여 준다.[10] "켈트파the Celtic school"라는 말은 당시 영국의 비평가들이 아일랜드 문예부흥파 작가들에 붙인 이름이지만, 그런 아이러니에도 불구하고 챈들러는 자기 이름이 더 아일랜드적이지 않아서 불만스러워할 정도로 아일랜드적인 것을 추구하는 것에 심취해 있음을 알 수 있다.

그러나 갤러허를 만나러 가는 길에 그의 정동도 움직인다. 마치 더블린에서 런던으로 떠나듯, 그의 마음이 런던으로 향한다. 그가 걸음을 옮길 때마다 그의 눈에 더블린의 거리는 희망적인 모습을 찾기 힘든 누추하고 우울한 곳으로 비치고 그는 "평생 처음" 지나가는 사람들보다 자신이 우월하다고 느낀다.

---

8   James Joyce, "A Little Cloud," *Dubliners*, Oxford: Oxford UP, 2000, p. 55.
9   아일랜드 문예부흥운동The Gaelic Revival Movement은 19세기 후반 아일랜드 자치 운동이 시들해지자 문학 분야에서 시작된 운동으로, 아일랜드의 정체성 회복을 통해 독립을 꾀하였다. 1890년대 그레고리 부인Lady Gregory을 주축으로 러셀George Russell, 예이츠William Butler Yeats, 싱John Millington Synge 등 유명 작가들이 합류했으며, 1898년 국립극장Abbey Theatre 설립과 신문 발간 등의 성과를 거두었다.
10 조이스는 당시 문예부흥운동을 두고 "퇴행적"이라고 말하며 동조하지 않았다.

매 걸음이 그를 런던에 더 가까이 데려갔고, 자신의 밍숭맹숭한 비예술적인 삶과 멀어졌다. 한줄기 빛이 그의 마음의 지평선 위에서 깜박이기 시작했다. 그는 그리 나이가 많지 않았다. 서른두 살. 그의 타고난 성정은 이제 막 성숙하기 시작했다고 할 수 있을 것이다. 거기에는 그가 시로 표현하길 간절히 원하는 아주 다양하고 많은 정조와 인상들이 들어 있었다. … 그가 보기에 우울이 자기 성정의 지배적인 정조였다. 그러나 그것은 반복되는 신념과 체념, 소박한 즐거움으로 단련된 우울이었다.[11]

갤러허의 등장으로 인해, 세련된 구석도 없고 변화도 없는 더블린의 구시가지는 그곳에 납작 엎드려 살고 있는 사람들과 동일시되며, 챈들러 자신은 그것을 멀리서 바라보는 자가 된다. 갤러허에게 가까이 다가감에 따라 그의 정동도 갤러허에 근접해 간다. 그리고 마침내 그의 정동은 '떠남'에 가까운 것으로 바뀐다. "의심의 여지가 없었다. 성공을 원한다면 나가야만 한다. 더블린에서는 아무것도 못한다"[12]는 생각에 이르면 그러한 정동의 강렬함은 극에 달한다.

그런데 챈들러의 정동은 막상 갤러허를 만나자 더욱 복잡해진다. 아니나 다를까 갤러허는 영국에서 성공한 티를 풍기는 모습으로 그를 맞는다. 머리를 짧게 깎고 깨끗하게 면도했지만 그의 핼쑥하고 피곤해 보이는 얼굴과 대조되는 화려한 오렌지색 넥타이를 매고 있다. 오렌지색은 잉글랜드를 상징하는 색이다. 그리고 그는 점점 갤

---

11 James Joyce, "A Little Cloud," p. 55.
12 James Joyce, "A Little Cloud," p. 55.

러허의 말투와 표현 방식에서 어떤 "천박함"을 느낀다.[13] 파리 등 화려한 세상에서의 경험을 떠벌리며 우쭐해하는 갤러허를 보면서 그의 변한 모습에 실망하는 동시에 그를 부러워한다. 챈들러 자신은 이런 자신의 마음이 어떤 것인지 미처 깨닫지 못하고 술만 연신 들이키다 집으로 돌아온다.

그런데 그가 집으로 돌아왔을 때 문득 들여다본 사진 속 아내의 모습에서 그는 아이러니하게도 갤러허에게서 느낀 천박함을 다시 느낀다. 그가 갤러허에게서 천박함을 느낀 것은 그가 파리와 런던의 화려하고 부도덕한 뒷골목 경험담을 자랑하는 모습에서였다. 그 천박함의 내용에는 갤러허의 자랑과 오만함의 대상이었던 여성들("열정적인, 부유한 유대인 여자들")도 포함된다. 그런데 그는 자기도 모르게 사진 속 아내 '애니'를 그들과 비교하며, 애니의 "의식이 없고 숙녀답기만" 한 모습에서 예의 그 천박함을 느끼는 것이다.[14] 챈들러의 감정이 중심을 잃고 일관성 없이 표류하는 것을 드러내는 대목이다. 분명 그는 갤러허가 말하는 태도와 내용에 거부감을 느꼈지만, 자기도 모르게 그 내용에 '전염'되었음을 알 수 있다.

자신의 인생에 대한 막연한 분노가 그의 내부에서 깨어났다. 그는 과연 자신의 그 작은 집에서 도망칠 수 없는 것일까? 갤러허처럼 인생을 용감하게 살기에는 너무 늦은 것이 아닐까? 그는 과연 런던으로 갈 수 있을까? 아직 가구의 할부금이 남아 있었다. 시를 써서 출판할 수만

---

13 James Joyce, "A Little Cloud," p. 56.
14 James Joyce, "A Little Cloud," p. 63.

있다면 길이 생길지도 모른다.[15]

표류하는 그의 감정을 잡아 주는 것은 다시 '시'이다. 그는 탁자 위에 놓인 바이런의 시집을 들고 읽는다. 하필 그 순간에 눈에 띈 시집이 바이런의 것이라는 점은 사뭇 의미심장하다. 고국을 떠나 이국을 방랑하며 파도처럼 살아간 시인이 바이런이 아닌가! 그런데 그런 바이런의 시 중에서 챈들러가 읽은 시는 그의 시 중 가장 고요한 시에 속한다. 매우 사적인 관계에서의 상실에서 비롯된 영혼의 슬픔을 표현한 시이기 때문이다. 그는 잠시 그 시를 읽으며 그런 시인이 될 수 있을까 하며 꿈꾼다. 그 순간 그의 몰입을 방해하는 아기의 울음소리. 그는 "평생토록 갇힌 죄수"(무기징역수a prisoner for life)[16] 같은 심정을 느껴 아기에게 버럭 소리를 지른다. 이후 걷잡을 수 없이 번져 가는 아기 울음소리에 아내가 달려오고, 비난의 눈길을 받으며 챈들러는 부끄러움으로 얼굴이 달아오르고 후회의 눈물을 흘린다. 챈들러가 흘린 이 눈물의 의미는 무엇인가?

나는 이 챈들러의 눈물이 그의 흔들리는 정동의 결과물이라고 생각한다. 즉, 그의 복잡한 심정 또는 정동을 단적으로 드러내는 마지막 한 방울이다. 〈작은 구름〉에서 챈들러의 정동은 머무름과 떠남 사이에서 오락가락한다. 그의 주된 정동은 두 가지로 나눌 수 있다. 작가로 성공하기를 염원하는 그의 정동이 아일랜드 문예부흥운동과 만났을 때 그것은 '머무름'에 가깝다. 그는 '아일랜드적인 것'을 추구하며 가정과 직장에 충실하고, 그래서 더블린에 애정을 갖고 있을

---

15 James Joyce, "A Little Cloud," p. 63.

16 James Joyce, "A Little Cloud," p. 64.

것이다. 그러나 갤러허를 만났을 때 그의 정동은 '떠남'의 정동으로 바뀐다. 비록 갤러허의 어떤 면이 마음에 들지 않더라도 그의 정동은 이미 런던 쪽으로 방향을 틀고 있다. 가정, 그리고 자기가 가장 움직일 수 없는 요인인 아기는 그런 움직임에 급제동을 건다. 그런 급제동의 결과, 그 충격으로 인해 나온 결과물이 바로 그의 '눈물'이다. 그러므로 그의 눈물은 정동의 결과물이라고 할 수 있다.

챈들러는 그의 다소 작은 몸집, 그리고 하얀 피부나 세심한 성격 등 은근 여성적인 면모로 인해 어릴 때부터 '꼬마 챈들러Little Chandler'로 불리곤 했다. 'Chandler'는 원래 '양초(빛)를 만드는 사람'이라는 뜻을 지닌 말로서, 그 속에 '불빛'의 의미를 지니고 있다. 말하자면, 챈들러는 그 이름 속에 '작은 불빛 같은 사람'이라는 의미를 지닌 사람이다. 이 불빛을 어떻게 해석하느냐에 따라 그 뉘앙스는 달라진다. 챈들러가 마지막에 부끄러움에 눈물을 흘리는 것을 일종의 깨달음으로 본다면 이 불빛을 희망적인 것이라고 해석할 수 있을 것이다. 그 눈물을 통해 챈들러가 반성할 줄 아는 사람이라는 점이 드러나기 때문이다. 그러나 그 눈물을 '정동의 결과물'로 본다면 우리는 그것을 사뭇 다르게 바라볼 수 있게 된다. 그 '불빛'의 내용보다는 움직임, 즉 그 '흔들림'에 더욱 초점을 맞출 수 있게 된다. 그는 아일랜드에 정착하고 있지만 아일랜드를 떠날 미래를 상상한다. 그의 정주는 굳건하지 않다. 마치 그 시대의 대다수 아일랜드인들이 그랬던 것처럼. 다시 말해, 챈들러는 '흔들리는 사람'이다. 바람 앞의 등불을 연상케 하는 그의 이름처럼 자기 속에 움직임을 품고 있으며, 갤러허라는 바람을 만났을 때 자기의 의지와 달리 어쩔 수 없이 흔들린다. 정동적 관점에서 볼 때, 우리는 우리가 가진 가치판단을 잠시 내려놓고 그의 흔들림 자체에 더 오래 주목할 수 있게 된다.

정동의 모빌리티, 모빌리티의 정동

조이스의 〈작은 구름〉은 모빌리티와 정동이 절합하는 지점을 잘 보여 주는 작품이다. 조이스가 이 소설을 썼던 시대, 떠남은 아일랜드에서 거의 일상이었다. 마치 요즘 부산(그리고 다른 소도시)의 젊은이들이 서울로 떠나지 않는 것이 예외에 해당하는 것처럼, 그때 그들은 런던으로, 파리로, 미국으로 떠났다. 정동이라는 개념을 모빌리티와 관련지어 들여다보는 것은 모빌리티가 우리 각자에게 어떤 영향을 끼치는지, 우리와 세계의 관계는 어떤 양상인지를 더 세밀하게, 그리고(그래서) 질적으로 사유하는 데 도움이 되기 때문이다. 우리는 챈들러의 흔들림에 대해 선뜻 도덕적 판단을 내릴 수는 없지만, 그의 흔들림은 그의 현재가 다양한 자장들과 만나면서 이루어지는 것임을 이 짧은 작품을 통해 들여다볼 수 있다.

현재 정동 개념은 분과학문의 경계를 넘어 매우 다양한 갈래와 분야들에서 적용되고 있는데, 여기서 공통적으로 관찰되는 점은 우리가 보통 '감정'이라고 부르는 어떤 고정된 심리 상태의 운동성, 즉 그 발생과 발달 과정에 주목한다는 것이다. 그리고 '정동'이 주목받게 된 이유도 '감정'과의 연관성 때문으로 보인다. 정동 이론에서 정동을 감정과 분리해서 이야기한다고 해서 정동과 감정을 완전히 다른 것으로 보긴 힘들다. 사실 요즘 국내에선 '정동'이란 말을 모른 척하며('정동'이라는 역어에 대한 논란이 일기도 했으니[17]) 과감히 정동을

---

17 국내에서 쓰이는 '정동'이라는 역어에 대한 논란은 진태원, 〈정동인가 정서인가: 스피노자 철학에 대한 초보적 논의〉, 《현대시학》 560, 2016. 4, 37~47쪽에서 본격 제기되었는데, 여기서 진태원은 '정동'이라는 말 대신 '정서'를 사용하자고 제안한다. 그 후 최원, 〈'정동 이론' 비판: 알튀세르의 이데올로기론과의 쟁점으로 중심으로〉,

감정에 포함시키거나 혼용해서 사용하는 비평가들도 많이 눈에 띈다. 아직 그런 논란 또는 갈래의 결론은 내려지지 않았으며 아마도 많은 부분 이후의 말 쓰임새에 의해 결정되지 않을까 싶다. 그러나 지금 시점에서 군이 '정동'이라는 말을 쓰는 것은 우선은 전략적으로, 근대 이후 강화되어 온 이성의 우위에 밀려 폄하되어 왔던 기존의 '정서'라든가 '감정'이라는 말이 가지는 말의 한정성을 뛰어넘기 위한 것일 터이다. 정동은 감정emotion의 범위 확대를 꾀하는 개념이며 감정보다 훨씬 범위가 넓고, 감정론에서 접근하기 어려운 문제들에 접근할 수 있다는 장점이 있다. 그래서 이 말을 '감정'이라고 발화하건 '정서'라고 발화하건, 혹은 '감응'으로 표현하건 맥락상의 함의가 겹쳐지는 부분이 있다.

'정동' 개념에서 가장 기본적이자 핵심적인 것은 이 개념에 포함된 '운동성'이라고 할 수 있다. 정동은 말하자면, '감정'의 모빌리티이다. 단, 감정을 주관적인 것으로 전제하지 않는 한에서라고 조건을 달 필요가 있다. 정동은 일반적으로 '감정'이라고 말할 때 전제하는 그런 주관성의 영역을 넘어 객관성의 영역에서 일어나는 현상이다. 《정동 이론》에서 그레그와 시그워스가 정동이란 **"힘 또는 마주침의 힘들**force or forces of encounter"[18]과 동의어라고 정리하면서, 이 힘force

---

《문화과학》 86, 2016, 82~111쪽에서는 국내의 '정동'이라는 말의 쓰임이 들뢰즈의 강의록의 영어 번역자이자 정치적 정동 현상의 분석에 주력해 온 브라이언 마수미의 글에서 비롯되었다고 분석한다. 이에 대하여 조정환은 〈들뢰즈의 정동이론: 정동은 무엇을 할 수 있는가?〉, 《계간 파란》 3, 2016, 12~50쪽에서 '정동' 개념이 들뢰즈의 'affect' 개념에 대한 독창적인 한국어 번역어라고 밝히고 있다. 김재인은 〈들뢰즈의 '아펙트' 개념의 쟁점들: 스피노자를 넘어〉, 《안과 밖》 43, 2017, 39~72쪽에서 이런 논의들을 염두에 두면서 들뢰즈의 'affect' 개념의 발전 과정을 분석해 보여준다.

18 Seigworth and Gregg, "An Inventory of Shimmers", p. 2.

이란 말이 반드시 '강력함'을 의미하는 것은 아니라는 단서를 다는데, 그 이유는 이 말이 단지 물리적인 움직임을 뜻한다는 것을 강조하기 위해서이다. 물리적이라고 해서 모두 가시적인 것은 아니며, 그것은 "알아챌 수 없는 것들의 극히 미세하고 분자적인 사건들"로서 "내밀하고 비인격적"이다. 그리고 그것은 "몸들 사이"를 흐르며 사라지기도 하고 축적되기도 한다. 이러한 사라짐 또는 축적됨의 과정에서 정동은 관계에 영향을 끼칠 수 있다. 즉, 새로 관계를 창출하기도 할 것이고, 기존의 관계를 단절시키기도 할 것이며, 관계의 분위기나 양상에 변화를 가져올 수도 있다.

이처럼 정동을 '힘'으로 파악할 때, 우리가 '감정'이라는 말로 사유하는 것보다 그 중심이 훨씬 더 신체 쪽으로 이동하며, 급기야 몸과 정신의 경계는 흐릿해지게 된다. '마주침의 힘들'이라는 말은 그 힘들이 우연한 만남에 의해 발생하는 것임을, 따라서 정동의 움직임이 우연성에 노출되어 있고, 그렇기에 잠재성을 갖는다는 점을 보여 준다. 또 '힘'이라는 말에서 우리는 정동이 방향성과 크기(또는 가치)를 갖는다는 점을 읽어 낼 수 있다. 이처럼 **운동성, 물리성, 비인격성, 우연성과 잠재성, 방향성, 가치성**이 '정동'이라는 개념에는 내포되어 있다. 정동을 '감정'과 동렬에 두고 사용하는 이들 역시 이런 정동의 스펙트럼을 염두에 두고 실질적으로 포착되는 감정의 양태에 대해 연구한다고 볼 수 있을 듯하다.

앞서 살펴본 〈작은 구름〉에서 챈들러의 정동은 갤러허를 만나면서 그 방향성에서 변화를 보인다. 그가 런던에서의 성공을 상징하는 갤러허에게 다가갈수록 그의 정동도 '더블린에서 런던으로' 이동하는 것이 된다. 아일랜드의 민족적 시인이 되고자 하는 그의 소망과 천박해 보이는 갤러허에 대한 그의 부정적 마음과는 별개로, 그의 정동은 이미 '런던'에 근접해 있다. 그렇게 방향을 틀었던 정동이 다시 '더블린'의 현실과 맞닥뜨렸을 때, 그의 정동은 심한 떨림을 보이며 그것은 눈물이라는 현상으로 흘러나온다. '감정'은 "사회문화적 의미질서를 통해 해석된 느낌"이고, '정동'이란 "이 해석이 일어나기 전 발생하는 즉각적인 신체의 느낌"이라는 마수미의 정리에 따르면,[19] 챈들러의 이런 분열을 능히 이해할 수 있다. 다시 말해, 정동은 모빌리티가 반영된 움직이는 감정의 흐름 혹은 감정 이전/이후의 흐름을 보여 준다. 이러한 정동 개념은 기존의 문화연구에서 유동성을 더 잘 포착하는 데 도움이 될 것이다. 이명호는 문화/문학연구에서 좁은 의미의 감정 연구emotion studies가 정동 연구affect studies로 분화되어, 이른바 '감정에서 정동으로'라 할 수 있는 시각의 전환이 마수미에게서 더욱 철저하게 일어난다고 분석하며, 마수미의 정동 이론 작업이 문화연구에서 '위치'를 약화시키고 '운동'을 복원하려는 시도라고 말한다. "위치성의 개념은 문화의 지도에서 운동을 빼내는 것으로 시작한다."[20]는 말에서처럼 정동을 통해 운동성을 강조하는 것은 사회의 고정성에 대한 대항행위의 일환이라는 것이다.

정동을 사회관계 속으로 밀어넣는 것은 이런 고정된 사회적 위치에 운동을 복원시켜 주체와 사회의 이행·변화·창조의 가능성을 열어 놓기 위해서다. 그것은 사회 변화를 추동하는 주체의 행위 역량을 키우는 문화적 실천이다.[21]

---

19 이명호, 〈문화연구의 감정론적 전환을 위하여: 느낌의 구조와 정동경제 검토〉,《비평과 이론》20(1), 2015, 125쪽.

20 Brian Massumi, *Parables for the Virtual*, Duke UP, 2001, p. 3.

21 이명호, 〈문화연구의 감정론적 전환을 위하여: 느낌의 구조와 정동경제 검토〉, 128쪽.

정동 개념의 주요 원천으로 등장하는 스피노자는 언제나 다른 물체나 대상, 다른 신체의 영향 아래 놓여 있는 신체를 언급하며, 정서가 그로부터 발생한다는 점을 강조한다.[22] 말하자면, 관계적 움직임에서 발생하는 것이 정동이며, 움직임이 없으면 정동도 없다. 비슷하게, 모빌리티와 정동을 겹쳐 생각하는 이론가들이 적지 않게 눈에 띈다. 줄리아나 브루노Giuliana Bruno는 "운동은 참으로 정동을 낳으며", "상관적으로, 정동은 움직임을 표현한다"고 말하며, 마수미는 이동적 신체는 "움직이면서 느끼고 느끼면서 움직인다"며 정동과 모빌리티가 불가분하다는 점을 강조한다. 미미 셸러Mimi Sheller는 "운동과 정동은 … 신체, 테크놀로지, 문화적 실천의 교차를 통해 운동감각적으로 얽혀 있고 함께 생산된다"고 말한다.[23] 그러나 모빌리티를 정동과 동렬의 차원, 즉 정동=운동(또는 모빌리티)이라는 등식을 성립시키는 것은 그리 중요한 일이 아닐 것이다. 대신, 모빌리티와 정동의 관계를 구체화하기 위해 '모빌리티가 먼저인가, 정동이 먼저인가?'라고 묻는 것이 더 생산적일 수 있겠다. 챈들러의 경우, 그는 갤러허에게 다가가고 대화를 나누고 하는 움직임을 통해 정동의 방향성이 변한다. 이는 움직임이 있고 정동이 발생하는(또는 변하는) 경우에 해당한다. 말하자면, '모빌리티의 정동'이다. 정동을 어떤 힘들의 만남이라고 보았을 때, 모빌리티가 먼저라고 할 수 있다. 모빌리티는 어떤 상태의 정동을 전환시킨다. 가령 날씨가 흐려서, 가족과의 불화 등으로 인해 울적한 기분에서 좀처럼 벗어날 수 없을 때, 산책을 가거나, 심지어 억지로 스마일 표정을 짓는 것만으로도 어느

22 Spinoza, B. D., *Ethics*, London: Penguin, 1996, p. 70.
23 Peter Adey, *Mobility*, London and New York: Routledge, 2010, p. 162.

정도 그 기분에서 벗어날 수 있다.

한편, 이미 발생한 어떤 감정 또는 정동이 모빌리티를 유발하는 경우도 생각해 볼 수도 있다. 다시 말해, 정동이 작동하면서 모빌리티가 일어난다. 이런 것을 '정동**의** 모빌리티'라고 할 수 있을 것이다. 브라이언 마수미, 사라 아메드Sara Ahmed, 페트리샤 클라프 등 사회·정치적 정동이 개개인들의 움직임에 미치는 영향에 주목하는 정동 이론가들은 이처럼 정동이 일으키는 모빌리티 효과에 더 주목하는 경우에 해당한다. 〈작은 구름〉의 갤러허는 런던=성공이라는 그 시대의 지배적인 정동에 따라 별 고민 없이 런던으로 떠난 인물을 나타낸다. 그리고 챈들러는 그런 지배적 정동과 덜 지배적인 민족주의적/낭만주의적 정동 사이에서 흔들리는 인물이다.

사라 아메드에 의하면, 행복감은 독립적으로 일어나는 것이 아니라 대상(또는 방향성)과 결합한다. 다시 말해, 행복은 어떤 것들의 만남에 따라 일어나는 하나의 정동이다.[24] 챈들러가 느끼는 감정을 정동의 관점에서 살핀다는 것은 그 감정을 어떤 '만남'의 순간에, 그 만남에 의해 발생하는 것으로 파악한다는 것을 의미한다. 챈들러의 감정은 갤러허와의 만남에 의해 기저에 잠재된 복잡함이 흐름을 타고 출현하기 시작한다. 그의 마음 아래 잠재돼 있던 떠남의 벡터를 지닌 정동은 갤러허라는 존재와의 만남으로 인해 심하게 파동을 일으키며 활성화되기 시작한다.

이런 맥락에서 챈들러의 수줍은 초대를 갤러허가 거절했다는 것은 의미심장한 부분이다. 아메드는 무심함을 가장한 발언에도 방향

---

[24] Sara Ahmed, "Happy Objects," *The Affect Theory Reader*, eds. Gregory J. Seigworth & Melissa Gregg, Durham and London: Duke UP, 2010, p. 32.

성이 내장되어 있다고 말하며 그 발화가 가지는 정동적 효과에 주목한다. 한 예로, 레즈비언 딸의 교제를 반대하는 가부장적 아버지의, "나는 단지 네가 행복하길 바랄 뿐이야'라는 발화 행위는 상상된 무심함의 바로 그 순간에 방향성을 가진다".[25] 갤러허는 무심하게 챈들러의 초대를 거절한다. 챈들러는 단지 갤러허를 집에 초대하여 아내와 함께 밥을 먹고, 식후에 차를 마시며 음악을 듣기를 원했을 뿐이다. 갤러허는 다른 약속이 있다며 그 방문을 다음으로 미루자고 했지만, 챈들러는 그것이 사실상 거절이며 약속이 아니라는 점을 안다. 갤러허의 거절은 더블린에 대한 거부, 즉 런던이 더블린보다 더 바람직한 가치의 대상이라는 것, 더블린에 머묾이 떠남보다 열등하다는 점을 강조한다.

정동의 모빌리티와 모빌리티의 정동은 서로 분리된 것이 아니다. 우리의 삶에서 깊이 연루된 이것은 그 선후 인과관계를 가릴 수 없을 정도로 불분명하다. 마수미는 이러한 과정을 "선제권력preemptive power" 또는 "존재권력ontopower"[26]이라는 말로 특징짓는데, 그것은 행동의 패턴이 정동의 연장 속에서 재순환하는 원리를 이용하는 권력의 생리를 의미한다. 예를 들어, 테러 경보 시스템과 이와 연관된 시민들의 '공포fear'와의 연관 관계를 분석하는 글에서,[27] 그는 적색경

---

25 Sara Ahmed, "Happy Objects," p. 81.

26 마수미는 《존재권력》의 서문에서 존재권력이란 "존재를 이끌어 내는 능동적인 권력"이라 정의한다. 이것은 어떤 사건이나 문제가 발생했을 때 그것에 대해 사후에 대처해 가는 기존의 권력 작동 방식과 달리, 문제 자체를 선제적으로 만들어 내고, 그것을 권력 행사의 근거로 사용하는 권력을 말한다. Brian Massumi, *Ontopower*, Cicago: Duke UP, 2015, pp. vii-viii 참조. 마수미가 선제권력과 동의어로 사용하며 만든 조어인 'ontopower'를 우리말로 번역하기가 까다로운데, 이를 '존재력'으로 번역하는 이도 있다. 브라이언 마수미, 《정동정치》, 조성훈 옮김, 서울: 갈무리, 2018. 참조.

27 Brian Massumi, "Fear," *Ontopower*, pp. 171~187. 이 글에서 마수미는 2002년 9·11

보에 놀란 시민들이 어떤 행동을 취해 일단 정동의 활성화가 진행되면, 그런 행동의 동선을 따라 그 상황이 연장되고, 그 자체의 운동량을 모아들여 연료를 공급하며 공포가 점점 눈덩이처럼 커져 가는 과정을 겪는다고 주장한다. 다시 말해, 경험이 공포 속에서, 행동의 끌어모음ingathering 속에서 일어나는 것이지, 단지 공포가 경험의 한 내용이 되지는 않는다는 것이다. 그 시작점에서 공포의 정동과 신체의 행동은 서로 구별되지 않은 상태에서 촉발되었다가, 행동이 차츰 소진되고 나서도 정동은 계속 굴러가며, 급기야 그것은 그 자체로 '등록'된다. 즉, 공포의 실행 자체와 공포의 느낌이 분리되는 것이다.[28] "불이야!"라는 외침을 듣고 놀란 가슴(정동)은 실상 불이 났건 말건 그 자체로 공포라는 실제가 된다. 그러한 정동-사실affective fact을 조작함으로써 미래의 권력을 확보하는 것이 바로 선제권력의 속성이다. 이와 같은 맥락에서, 모빌리티를 정동의 차원에서 다루는 것은 단순한 모빌리티의 재현에 기입될 수 어떤 인식론적 속임수 또는 습관적 인식을 피해 갈 수 있게 하는 방법론이 될 수 있다고 제시하는 피터 애디Peter Adey의 말에 귀 기울여 볼 만하다.[29]

'내지여행'과 정동

마이클 크로닌Michael Cronin의 《팽창하는 세계The Expanding World》는 세계에 대한 경험이 모빌리티 현상과 밀접하게 관련되어 있음을 주

사건 이후 조지 부시 정부가 채택한 비상경보 시스템을 그의 정권 재창출을 위해 어떻게 활용했는가를 중심으로 정동과 권력의 관계를 분석한다.

28 Brian Massumi, "Fear," p. 176.

29 Peter Adey, *Mobility*, pp. 134-136.

장하는 책이다. 우리는 그가 이 책에서 존 어리의 모빌리티 이론에서 많은 아이디어를 빌어 와 활용하고 있음을 발견할 수 있다. 이 책의 장점은 지구화 시대의 장소 이동과 컴퓨터 네트워크를 통한 디지털 이동, 그리고 개인들이 느끼고 체험하는 정동적 모빌리티를 모두 함께 탐구하면서 우리 삶과 관련된 전반적인 상황을 사유하게 한다는 데 있다. 세계화 시대임을 선언하는 신자유주의 세력은 모빌리티의 증가와 함께 세계가 '좁아지고 있다'고 주장한다. 그러나 크로닌은 이런 주장과 반대로 세계가 '팽창하고 있다'고 주장한다. 그것은 이동의 속도가 빨라지는 세계를 '거시-모더니티'의 관점에서 볼 것인가, '미시-모더니티'의 관점에서 볼 것인가 하는 접근법의 차이에 기인한다. 펜티넨Elina Penttinen과 킨실레토Anitta Kynsilehto는《젠더와 모빌리티Gender and Mobility》에서 그들이 모빌리티 개념을 거론하는 이유가 모빌리티 경험이 지구의 서로 다른 면을 구체적으로 보여 준다는 점 때문이라고 밝히고 있어, 크로닌과 같은 맥락에 서 있음을 알 수 있다.[30] 이들은 '글로벌'이라는 말이 우리가 사는 세계를 생산하고 조형하는 지구적 정치 프로세스 및 경제 프로세스에 의해 좌우된다는 점을 문제시하며 모빌리티와 글로벌을 대결시킨다.

크로닌이 주장하는 '미시-모더니티' 관점의 성격을 가장 인상적으로 보여 주는 말은 '내지여행적 이해endotic understanding'라는 말이다. 프랑스 여행가 장 디디에 위르뱅Jean-Didier Urbain이 구분한 '외지여행exotic travel'과 '내지여행endotic travel'의 구분에서 따온 이 말은 특정한 장소를 깊게, 그리고 길게 들여다보는 방식을 일컫는다. 위르뱅에

---

30 Elina Penttinen and Anitta Kynsilehto, *Gender and Mobility*, London: Rowman & Littlefieldk, 2017, p. 10.

따르면, 외지여행이란 "지루한 일상에서 벗어나 먼 곳으로 떠나는" 행위이다.[31] 그것은 빠르고 편리한 운송 수단의 힘을 빌어 낯선 것들을 스쳐 지나가면서 바라보는 일반적인 여행 패턴에 해당된다고 할 수 있다. 반면, 내지여행이란 "가까운 곳에 머무는" 행위이다. 이것은 익숙하고 가까운 곳에서 새롭고 낯선 것들을 다시 만나는 경험에 해당된다.[32]

이와 같은 내지여행적 활동은 "축소되는 것은 규모의 문제가 아니라 시야의 문제"라는 것을 보여 준다. 즉, 축소되는 것은 세계가 아니라 우리의 시야라는 것이다. 스튜어트 홀Stuart Hall이 '토착 세계시민주의vernacular cosmopolitanism'를 주창하며 20세기 후반의 중요한 사회 변동은 바로 사회의 급격한 내적 분화라고 말한 것과 상통한다.

> 달리 말해 이전에는 외국적이고, 이국적이며, 타자적인 것들은 국경 너머 혹은 산이나 바다 너머에 있었다. 그러나 오늘날 타자적인 것들은 문지방 너머, 거리 너머 혹은 같은 사무실 안에 있다.[33]

---

31 마이클 크로닌, 《팽창하는 세계》, 이효석 옮김, 서울: 현암사, 2013, 28~29쪽 재인용.
32 크로닌은 내지여행의 요소를 세 가지로 분류한다. 첫째는 조르주 페렉이 말하는 '하부-일상infra-ordinary'이라고 부른 것에 대한 탐색으로 이것은 특정한 장소를 백과사전의 밀도로 아주 세밀하게 들여다보는 방식이다. 둘째는 몽테스키외로부터 마르크 오제에 이르는 '근접지 민속학ethnology of proximity'적 방식으로, 분석의 초점을 외국이 아닌 국내에 맞춰 마치 미지의 민속학적 영역인 것처럼 대하는 것이다. 세 번째는 그자비에 드 메스트르의 《나의 방으로의 여행》처럼 쓰는 '틈새 여행기interstitial travel writing'의 방식이다. 이 세 가지는 모두 '낯설게 하기defamiliarization' 전략을 쓴다는 점에서 공통적이다. 마이클 크로닌, 《팽창하는 세계》, 28~31쪽.
33 마이클 크로닌, 《팽창하는 세계》, 31~32쪽.

이러한 통찰에 반론할 사람은 없을 것이다. 상대적으로 덜 개방적인 한국 사회에서조차 우리는 매일 타자적인 것들과 마주치며 살고 있다. 이 '타자적인 것'과의 공존의 일상화라는 문제는 '컴퓨터 유비쿼터스화'라는 디지털 모빌리티의 발전과 더불어 생각하면 더욱 복잡해진다. '컴퓨터 유비쿼터스화'란 전 세계에 보급된 컴퓨터를 통해 이제 세계가 "인간과 유동적 환경kinetic environment의 체계적 관계 속에서 인간과 장소/공간, 그리고 시간이 서로 결합하여 작동하고 있는"[34] 상황을 말한다. 이것이 의미하는 바는 물론 우리가 물리적으로 장소 이동을 하지 않고서도 먼 장소와 바로 연결될 수 있으며, 특히 무선 인터넷의 사용 증가로 인해 정보들에 둘러싸여 살고 있다는 것이다.[35] 모빌리티로 인해 증가한 '일상적 글로벌리즘banal globalism'은 '코스모폴리탄적 감수성'을 창출하는 데 도움이 되며 또한 그런 감수성을 요구하기도 한다.

코스모폴리탄적 감수성을 지닌 새로운 인간형을 지칭하는 '데니즌denizen'이라는 말에 대한 크로넌의 강조는 지구화 시대 모빌리티의 내적, 질적 성격에 대해 많은 시사점을 제공한다. 'denizen'은 라틴어 dē intus(안으로부터)에서 유래한 말로, 원래 '시민citizen'에 대비하기 위해 비정부기구 커먼그라운드Common Ground가 제기하여 사용하기 시작한 용어이다. '데니즌'이란, "특정 장소에 살면서도 그 장소를 횡단하여 지적으로 거주하는 자"를 의미한다.[36] 이 말은 지구화된 세계 속에서 살아가는 우리의 현재 혹은 미래의 삶에 대한 상을 그

---

34 Kingsley Dennis and John Urry, *The Digital Nexus of Post-Automobility*, Lancaster: University of Lancaster, 2007, p. 13.

35 마이클 크로넌, 《팽창하는 세계》, 36쪽.

36 마이클 크로넌, 《팽창하는 세계》, 52쪽.

릴 때, 우리가 보통 행하는 것과는 다른 방향의 상을 제공하는 효과를 발한다. 외국으로의 여행, 심지어 외국에서 살기가 유행처럼 번지고 있는 이때[37] 우리가 나아갈 방향을 '세계적 시민'이 아닌 '세계적 데니즌'으로 바꿔 생각해 볼 수 있을 것이다. 데니즌의 정체성은 "내부로부터의 지식"을 전제한다.[38] 그리고 크로닌은 이 내부적 지식은 거의 언어를 통해 표현된다고 본다.

세계경제가 긴밀해짐에 따라 같은 지역에 사는 시민 사이의 수입 불균형 역시 커지고 있다. 글로벌 네트워크 경제에 대한 물리적 거리는 좁혀졌지만, 집단 간의 사회적 거리는 늘어나고 있다. 거리의 사회적 성격은 데니즌의 현실을 생생하게 보여 주는 사례이다. 이는 갈등 없는 유토피아적 전망을 가진, 다소 현실에서 유리되거나 추상적인 시민적 정체성의 개념과 상당히 다르다. 거리를 사회-경제적 구성체로 볼 때, 권력의 문제를 미시정치학으로 통합할 필요성이 제기된다. 몸이 가깝다고 마음까지 가깝지는 않기 때문이다.[39]

크로닌이 '번역'의 중요성을 강조하는 것도 이 때문이다. 그가 말하는 '번역'이란 단지 언어의 번역뿐만 아니라 문화적 차이들의 소

---

37 한 조사에 따르면, 2004년 한 해에만 20만 명 이상의 영국 국적자들이 해외에서 살기 위해 영국을 떠났으며, 2030년에 퇴직할 영국인 중 4분의 1 이상이 해외에서 살 계획이 있다고 한다. 마이클 크로닌, 《팽창하는 세계》, 55쪽. 우리나라에서 은퇴 후 동남아 등 해외로 이주해 살고 있는 사람들 얘기가 종종 들려온다. 영국의 사정이 남의 나라 이야기만은 아닐 것이다.
38 마이클 크로닌, 《팽창하는 세계》, 55쪽.
39 마이클 크로닌, 《팽창하는 세계》, 60쪽(Michael Cronin, *The Expanding World*, Winchester: Zero Books, 2012, pp. 34-35)(번역 수정)

통으로 받아들여야 한다(하지만 그는 실제 언어의 번역 자체도 매우 중요시한다). 번역은 타자성들이 서로 교차하는 장소인 현대 도시의 복잡성(비단 '도시'만 해당되지 않을 수 있지만 복잡성이 더 가시적으로 드러난다는 점에서, 그리고 현대 세계의 모빌리티가 도시 중심으로 형성된다는 점에서 그는 도시에 집중하는 듯하다)을 이해하는 데 필수적인 과정으로 제기된다. 다양한 출신지에서 모인 사람들의 언어적 차이는 곧 문화적 차이를 포함한다. 그리고 그 차이에 대한 지각은 대개 난폭한 배제로 이어진다. 이것은 다른 문화에 대한 단순한 이해가 각자의 독특함을 지닌 사람들을 문화적으로 범주화하는 불완전한 이해로 진행된 결과이다. 예를 들어, '난독증', '간질환자', '아일랜드 놈', '게이', '무슬림' 등. 크로닌은 이러한 라벨로 규정하는 것의 효과는 그 대상을 "너무나 투명"하게 만들어 버린다고 지적한다. 가령, 누군가를 '무슬림'이라고 규정할 때, 그는 전근대적이고 성차별주의자이며 반계몽주의자라고 낙인찍혀 버린다.[40] 이렇게 존재를 축소해 버리면 그 대상을 하나의 독자적 인격체로 이해할 수 있는 가능성은 약해지고, 이해하기 위해 더 노력과 수고를 들일 필요도 없으며, 따라서 그 다름은 덜 존중해도 되는 것으로 전락한다.

정리하자면, 크로닌이 말하는 '내지여행적 관점'은 다음과 같은 특징을 지닌다.

① 인간에 대한 내지여행적 이해는 갈등의 불가피성과 필연성을 일깨운다.
② 내지여행적 관점에서 보면 갈등은 대립이 아니다. 그것은 인간 존

---

40 마이클 크로닌, 《팽창하는 세계》, 70쪽.

재와 그들의 텍스트와 언어 및 문화의 다차원성에 관여한다는 것을 의미한다.

③ 미시-모더니티 시대에 사회에 대한 불가지론적 개념 역시 타자에 대한 이해 불가능성을 기본적으로 전제한다.

: 타자라는 복잡한 존재와 관계하는 운동 속에서 일정 정도의 공유된 감각을 드러낼 수 있는 형식을 창조한다는 것은, 단순히 보편적 토대를 발견하는 것이 아니라 지속적인 '과정'이다.[41]

크로닌의 관찰대로, 현재 사회에 편재한 모빌리티는 빈번한 타자와의 만남으로 인해 쉴 새 없는 정동의 '서걱거림'을 일으킨다. 낯선 것들이 마구 우리의 생활세계 가운데로 들어온다. 기존의 방식과 시스템, 제도들은 그 낯선 것들과의 만남을 제대로 처리하지 못해 허둥댄다. 우리에게 익숙한 가치들에 앞서, 그리고 가치들을 넘어서 이미 우리 안에 들어오는 것, 이러한 모빌리티의 성격이 바로 우리가 이를 문제 삼는 이유일 것이다. 크로닌의 '내지여행적 관점'은 이렇게 서걱거리는 정동을 빠르게 무시하거나 지나치지 말고, '느리게' 느끼면서 열려 있을 필요를 역설하고 있다. 신자유주의자들이 주도하는 모빌리티의 '축소되는 세계'와, 크로닌 등 그에 반대하는 모빌리티 이론가들의 '팽창하는 세계'는 무엇보다 정동의 처리에 있어 차이를 보인다. 전자는 대도시의 빠른 변화의 속도에 위협받지 않는 '무표정한 시민들'의 세계이다. 그 속도에 침해당하지 않기 위해 시민들은 계속해서 정동적 차단막, 감정 방어를 연습한다. 그러나 타자에 대해 내지여행적 이해의 태도로 느리게 접근하는 '데니즌'은 타자들을 쉽게 범주화

---

41 마이클 크로닌, 《팽창하는 세계》, 70~73쪽.

하여 타자화하지 않고, 그들과의 만남 자체에 집중할 수 있는 여유를 갖게 된다. 다시 말해, '내지여행적 관점'에서는 정동할 수 있는 능력, 즉 '정동할 수 있음affectability'이 발휘될 수 있다. 정동의 능력이란, "미세하게 상호작용을 계속하는 몸들의, 때로 무한에 가까워지는 차이의 세계가 방출되고, 그 세계에서 몸의 능력과 차이들이 정동적 릴레이를 통해 '부단히 미세한 결을 가진 ⋯ 자세한 행동 양태가 되는 것'을 의미한다.[42] 이러한 정동할 수 있는 능력은 모빌리티의 새로운 만남의 공간을 제공할 수 있을 것이다.

모빌리티 정의正義의 문제

모빌리티는 누군가에게는 편리하고 환상적인 이동성을 의미하지만, 누군가에게는 원하지 않지만 어쩔 수 없이 복종해야만 하는 삶의 불편한 이동을 의미할 수 있다. 안정된 주거를 이룰 수 없어 여기저기 이사해 다녀야 하는 무주택자들, 일자리가 안정되지 못해 이곳저곳을 전전하며 다녀야 하는 비정규직 종사자들, 그리고 힘이 약하거나 불안정한 국가에서 태어나 정치적, 경제적 이유로 자기 나라를 떠나야 하는 사람들에게 그러하다. 이처럼 그 자체로는 긍정적 혹은 부정적 가치를 지니지 않는 이동성은 그 맥락과 양태가 매우 중요한 고려 사항으로 등장한다. 이런 생각에서 '모빌리티 정의'를 주장하는 이들이 있다. 그중에서 존 어리와 랭커스터대학의 '모빌리티 연구소'를 만든 미미 셸러가 대표적이다. 셸러는《모빌리티 정의》에서 "권력을 쥐지 않은 이들은 자기의 이동과 머묾을 스스로 결정할 수 없다"

---

[42] Seigworth and Gregg, "An Inventory of Shimmers," p. 9.

며 "사회적으로 더 정의로운 모빌리티 체제를 만들어 내야 더 지속 가능한 인간 모빌리티(사회)로 전환할 수 있다"고 주장한다.[43] 이 말에서 엿볼 수 있듯이, 셸러가 정의의 기준점으로 삼는 것은 '지속가능성'의 여부이다.

'지속가능성'이라는 기준은 모빌리티 정의의 대상을 대단히 확대하는 효과를 일으킨다. 소외된 빈곤층, 여성 및 성소수자들 등 인간 사회의 주변부 약자들뿐만 아니라 환경 및 생태계의 일원들도 고려의 대상이 된다. 셸러는 '모빌리티 정의'를 다음과 같이 정리한다.

> 누구나 자기의 움직임을 결정하거나 한 장소에 머물기를 선택할 수 있도록 돕는 것이며, 미래의 지구에서 모든 존재들이 살아 남을 수 있게 해 주는 식물, 동물, 토양, 바다, 숲 등 인간 아닌 존재들의 복잡한 공생을 인식하는 일이기도 하다.[44]

이런 맥락에서 셸러가 기후변화와 그에 따른 재해들의 문제를 주요하게 거론하는 것은 자연스러운 귀결이다. 왜냐하면, 그것들은 지속가능성의 가장 넓은 범위에 해당하기 때문이다. 그녀는 "자연재해는 항상 사회적·정치적 요소를 가지고 있다"[45]며 자연재해의 원인과 결과가 모빌리티 불균등의 문제임을 지적한다. 말하자면, 지구온난화와 강력한 열대폭풍의 가장 직접적 원인은 미국의 연료 및 에너지의 과잉 소비이며, 그런 재해들로 인해 가장 큰 고통을 겪어야 하

---

43 미미 셸러, 《모빌리티 정의: 왜 이동의 정치학인가》, 최영석 옮김, 서울: 앨피, 2019, 14쪽.
44 미미 셸러, 《모빌리티 정의》, 16쪽.
45 미미 셸러, 《모빌리티 정의》, 23쪽.

는 것은 그런 정치경제적 권력의 바깥에 밀려나 있는 사람들이다.

　모빌리티 정의를 위해 셸러가 실천적인 면에서 주요하게 주장하는 것은 바로 유연한 시스템의 구축이다. 이것은 신자유의적 자본주의에 대항하는 하나의 구체적 실천 전략으로 제기되는 것인데, 우리는 여기서 인문학의 역할이 매우 중요해지는 지점을 발견할 수 있다. '유연한 시스템'이란, 기존의 시스템과 달리 (미래와 현재의) 잠재적 구성원들이 참여 가능하게 하는 시스템을 의미한다. 셸러는 이를 '이동적 공유재' 개념으로 풀어 쓰고 있다.

　셸러는 하트Michael Hart와 네그리Antonio Negri 등이 말하는 '공유재' 개념을 끌어와서 '이동적 공유재mobile commons' 개념으로 발전시킨다. 여기서 유의할 점은 '공유재'라고 해서 이것이 '자산property'을 의미하는 것이 아니라, 유동적이고 무형인 어떤 기술 또는 행위를 의미한다는 점이다. 조지 몬비오Geroge Monbiot는 공유재의 세 요소를 자원, 사람들의 공동체, 그리고 규칙 · 체계 · 협상으로 구분한다. 하트와 네그리에 따르면, 공유재는 사적 · 공적 자산이 아니라 "우리가 서로 공유하는 것, 혹은 공유를 위한 사회적 구조와 사회적 기술이다."[46] 이런 정의를 심화시켜 셸러는 공유재란 "사람이 없는 빈 공간이나 점유되지 않은 빈 공간이 아니라, 사회적으로 생산된 공유공간이자 온갖 공유를 위한 사회적 인프라"[47]라고 정의한다. 모빌리티 시대에 이러한 사회 공간은 계속 생산되기 마련이다. 그러므로 '이동적 공유재'에는 이러한 계속적 움직임이라는 관념idea이 들어가게 된다. 셸러는 이동적 공유재가 "차이, 불안정성, 어떤 순간에 만들어지는 규정에

46　미미 셸러, 《모빌리티 정의》, 353~354쪽, 재인용.
47　미미 셸러, 《모빌리티 정의》, 355쪽.

근본적으로 열려 있는 개념"이라고 적시하면서, 이동적 공유제 개념이 모빌리티 정의를 실현하는 데 기여할 수 있다고 본다.

공유재의 이동적 존재론이 모빌리티 정의 발전의 기초가 될 수 있다는 것이 나의 주장이다. 공유재 개념을 활용하면, 우리는 예기치 못한 공유 운동 공간을 창출해 낼 수 있다.[48]

그녀가 주목하는 공유재 운동으로는 이웃들에게 음식을 제공하기 위해 공동정원을 가꾸는 사람들, 공유 활동을 중심으로 공동체를 만들어 나가는 '시카고 자전거 느리게 타기 운동'의 라이더들 등이 포함된다. 셸러는 이런 운동들에서 우리의 몸과 거리, 도시, 인프라, 국가, 더 나아가 지구 전체를 "파편화하고 사유화하고 군사화한 불균등하고 차별적인 모빌리티"를 약화시킬 방법을 찾을 수 있으리라고 희망한다.[49]

셸러는 더 나아가 "모빌리티 그 자체를 공유재로, 공유재를 이동적인 것으로 본다면 어떨까?"[50]라고 제안한다. 그리하여 셸러는 공유재의 개념을 일종의 '행위'로까지 발전시킨다.

모빌리티 공유재 개념은 장소나 공유 자원인 것만도 아니고, 이동의 자유라는 개인적 권리에 그치는 것도 아니다. 모빌리티 공유재는 다 함께 행동에 나섬으로써 공유되는 행위이며, 제한이 없고 탈영토적이며,

---

48 미미 셸러, 《모빌리티 정의》, 358쪽.
49 미미 셸러, 《모빌리티 정의》, 359쪽.
50 미미 셸러, 《모빌리티 정의》, 358쪽.

다면적이고 다의적이다.[51]

　그러나 내가 보기에 이러한 시스템의 유연화로 나아가는 여정에 1차적인 걸림돌이 되는 것이 바로 정동이다. 다른 가치, 성, 인종 및 종 등과의 만남으로 인한 서걱거림, 그 불편함을 제대로 처리하지 못할 때 그것은 적대로 흐르기 쉽다. 요즘 세계 곳곳에서 목격되는 '혐오문화'는 그런 적대의 한 양상이다. 그리고 신보수주의와 신자유주의의 권력들은 이런 정동을 적극 이용하여 새로움의 침투를 막고 사회의 모빌리티 강도를 낮추려고 안간힘을 쓴다. 그들에게 모빌리티를 인정하는 것은 곧 권력을 내주고 경제적 위험을 감수하는 것으로 이어지기 때문이다.

　그런데 가시적으로 포착되는 것은 혐오문화이지만, 그것은 극단적 양상으로 드러나 사람들의 인식망에 포착된 결과인 셈이지, 원인이나 발단은 결코 아니다. 그 저변에는 모빌리티의 현상으로 벌어지는 것을 '부차적'인 것으로 계속 미뤄 두고 중요시하지 않으려는 관성, 즉 반反모빌리티가 자리잡고 있다. 그러한 관성은 주로 '시선'의 관성으로 드러난다. 세대 차이, 성차 및 섹슈얼리티의 문제, 동물과 인간의 관계 설정, 이주민이나 이방인에 대한 시선들이 그러하다. 가령, '예절'의 이름으로 옛날의 생활방식을 가르치려고 하는 기성세대의 말을 듣지 않거나 반발하는 젊은 세대는 '생각이 없다'거나 '까칠하다'거나 '무분별하다'는 오명을 듣게 된다. 이분법적 성역할을 따르지 않는 여성들은 '대가 세다'거나 '이기적이다'라는 비난 앞에 놓인다. 기존의 하향식 조직의 생리에 반발하는 사람들 또한 '이기

51　미미 셸러, 《모빌리티 정의》, 367쪽.

적이다', '생각이 좁다'는 평으로부터 자유로울 수 없어 그들은 자신의 생각을 함구하고 만다. 또한 동물에 대한 생각과 태도의 변화를 요구하는 사람들은 어떤가. 더 이상 동물을 '고기'나 '사치품'(럭셔리한 '리얼 퍼' 등)으로 받아들이길 거부하는 사람들에게, 그리고 비인간-동물들과의 공존을 주장하는 사람들에게 뭇사람들은 '인간이 먼저냐, 동물이 먼저냐'는 이분법을 들이댄다. 한편, 우리 사회 속에서 빈번히 마주칠 수 있는 외국인들(특히, 동남아인들 혹은 흑인들)에 대해 시선을 마주치기조차 주저하는 사람도 많다.

그러나 모빌리티의 결과들로 이루어지는 이런 만남들을 부차적인 문제로만 치부하고 미뤄 두는 와중에 갈등은 격화되고 있다. 이런 문제들을 부차적인 문제로 치부하는 것의 이면에 권력이 강한 반모빌티의 정동이 작동하고 있다. 다시 말해, 그 세력이 '선'으로 정한 사회의 가치를 유지하고, 그럼으로써 경제적 주도권을 강화해 가려는, 모빌리티를 선점하고 정동의 방향을 유도하는 데 안간힘을 쓰고 있는 것이다. 사회 곳곳에서 벌어지는 갈등의 양상은 사회적 모빌리티를 인정해 가는 와중에 '모빌리티 정의'를 염두에 둘 때 그 해결점을 찾을 수 있으리라 생각된다.

그리고 문화의 자리, 인문의 자리-정중동靜中動

피터 애디는《모빌리티 이론》의 2판 서문에서 2016년 작고한 존 어리를 기리며 그가 생전에 후배인 자신에게 해 준 말을 떠올린다. "한 학자의 학문적 커리어의 징표는 그 학자가 얼마나 멀리까지 이동했는지에 달렸다"라는 말이다.[52] 여기서 그가 의미한 바는 단지 지리적 이동에 대한 것이 아니라 그 학자가 "편안하게 느끼는 본래의 지반 너머로 이동할 능력과 의지"가 있느냐의 문제이다. 익숙한 것을 편안하게 느끼고 추구하는 것은 누구에게나 공통적인 본능일 것이다. 모빌리티는 그런 본능적 편안함의 추구를 반성하며 낯섦과 편안하지 않음에 대한 관대함을 요구한다. 다시 말해, 모빌리티의 에토스는 바로 '관대함'이다. 사회·문화·경제적 모빌리티에 가장 유연한 태도를 취할 수 있는 것이 인문학의 강점이라면, 인문학이야말로 그런 관대함의 가능성이 가장 높은 분야라고 할 수 있을 것이다. 자본주의와의 거리감, 종교화된 진리에 대한 생리적 거부감, 쉼 없는 반성적 사유의 습관화 등이 그런 유연함을 가능하게 하는 조건으로 작용한다.

크로닌이 말한 '데니즌'의 개념은 모빌리티 시대를 살아가는 인문학자의 상을 보여 주는 좋은 예로 보인다. 그것은 지역에 머물면서도 세계의 움직임과 소통하는 자, 고요함 가운데서도 움직임을 품고 있는 '정중동靜中動'의 상태를 지시한다. '정중동'의 고요함은 '그냥 가만히 있음'을 뜻하지 않는다. 그렇다면 그것은 기존 그대로의 무미건조한 반복에 불과할 따름이다. 한 지역에 머무르는 것은 접속에 따라 시시각각 변한다. 이 속에 '동動'이 끼어들 여지가 있다. 예를 들어, 부산에 살면서 지극히 '부산스러운' 사람으로 살 수도 있고, 서울, 런던, 파리, 미얀마, 콩고, 가나 등지의 사람 같은 감각을 공유하며 살 수도 있다. 그런 맥락에서, 어쩌면 가장 위험한 것은 '정중정靜

---

52 피터 애디,《모빌리티 이론》(2판), 최일만 옮김, 서울: 앨피, 2019, 7쪽. 이 책은 Peter Adey, *Mobility*, London and New York: Routledge, 2010의 개정판이다.

中靜'일 것이다. 이는 공간적으로 움직이지 않으면서 질적으로도 변하지 않는 부동의 상태이다.

다시 조이스의 〈작은 구름〉으로 돌아가 보자. 〈작은 구름〉은 챈들러가 회한의 눈물('정동의 눈물')을 흘리는 장면으로 끝난다. 그럼 이후 그는 어떻게 되었을까. 더블린에 계속 머물면서 시인의 꿈을 간직한 채 소시민의 삶을 살아갔을까, 아니면 작가인 조이스처럼 런던이나 파리로 떠났을까. 조이스는 몸은 바깥으로 이동했지만 머리는 내내 더블린에 머문 특이한 작가이다.《더블린 사람들》,《젊은 예술가의 초상》등 그의 초기작들뿐만 아니라,《율리시스》,《피네건의 경야》등 후기작들도 모두 더블린을, 더블린 사람들을 그리고 있다. 이를테면, 동중정이랄까.

챈들러의 '흔들리는 정동'은 갤러허의 '안정된 정동'과 대비된다. 조금 과장해서 말하자면, 갤러허는 현재의 자기 삶에 확신과 안정만을 느끼고 사는 사람이다(만일 '안정'의 정동만을 지닌다는 게 가능하다면!) 정동의 측면에서 보자면, 이런 사람은 '이동할 수 없는 자'라고 할 수 있을 것이다. 그러므로 정동의 반모빌리티를 지닌 갤러허의 모빌리티는 반대급부적으로 물리적 이동의 성격을 강하게 띤다. 그렇다면 챈들러의 흔들림과 불안은 어떤 성격의 모빌리티를 초래할 것인가?[53] 그 형태를 우리가 확실히 알 수는 없으나 그의 모빌리티는 적어도 갤러허와는 다르리라는 것만은 짐작할 수 있다. 그가 결국 더블린을 떠났건, 아니면 머물렀건, 설사 더블린에 있어도 그

---

53 이 대목은 필자가 같은 주제로 발표한 내용을 듣고 후학인 임명선 선생이 말해 준 감상평을 인용하여 추가한 것이다. 미흡한 발표에 풍부한 생각과 언어로 화답해 준 선생에게 감사드린다.

는 그 속에 예의 그 흔들림을 간직했을 것이고, 떠났어도 그 특유한 떨림의 정동으로 세계와 만났을 것이다. 그리하여 물리적으로 이동하기 바쁜 근대 유럽의 사회 속에서 뭇사람들과는 사뭇 다른 세계를 만나고 살아갔을 것이다. 작은 구름처럼.

조이스가 살았던 시대와 우리가 살고 있는 시대는 모빌리티의 양상에서 큰 차이가 있다. 그러므로 크로닌의 '데니즌' 개념을 그 시대에 적용하기는 어려울 것이다. 무엇보다 그 시대에는 인터넷 접속이 되지 않았기에 지금처럼 실시간 접속을 통해 데니즌적인 코스모폴리탄의 감각을 유지하는 게 불가능했다. 그리고 지금은 떠남과 만남을 통한 양상 또한 훨씬 복잡해졌다. 그런 점을 염두에 두면서, 이 시대의, 이 지역의 좀 더 복잡다단한 정동의 흐름과 맺힘에 주의를 기울여야 할 것이다.

참고문헌

김재인, 〈들뢰즈의 '아펙트' 개념의 쟁점들: 스피노자를 넘어〉,《안과밖》 43, 2017,
　　39~72쪽.
마이클 매카시 모로,《아일랜드의 세기》, 조준희 옮김, 박지향 감수, 북폴리오,
　　2007.
마이클 크로닌,《팽창하는 세계》, 이효석 옮김, 서울: 현암사, 2013.
미미 셸러,《모빌리티 정의: 왜 이동의 정치학인가》, 최영석 옮김, 서울: 앨피,
　　2019.
브라이언 마수미 · 로렌스 그로스버그 외,《정동 이론》, 그레고리 시그워스 J. · 멜
　　리사 그레그 편저, 최성희 · 김지영 외 옮김, 서울: 갈무리, 2014.
이명호, 〈문화연구의 감정론적 전환을 위하여: 느낌의 구조와 정동경제 검토〉,
　　《비평과 이론》 20(1), 2015, 113~139쪽.
이희상,《존 어리, 모빌리티》, 서울: 커뮤니케이션북스, 2016.
조정환, 〈들뢰즈의 정동이론: 정동은 무엇을 할 수 있는가?〉,《계간 파란》 3, 2016
　　12~50쪽.
존 어리,《모빌리티》, 김현수 · 이희상 옮김, 서울: 아카넷, 2014.
진태원, 〈정동인가 정서인가?: 스피노자 철학에 대한 초보적 논의〉,《현대시학》
　　563, 2016. 4, 37~47쪽.
최원, 〈'정동 이론' 비판: 알튀세르의 이데올로기론과의 쟁점으로 중심으로〉,《문
　　화과학》 86, 2016, 82~111쪽.
피터 애디,《모빌리티 이론》(2판), 최일만 옮김, 서울: 앨피, 2019.

Adey, Peter, *Mobility*, London and New York: Routledge, 2010.
Ahmed, Sara, "Happy Objects," *The Affect Theory Reader*, eds. Gregory J.
　　Seigworth & Melissa Gregg, Durham and London: Duke UP, 2010, pp.
　　29-51.
Cronin, Michael, *The Expanding World*, Winchester: Zero Books, 2012.

Deleuze, Gilles, "Les cours: Sur Spinoza," trans. Timothy S. Murphy, https://www.webdeleuze.com/textes/14 (검색일: 2019.12.10.)

Dennis, Kingsley · Urry, John, *The Digital Nexus of Post-Automibility*, Lancaster: University of Lancaster, 2007.

Joyce, James, *Dubliners*, Oxford: Oxford UP, 2000.

Massumi, Brian, *Parables for the Virtual*, Duke UP, 2001.

_____, *Ontopower*, Cicago: Duke UP, 2015.

Penttinen, Elina · Kynsilehto, Anitta, *Gender and Mobility*, London: Rowman & Littlefieldk, 2017.

Seigworth, Gregory, J. · Gregg, Melissa "An Inventory of Shimmers," *The Affect Theory Reader*, Durham and London: Duke UP, 2010, pp. 1-25.

Spinoza, Benedictus de, *Ethics*, trans. Edwin Curley, London: Penguin Books, 1996.

모빌리티 존재에서 가치로

2021년 1월 29일 초판 1쇄 발행

지은이 | 김태희 전진성 양선진 한길석 한상원
　　　　윤태양 임미원 문성훈 최성희
펴낸이 | 노경인 · 김주영

펴낸곳 | 도서출판 앨피
출판등록 | 2004년 11월 23일 제2011-000087호
주소 | 우)07275 서울시 영등포구 영등포로 5길 19(양평동 2가, 동아프라임밸리) 1202-1호
전화 | 02-336-2776　팩스 | 0505-115-0525
블로그 | bolg.naver.com/lpbook12
전자우편 | lpbook12@naver.com

ISBN 979-11-90901-19-2